John Owen
Nadolig 2000.

LLWYFANNAU LLEOL

CW01651396

Llwyfannau Lleol

Golygydd
Hazel Walford Davies

GOMER

Argraffiad cyntaf—2000

ISBN 1 89502 902 7

ⓗ Y cyfranwyr ©

Cedwir pob hawl. Ni chaniateir atgynhyrchu unrhyw ran o'r cyhoeddiad hwn na'i gadw mewn cyfundrefn adferadwy na'i drosglwyddo mewn unrhyw ddull na thrwy unrhyw gyfrwng, electronig, electrostatig, tâp magnetig, mecanyddol, ffotogopïo, recordio, nac fel arall, heb ganiatâd ymlaen llaw gan y cyhoeddwyr, Gwasg Gomer, Llandysul, Ceredigion.

Dymuna'r cyhoeddwyr gydnabod cymorth
Adrannau Cyngor Llyfrau Cymru.

Dymunir diolch i Lyfrgell Genedlaethol Cymru, Theatr Felin-fach, perchenogion y lluniau yn y gyfrol *Codi'r Llen* (Gwasg Gomer, 1998), Tim Jones, Brian Tarr a Sara Jones am eu caniatâd i ddefnyddio'r lluniau sy'n eiddo iddynt yn y gyfrol hon.

Llun y clawr: Golygfa o *Y Gofalwr*, cyfieithiad Elis Gwyn Jones, un o sylfaenwyr Cwmni'r Gegin, Cricieth, o *The Caretaker*, Harold Pinter.
Llyfrgell Genedlaethol Cymru.

Argraffwyd gan
Wasg Gomer, Llandysul, Ceredigion SA44 4QL

Cynnwys

Rhagair

Yn ei gyfrol ardderchog *Codi'r Llen*, hola'r Athro Hywel Teifi Edwards: 'Pa les traethu'n "gall" ar sefyllfa'r ddrama yng Nghymru heb astudiaethau golau i ganllawio'r traethu?' Â rhagddo i ddweud: 'Gorau po gyntaf y llifoleuir y llwyfan a fu iddi gan rai y mae theatr a drama yn faes ysgolheictod a difyrrwch iddynt, rhai yn rhinwedd gwybodusrwydd, crebwyll beirniadol a phrofiad o'r theatr sy'n abl i ymdrin â chrefft creu a llwyfannu drama, heb sôn am drafod cymdeithaseg y ddrama Gymraeg yn hygyrch ddadlennol.'

Ymgais yw *Llwyfannau Lleol* i ymateb i'r her drwy 'godi'r llen' ar hanes rhai o theatrau bychain blaengar Cymru. Yn y gyfrol, 'llifoleuir' llwyfannau Theatr Fach Aberdâr, Theatr y Gegin Cricieth, Cymdeithas Ddrama Gymraeg Abertawe, Theatr Felin-fach Ceredigion a Theatr Fach Llangefni. Yn gefndir i'r cyfan ceir dwy erthygl ddadlennol yn ymdrin ag arlwy rhai o'r cwmnïau amatur a gyfoethogai lwyfannau lleol Cymru yn ystod yr ugeinfed ganrif.

Wrth ddiystyru hanes y ddrama yng Nghymru, diystyrir hefyd yn ddiamau agwedd hollbwysig ar hanes ein diwylliant. Y mae gennym bellach gyfrolau diddorol ar gerddoriaeth, chwaraeon a chelf yng Nghymru, ond prin iawn yw'r sylw a roddwyd gan haneswyr i rôl ac arwyddocâd y theatr. Fy ngobaith i a'm cydgyfranwyr yw y bydd *Llwyfannau Lleol*, megis *Codi'r Llen*, yn symbylu astudiaethau pellach o'r theatrau, y cwmnïau, y dramâu a'r unigolion hynny a chwaraeodd ran mor bwysig yn natblygiad hunaniaeth cymuned a chenedl yng Nghymru'r ugeinfed ganrif.

Hoffwn ddiolch i Gyngor Llyfrau Cymru ac i Wasg Gomer am eu cydweithrediad hwylus. Diolchaf yn arbennig i Dewi Morris Jones ac Eleri Huws am eu cefnogaeth a'u cyfarwyddyd, ac i Elgan Davies am gynllunio'r clawr. Hoffwn ddiolch hefyd i'r cyfeillion a'r cymwynaswyr hynny a fu mor barod i rannu gwybodaeth ac ateb ymholiadau ynghylch y cwmnïau a'r theatrau a drafodir yn y gyfrol hon.

HAZEL WALFORD DAVIES
Rhagfyr 2000

Y Cyfranwyr

DR HAZEL WALFORD DAVIES
Uwch-ddarlithydd, Adran Theatr, Ffilm a Theledu, Prifysgol Cymru, Aberystwyth

YR ATHRO HYWEL TEIFI EDWARDS
Athro Ymchwil Adran y Gymraeg, Prifysgol Cymru, Abertawe

DR DAFYDD ARTHUR JONES
Darlithydd mewn Hanes, Coleg Menai, Bangor

DAFYDD GLYN JONES
Darllenydd, Adran y Gymraeg, Prifysgol Cymru, Bangor

DR DAFYDD LLEWELYN
Dramodydd a Golygydd Sgriptiau *Pobol y Cwm*, BBC Cymru

DR ROGER OWEN
Darlithydd, Adran Theatr, Ffilm a Theledu, Prifysgol Cymru, Aberystwyth

Hen Ddramâu, Hen Lwyfannau

DAFYDD GLYN JONES

YRHAI ohonom a oedd yn blant ym mlynyddoedd canol yr ugeinfed ganrif, fe welsom ni ddiwedd yr 'hen' ddramâu Cymraeg a'r 'hen' fudiad drama. 'Hen'? Mi ddof yn ôl at y gair hwn eto.

Fe gofia darllenwyr *Un Nos Ola Leuad* am 'noson Côr Sowth', y noson y daeth côr o streicwyr o'r Deheudir i ganu emynau ar Ochor Braich o flaen torf fawr o bobl 'Pentra', sef Bethesda yn Nyffryn Ogwen. Yr oedd i ninnau, bobl a phlant Dyffryn Nantlle, ddiwedd yr 1940au a dechrau'r '50au, ein 'noson Drama Sowth'. Honno oedd y nos Iau pan ddôi cwmni Dan Matthews, bob cam o Bontarddulais ym mhellafoedd y De, ar eu hymweliad blynyddol â Neuadd Goffa Pen-y-groes. Cofiaf weld *Mari'r Forwyn*, *Arthur Wyn yr Hafod* a *Morys Harte* ganddynt, yn y drefn yna. Dyna inni dri *genre* – comedi hwyliog; drama ddifrif ond â diwedd hapus; a thrasiedi gŵr ifanc na allai ar gydwybod gyd-fynd â bwriadau ei deulu ar ei gyfer. Do, mi fwynheais y tair. Pum munud gan y cwmni hwn a byddech wedi'ch rhwydo, a chyn pen y pum munud byddai'r mymryn gwahaniaeth acen wedi peidio â chyfrif dim. O'r tair, ac mae hynny'n ddigon naturiol, *Mari'r Forwyn* a fwynheais fwyaf. Drwy'r blynyddoedd rhwng hynny a heddiw ni welais mohoni wedyn, ac ni ddarllenais mohoni nes bwrw ati i ddarllen ac ailddarllen pentwr o'r 'hen' ddramâu ar gyfer yr ysgrif hon. Daw arnaf ychydig anesmwythyd bob tro yr ymwelaf â rhywbeth a ddaliodd fy sylw a'm serch 'pan oeddwn yn ifanc a ffôl', boed ddrama, ffilm, stori neu beth bynnag; rhyw ias o ofn na fydd y wefr yno mwyach ac mai gwendid ar fy rhan oedd mwynhau'r fath beth yn y lle cyntaf. Hyd yma, fy mhrofiad yw na ddiflanna'r wefr byth yn llwyr, oherwydd yn anochel fe ddaw'r atgof yn gymysg â'r ailbrofi. Ac felly, yn wir, gyda *Mari'r Forwyn*. Comedi ddiniwed ydyw, ond mae blas o hyd ar ei dialog hyf a ffraeth. Gwelaf y cymeriadau o'm blaen unwaith eto, a daw chwerthin diwedd y drydedd act yn ei ôl – bron fel yr oedd. Aeth blynyddoedd heibio cyn imi ddarllen beirniadaeth werthfawrogol Saunders Lewis ar actio'r cwmni hwn pan gyflwynai *Ephraim Harris* yng Ngŵyl Ddrama Abertawe, 1919. 'Efficient', a 'deliberate' yw ei eiriau: rhoddid yr argraff, meddai, nad cofio'r geiriau yr oedd y chwaraewyr, ond eu meddwl.[1] Ie, dyna hi yn union.

Yr wyf am fynd yn ôl dair neu bedair blynedd ymhellach, at y ddrama gyntaf a welais erioed. *Dau Dylwyth* gan Ieuan Griffiths (D. Matthew Williams) oedd honno. Cwmni o Fôn – cwmni Llanfairpwll, rwyf bron yn siŵr – oedd yn ei chwarae, rywdro tua 1946–7 yn neuadd y Groeslon, nid y neuadd bresennol ond hen gwt sinc digon simsan a safai gynt ar yr un safle. Cofiaf ofyn i'm mam, 'Am be mae hi? Dau Dylwyth Teg?' 'Na, 'dwi ddim yn meddwl,' oedd yr ateb. 'Am be mae hi 'ta?' 'Gei di weld.' Do, mi gefais weld, a'r gweld cyntaf oedd gweld llwyfan a golygfa, datgelu lleoliad i bethau ddigwydd, lleoliad a oedd yn hoelio sylw am ei fod yn gyfarwydd ac yn ddieithr yr un pryd. Niwlog oedd fy syniad am ddrama tan y noson honno, ond roeddwn wedi casglu rywsut neu'i gilydd na ellid drama heb ryw fath o stori a rhyw helynt rhwng pobl. Wedi inni ymwthio i'n seddau yr oedd un peth yn fy mhoeni'n fawr: yn ei fyw nid oedd mwy na rhyw droedfedd o lwyfan y tu blaen i'r llenni, a methwn â dychmygu sut y gallai'r actorion wneud dim byd ohoni ar le mor gyfyng â hynny. 'Hynna bach ydi'r sdêj?' 'Aros di funud.' Ac ymhen y funud, fwy neu lai, diffoddodd goleuadau'r llawr, daeth golau ar y llenni, ac ysgubodd y rheini, un hanner bob ochr, i ddatgelu . . . ie, ystafell . . . cegin fyw, rywbeth yn debyg i'n cegin ni, ond yn wahanol. Ac *yno*, erbyn deall, yr oedd y ddrama i ddigwydd! Rhyfeddol! Ysblennydd!

Druan o'r hen lwyfan 'ffrâm pictiwr'. Fe'i cafodd hi'n o egr gan feirniaid a damcaniaethwyr blaengar drwy'r rhan fwyaf o'r ugeinfed ganrif, a chynigiwyd amrywiaeth o bethau i gymryd ei le. Ond profodd ei werth, ac ni ddisodlwyd mohono, mwy nag y disodlwyd y naturiolaeth yr oedd yn gysylltiedig â hi. Dyfais seml ac athrylithgar ydyw, na wyddai Soffocles na Shakespeare ddim amdani: bocs hirsgwar, ac un ochr iddo'n agor gan ddatgelu cyfrinach. Ac ym myd y ddrama naturiolaidd, dyma gyfrinach y cyfrinachau: tŷ pobl eraill. Mae eu drws nhw yn y canol, a'n drws ni dipyn i'r chwith. Mae eu tresel nhw ar y chwith, a'n tresel ninnau ar y dde. Soffa werdd sydd yn eu tŷ nhw, a soffa frown yn ein tŷ ni. Ac wrth gwrs mae llun eu taid nhw'n wahanol. Ond yn eu tŷ nhw, yn union fel ein tŷ ni a thŷ pawb call, mae lle tân. Os na cheid grât, a thipyn o ôl blacin arno, a thipyn o bapur coch ynddo, a bylb y tu ôl i gyfleu tân, fe gollai'r ddrama hanner y marciau yn y fan. Agorwyd neuadd yn fy mhentref i, Carmel, yn 1955, a heb unrhyw ymdroi fe benderfynodd perthynas imi, saer wrth ei waith, fod yn rhaid cael grât. Yr oedd wedi gwneud un mewn chwinciad; synnwn i ddim nad yw'r grât ar gadw mewn rhyw gornel o hyd, wedi gwasanaethu mewn sawl drama.

Pan âi'r torfeydd i wylio drama Gymraeg yn hanner cyntaf yr ugeinfed ganrif ac am ychydig wedi'r hanner, mewn neuadd bentref, neuadd ysgol, festri capel neu institiwt gweithwyr, dyna'u cyflwyniad i'r digwydd yn llawer amlach na pheidio: agor ar gegin fyw, aelwyd, tân. A benthyca teitl comedi boblogaidd Richard Williams, Manceinion, *Helynt Hen Aelwyd* oedd yr hyn a gynigid, naw gwaith o bob deg. Am newid bach weithiau eid i siop neu weithdy crydd neu saer. Dwy eithriad nodedig oedd *Pobl yr Ymylon*, Idwal Jones, a *Ffordd yr Holl Ddaear*, J. O. Francis, y naill yn agor ar Sgubor Cefn Eithin a'r pentwr gwellt, a'r llall ar ddarn o ffordd wledig o flaen tŷ Siân Powel. Gan gychwyn o'r fan hon gadewch inni geisio crynhoi rhagor o gymeriad yr 'hen' ddramâu.

Tŷ, cegin, aelwyd pwy? Bron yn ddi-ffael, tŷ teulu parchus o Gymry. Mae'r aelwyd yn batriarchaidd, ond mae gan y fam lawer i'w ddweud; a byddwch barod am adnod gan Nain o'r gornel. Gall y tad fod yn un o'r tri pheth hyn, mewn trefn esgynnol: gweithiwr diwydiannol, masnachwr bach, ffermwr; neu, ac arfer termau mwy cymdeithasegol: proletariad, mân-fwrdais, deiliad tir. Efallai y gwelwn fwy o'r ail ddosbarth, siopwr fel rheol, yn y comedïau, oherwydd mae masnach, ychwanegu ceiniog at geiniog, yn rhan hanfodol o gomedi. Yn y dramâu dwysach – petrusaf o hyd eu galw'n 'drasiedi' – ymwelwn yn aml aml â'r Hen Dŷ Ffarm. Yma, ym Maes y Meillion, Maesyderi, Castell Martin, Y Sgellog Fawr (*Beddau'r Proffwydi*), Neuadd Fawr (*Endaf y Gwladgarwr*), Brynderi (*Ephraim Harris*), Caegwyn (*John a Jâms*), Y Wern (*Direidi a Rhagfarn*), a chyda hwy oll Isallt (*Gwaed yr Uchelwyr*), mae ystyriaethau eraill heblaw ennill bywoliaeth a cheisio'i gwella: gafael yr hen deulu ar yr hen le, y perygl o gael eu troi allan, problem parhau'r etifeddiaeth, y traddodiad sy'n eu rhwymo – traddodiad o letya cewri'r enwad mewn sawl achos. Fel mewn gweithiau eraill o'r un hanner canrif, yn nofelau a straeon, daw'r 'hen le' bron yn gymeriad yn y gwaith; yn yr hen le y mae balchder y teulu, ond gall fynd yn faich neu'n gloffrwym hefyd, pwynt a ddatblygir i'r pen gan J. Kitchener Davies yn *Meini Gwagedd*, drama nad yw'n un o'r 'hen ddramâu', ond sy'n cyfeirio at eu byd hwy a'i ddehongli mewn ffordd wahanol. Wele yma gyferbyniad arwyddocaol sy'n rhannu'r hen ddramâu poblogaidd yn ddau bentwr, ac mae'n rhan o'r cyferbyniad rhwng comedi a'r hyn nad yw'n gomedi. Ar y naill law, yn y dramâu ysgafnach, mae rhyw gyfoeth eto i ddod – yn ewyllys rhyw hen fodryb, drwy ennill raffl neu 'ddal' gyda'r cwpon pêl-droed; ar y llaw arall, yn y dramâu mwy difrif, mae'r cyfoeth yn y gorffennol, a chyfoeth ysbrydol a diwylliannol ydyw, yn gosod cyfrifoldebau a chyfyngiadau. Yn y comedïau, bydd ar y tad eisiau cael ei ddewis yn flaenor neu'n gynghorydd neu'n ynad heddwch, a thry'r hwyl yn aml o gwmpas ei uchelgais ddiniwed; yn y dramâu dwysach, ceir fod y tad eisoes yn ŵr o statws a chyfrifoldeb, gyda rhwymau ei safle a disgwyliadau ei gymdeithas yn cynyddu'r pwysau sydd arno. Troi ceiniog: cadw wyneb. Dyna'r cyferbyniad clasurol.

Wrth ochr y tad, sy'n ddyn o beth pwysau yn ei gylch bach ei hun, neu sy'n awyddus i fod, cawn y fam, gwraig fucheddol a mawr ei gofal fel arfer. Weithiau mae taid neu nain yn fyw ac iach, i'n hatgoffa *un ai* o'r hen rymusterau crefyddol *neu* o'r hen ddoethineb gwladaidd. Yna mae to iau, yn feibion ac yn ferched. Canolbwyntia'r ddrama yn gwbl siofinistaidd ar ddyfodol y mab. Mae'r mab wedi cael cyfle amgenach na neb o'r blaen yn yr hen deulu. Fwy nag unwaith mae 'yn Oxford'; dro arall mae'n fugail neu lafurwr, ond â disgwyliadau uchel yn ei gylch. Ceir dwy fersiwn o hanes y mab, y gyntaf yn naïf a'r ail ychydig yn fwy soffistigedig, ond honno eto'n rhamantus ac yn gwireddu breuddwyd. Ar y naill law fe ddiflanna'r mab yn America, Canada neu Awstralia a gwneud ei ffortiwn yn dawel fach, a dod yn ei ôl yn annisgwyl ond amserol i achub yr hen le. Ar y llaw arall gall y mab fod yn broffwyd a gamddeellir ac a erlidir gan y gymdeithas, ond sydd yn y diwedd yn goresgyn ac yn profi ei werth drwy fynd un ai i'r pulpud neu i'r senedd. Mab afradlon neu fab darogan, dyna'r dewis, a cheir cyfuniadau ohono; y cyfuniad enwocaf oll yw Emrys yn *Beddau'r Proffwydi*. Drama eithaf tebyg i honno yw *Llwybrau Anrhydedd*, gwaith D. Derwenydd Morgan, neu 'Nwncwl Dai Gwarcoed' fel y mae D. J. Williams yn ei alw yn ei atgofion. Gŵr academaidd oedd y naill awdur, wedi bod 'yn Oxford'; anturiaethwr a thipyn o dderyn hunan-addysgedig oedd y llall, wedi cael ei ddogn o 'Oxford' fawr bywyd ar ddwy ochr Iwerydd; ond mae eu triniaeth ill dau o'r myth yn union yr un fath.[2] Boed y driniaeth yn amrwd neu'n llai amrwd, yr un yw'r cwestiwn canolog a ofynnir: a ddaw'r mab yn ei ôl? Ynghlwm wrtho mae cwestiwn arall, hynod berthnasol o hyd: a fydd y mab o ryw wasanaeth i'w gynefin a'i gymdeithas yn y diwedd? Ynteu a dry'r darogan yn siom a chwerwedd?

Dyna felly'r norm cymdeithasol yn y dramâu bron heb eithriad, teulu 'Buchedd A', gyda thuedd i fod ryw un genhedlaeth yn ôl. Ond fe atgoffir yr hen deulu a'r gynulleidfa bod bydoedd eraill sydd weithiau'n taro ar draws ei fyd ef. O wrthdaro â'r bydoedd hynny y daw'r ddrama, a'r duedd yw darlunio eu cynrychiolwyr hwy mewn modd llai realaidd, mwy steiliedig, nag y darlunnir yr hen deulu canolog. Dyma bedwar ohonynt, ac ni chredaf fy mod yn hepgor unrhyw gylch o bwys: (1) byd y meistr tir, a gynrychiolir inni gan y stiward; (2) byd y proffesiynau Seisnigedig; (3) byd y Ddeddf, a gynrychiolir gan y plismon drama; (4) byd pobl yr ymylon.

Pan actiwyd *Rhys Lewis* yn 1886 a *Jack y Bachgen Drwg* yn 1888 – 'hen ddramâu' newydd sbon bryd hynny – tybed a oedd rhywrai ymhlith eu cynulleidfaoedd a fyddai'n cofio gwylio anterliwt? Go brin fod llawer. Bu'r toriad yn o glir yn hynny o beth. Ond fe gydiodd ein dramodwyr ni mewn dwy dasg a adawyd ar eu hanner gan Dwm o'r Nant: protestio yn erbyn gormes y meistri tir drwy gicio'r stiwardiaid, a gwawdio gwŷr y proffesiynau. Swyddogaeth y stiward yw cyfryngu rhwng ei feistr, sgweiar y plas, a theulu'r Hen Dŷ Ffarm. Am mai stiward ydyw, mae'n gwneud drwg rhyngddynt. Adlais sydd yma o frwydr a oedd i raddau mawr wedi ei hennill cyn i'r mudiad drama ddod i'w aeddfedrwydd, gydag elfen o edrych yn ôl a dathlu buddugoliaethau a gafwyd yng nghenhedlaeth Taid a Nain. Drwy'r cyfan mae awydd dwfn i gredu bod yswain y plas yn hen fachgen go lew yn y bôn, ac y byddai ef a'i denantiaid yn deall ei gilydd yn lled dda oni bai am ddichell y stiward. Thema hynod draddodiadol yw hon. Yna'n taro i mewn yn achlysurol y mae cynrychiolwyr dau broffesiwn sydd unwaith eto'n ddau gocyn hitio traddodiadol, sef y doctor drama a'r twrnai drama. Wrth gyflwyno cynrychiolwyr bydoedd (1) a (2) fe wneir peth nad ydym i fod i'w wneud bellach, sef gwawdio Cymraeg gwael! Ambell dro mentra gŵr y plas ei hun frygowthan ambell air carbwl; yn amlach fe'i cynrychiolir gan ei ddau wasanaethwr hannerieithog, y stiward a'r cipar. A dau gamdreiglwr dygn arall yw'r meddyg a'r twrnai; anodd dweud ai wedi budr-ddysgu'r Gymraeg y maent ai wedi gwneud ati i'w cholli – mwy tebyg mai'r olaf! Pwynt mawr yr hen ddramodwyr am y rhain, a phwynt Twm o'r Nant o'u blaenau, yw nad ydynt i'w cymryd o ddifri. Nid ydynt yn ieithyddol lawn llathen, maent wedi eu hurtio'u hunain drwy beidio â threiglo ac wedi eu gosod eu hunain y tu allan i gymdeithas pobl normal. Wrth gydnabod ffaith am y proffesiynau yng Nghymru, ffaith nad yw wedi newid yn sylfaenol rhwng y Ddeddf Uno a heddiw, y mae'r dramodwyr hefyd yn gwneud yn ysgafn o'r perygl i'r Gymraeg. Dyma eto fyth agwedd ar eu cyfaddawd. Daeth tro ar fyd, a dyma ni bellach yn codi cenhedlaeth gyfan i siarad Cymraeg Cipar Drama.

Swyddogaeth yr heddgeidwad yw atgoffa'r cymeriadau a ninnau ein bod oll yn atebol i gyfraith Loegr. Nid yw'r plismon na Buchedd A na Buchedd B; mae'n niwtral mewn dadleuon moesol a diwylliannol. Ond ni all fod yn wleidyddol niwtral wrth gwrs. Yn ei ffordd garbwl ei hun (oherwydd plismon drama ydyw), mae'n ceisio cyflawni'r dyletswyddau statudol heb ofn na rhagfarn. Ond yn wir fe feddala'i galon pan ddaw ar draws Cymro mewn trybini ar balmant dinas estron. Dyma inni yr un ysbryd cyfaddawdol eto, yr awydd i gredu fod y Drefn yn sylfaenol o blaid pobl fel ni.

Dosbarth diddorol a phwysig yw'r gwŷr a'r gwragedd hynny 'o'r tu allan', sy'n ein hatgoffa oll fod yna werthoedd a chanfyddiadau gwahanol, hyd yn oed ymhlith Cymry Cymraeg, i rai teuluoedd Buchedd A. Gellir gwneud hyn gan ryw dincer crwydrol, rhyw Ddici Bach Dwl, neu ryw wreigan ryfedd sy'n dipyn o broffwydes ac o blentyn natur yr un pryd (Dinah yn *Ephraim Harris*, Pegi'r Llofft Fach yn *Llwybrau Anrhydedd*, a'r olaf yn gymeriad gwirioneddol fel y cawn weld o droi at atgofion D. J. Williams, nai'r awdur). Rôl rywbeth yn debyg sydd i Sam, y lojer o Sais yn *Deufor Gyfarfod*, dyn dŵad a sgeptig nad yw dadleuon crefyddol, moesegol a gwleidyddol y gweithwyr o Gymry'n mennu dim arno. Dyma bobl yr ymylon, ac mewn un ddrama enwog fe gafodd Pobl yr Ymylon ddod i'r canol am dro.

Nid wyf heb ddeall fod perygl mewn cyffredinoli fel hyn ynghylch cymeriadau a sefyllfaoedd yr hen ddramâu, perygl creu rhyw ddrama gyfansawdd, Blatonaidd nad oes yr un ddrama unigol yn cyfateb iddi. Ond mi gredaf y cyfiawnheir yr ymarfer yn yr achos hwn gan mor gyson yr ailadroddir rhai elfennau canolog, a chan mor gryf, neu felly yr ymddengys, oedd awydd y cynulleidfaoedd am ragor o'r un peth. Pe bai rhywun yn mynd ati i fynegeio'r motifau yn null yr astudwyr llên gwerin, credaf y cyfiawnheid y dull a ddilynais yma. Dyma rai eitemau ar gyfer y catalog:

– ci yn lladd ysgyfarnog drwy ddamwain;
– codi dau ffesant oddi ar y clawdd;
– twyll y blaenor wrth werthu ceffyl;
– dychweliad y mab o'r carchar neu o wlad bell;
– darganfod pwy yw gwir etifedd y plas;
– cyfarfyddiad yr arwr alltud â phlismon o Gymro;
– salwch y fuwch neu'r gaseg;
– darllen yr ewyllys;
– chwifio'r dryll, ac weithiau gollwng yr ergyd.

Nid wyf, y tro hwn, am ddyfynnu disgrifiad gŵr yr Henllys Fawr o hanfod drama Gymraeg, gan fy mod wedi gwneud hynny droeon o'r blaen wrth drafod y maes. Ond cyfeiriaf bawb eto at bennod anfarwol 'Antur y Ddrama'.

Mae i'r ddrama y cysondeb hwn am fod iddi wreiddiau pendant a hawdd i'w canfod. Coeden gyfrodedd ydyw, ac iddi ddau wreiddyn gwahanol. Yn gyntaf, mae'r rhai ohonom a fentrodd farn yn gytûn ers tro ynghylch dylanwad mawr nofelau Daniel Owen ar ei chymeriadau a'i sefyllfaoedd, ac yn enwedig dylanwad y cyfaddasiadau llwyfan o *Rhys Lewis*.[3] Mae Bob Lewis y tu ôl i bob un o'r arwyr ifainc delfrydgar, gwrthryfelgar, ac mae rhywbeth o Domos Bartley yn yr hen frawd gwreiddiol, doeth a digri bob tro yr ymddengys. Ond os mai o'r Wyddgrug y daw rhai pethau pwysig fel hyn, daw rhan drymaf yr ideoleg o le arall. *Llanbrynmair* yn wir yw enw un o ddramâu Rhys Evans, drama hir fuddugol yr Eisteddfod Genedlaethol, 1922; yn honno, ac ambell ddrama arall fel *Trech Gwlad nag Arglwydd*, Grace Thomas (1913), a *Trem yn Ôl*, Gwynfor (1913), fe erys gwerthoedd a safbwynt *Cilhaul*, Samuel Roberts, yn arbennig o agos at yr wyneb. Y mae radicaliaeth '68 yn dal i yrru'r ddrama hon yn ail a thrydydd degawd yr ugeinfed ganrif a hyd yn oed ymhellach.

Mentrwn felly grynhoi. Yn y canol y mae gwerin barchus, fwrdeisiedig yn ceisio cynnal gwerthoedd Buchedd A a rhodio llwybr cul anrhydedd a thraddodiad yn nannedd anawsterau economaidd. Yn y cefndir, heb ollwng gafael eto, mae gŵr y plas. Uwch eu pennau hwy oll y mae cyfraith Loegr, a'r plismon drama yn ei chynrychioli. Ond ryw ddiwrnod i chi, fe â mab y tyddyn i'r Tŷ lle gwneir y Ddeddf. Dyna neges darlun ar ôl darlun o'r casgliad gwych a gynullodd Hywel Teifi Edwards yn *Codi'r Llen*. Y mae hefyd elyn mewnol yn rhengoedd gwerin Buchedd A. Pwy ond y diacon cul, rhagrithiol neu ddichellddrwg? Sylwodd Saunders Lewis yn 1919 ar yr arferiad o 'osod y blaenor yn y doc', a thrafododd J. O. Francis yr un ffenomen yr un flwyddyn.[4] Yn ôl ei ragair iddi aeth E. Arthur Morris ati yn *Arthur Wyn yr Hafod* (1922) i dorri'r confensiwn gan roi darlun ffafriol o flaenor a gŵr duwiol. Y tu ôl i'r gollfarn ar y blaenor mae dau ffactor hynod draddodiadol: yn gyntaf yr hen gweryl rhwng y dramodydd a'r piwritan, cweryl a fynegwyd o un ochr gan Blaton yn y *Weriniaeth* a mannau eraill, ac yn ail arferiad democratiaeth o ethol dyn i swydd ac yna'i gymryd yn gocyn hitio.

Yn y diwedd, radicaliaeth gyfaddawdol iawn yw byrdwn y neges a gyflwynir gan y cwlwm hwn o gymeriadau. Mae yma awydd i gredu nad yw gŵr y plas, na'r hen blismon, mor ddrwg â hynny wedi'r cyfan. Anaml, os o gwbl, y digwydd y fuddugoliaeth wleidyddol mewn modd sy'n argyhoeddi; nid yw ethol y gweledydd ifanc 'dros y sir' damaid llai o stori dylwyth teg na dychweliad y mab afradlon o'r Clondeic. Hyd yn oed ag esiampl stori Lloyd George o flaen eu llygaid, methodd y dramodwyr â gwneud y digwyddiad yn gredadwy. Bu W. J. Gruffydd yn *Dyrchafiad Arall i Gymro* yn llai aflwyddiannus na'r rhelyw am iddo osgoi ceisio dangos drwy ba broses y daeth mab y chwarelwr yn Aelod Seneddol a gweinidog llywodraeth. Mae amharodrwydd i ddilyn cwestiynau i'r pen ac i wynebu holl ymhlygiadau sefyllfa yn nodwedd ar y corff dramâu hyn drwyddo draw, a dyna pam nad yw 'trasiedi' yn air addas am y rhelyw o'r dramâu, er cymaint o ddifrif ydynt. Dyna yw pwysigrwydd y potsiar a'i weithgarwch mewn drama ar ôl drama; gwrthryfel diniwed, symbolaidd yn erbyn gweddillion y drefn ffiwdal oedd herwhela.

Daeth dau ddramodydd o sylwedd i dorri ar draws yr olygwedd Ryddfrydol, optimistaidd, un cyn y Rhyfel Mawr a'r llall yn fuan ar ei ôl. J. O. Francis oedd y cyntaf, a'i ddwy ddrama *Cross Currents* (1910) a *Change* (1913) – a ddaeth yn adnabyddus iawn yn Gymraeg fel *Gwyntoedd Croesion* a *Deufor Gyfarfod* – yn darlunio mewn dwy wahanol ffordd her y sosialaeth a oedd yn newydd bryd hynny. Ond cyfaddawdwr oedd yntau, er mor ddifyr a meddylgar ei ddramâu, ac nid yw ei gasgliadau petrus yn cyfeirio ymlaen at ddim ond y consensws Lib-Labaidd a ddaeth i reoli bywyd Cymru bron o'r dydd hwnnw hyd heddiw. Saunders Lewis oedd y croestynnwr arall, gyda *Gwaed yr Uchelwyr* (1922) yn cynnig model o geidwadaeth Gymreig na ellid mo'i gweithredu heb aberth a thrasiedi. Gwnaeth hyn mewn dull parodïol, gan fenthyca at ei ddiben rai o elfennau poblogaidd y dramâu Rhyddfrydig. Ni fennodd hyn ddim ar ei gyd-ddramodwyr. Daeth *Llanbrynmair* yr un flwyddyn, a *Mari'r Forwyn* (1924) gyda'r hen elfennau cyn iached ag erioed.

Wedi arfer cymaint ar y gair 'hen' y mae'n bryd ei gyfiawnhau, fel yr addewais ar y dechrau. Y mae i rai o'r dramâu hyn deimlad hen hen, hŷn na Chanu Llywarch Hen, hŷn na'r Mabinogi. Wrth fodio *Y Cam a'r Cymod*, O. G. Pritchard, *Eluned Gwyn Owen neu yr Eneth Goll*, J. Tywi Jones, neu *Megys trwy Dân*, Eben Rogers, fe glywn y tamprwydd yn treiddio hyd at fêr yr esgyrn. 1911, 1913 ac 1922 yw eu dyddiadau. Yr adeg yr ysgrifennwyd hwy yr oeddent yn rhan o'r 'ddrama newydd Gymraeg' ('the new Welsh drama' chwedl amryw o sylwedyddion Saesneg): 'newydd' o'u cymharu â'r 'hen' ddramâu hanesyddol a fwynhaodd dipyn o fri am ryw genhedlaeth o'u blaenau. Adolygiad W. J. Gruffydd ar *Glyndŵr: Tywysog Cymru* (Beriah Gwynfe Evans) yn *Y Beirniad*, 1911, yw'r trothwy rhwng yr 'hen' a'r 'newydd' yn yr ystyr hon. Drama fwy-neu-lai cyfoes, fwy-neu-lai realaidd, gymdeithasol a beirniadol ei chynnwys yw'r un y mae a wnelom ni â hi. Hi oedd y ddrama newydd oddeutu 1910. Cyn pen y degawd mae hi'n hen. Cwyna Saunders Lewis am ei themâu treuliedig yn ysgrifau deifiol y *Cambria Daily Leader*, 1919; 'chwaraeir cymaint ar ddramâu hen nes syrffedu cynulleidfaoedd,' meddai'r un gŵr yn 1922, y flwyddyn yr aeth ati i geisio gwneud rhywbeth gwahanol gyda *Gwaed yr Uchelwyr*.

Beth fu oes yr 'hen ddrama'? Gellir dweud ei bod hi'n dechrau yn 1886–7, gyda chyfaddasu *Rhys Lewis* ar gyfer y llwyfan, a thaith hanesyddol a helbulus cwmni Trefriw gyda rhyw fersiwn o'r ddrama honno. Daeth *Jack y Bachgen Drwg*, gwaith David Evans (Cilfynydd a Hirwaun), yn 1888. Erbyn 1904 yr oedd Beriah Gwynfe Evans wedi cyhoeddi *Ystori'r Streic*, a chyda chwblhau'r drindod yna y mae elfennau'r 'ddrama newydd', sef ein 'hen ddrama' ni, fwy neu lai wedi eu sefydlu. Erbyn 1914 mae hi wedi cadarnhau ei safle gan oresgyn gwrthwynebiad rhai crefyddwyr (*rhai*), a threchu hefyd gystadleuaeth y dramâu hanesyddol. Erbyn diwedd yr ail ddegawd y mae'n ddigon sefydledig i fod yn destun beirniadaeth a pharodi. Ond pryd y daeth i ben? Goroesodd ymgais *Gwaed yr Uchelwyr* (1922) i droi ei gwerthoedd wyneb-i-waered. Yr oedd *Y Ffon Dafl* (1927) yn ymgais fwriadus gan John Ellis Williams i lunio drama heb botsiar na phlismon, ond ni ddiflannodd y cymeriadau hynny oddi ar lwyfannau Cymru. Rhoddodd Gwynfor y geiriau 'Ffars hen ffasiwn' yn is-deitl *Tywydd Mawr* (1936), ond daliodd eraill i sgrifennu a llwyfannu ffarsiau hen ffasiwn, a daliodd cynulleidfaoedd i'w mwynhau. O tua 1910 ymlaen yr oedd y dramodwyr galluocaf i gyd yn anfodloni ar rai o'r confensiynau a oedd wedi ymsefydlu erbyn hynny, ac yn ymdrechu â gwahanol raddau o lwyddiant i greu rhywbeth gwahanol. Saunders Lewis oedd yr unig un i dorri'n rhydd mewn gwirionedd, a gwnaeth hynny drwy droi at ffurfiau mydryddol. Aros a wnaeth y lleill tu fewn i derfynau yr hyn a oedd wedi ymffurfio'n draddodiad rhwng 1886 a 1910, er iddynt arloesi peth o fewn y terfynau hynny a llwyddo i'w hestyn.[5] Credaf fod hyn yn wir am R. G. Berry, D. T. Davies, J. O. Francis, Idwal Jones, J. Kitchener Davies a John Ellis Williams, a phan ddown at waith John Gwilym Jones gwelwn fod rhai o brif elfennau'r traddodiad, yn gymeriadau ac yn sefyllfaoedd, gyda ni o hyd. Rhoddwyd ffarwél i'r hen sgweiar ar ôl *Y Brodyr* [?1933]. (O bob drama lle'r ymddengys y cymeriad hwnnw, dyma'r garedicaf ei dyfarniad arno, ffaith ychydig yn od i mi pan gofiaf farn yr awdur am dirfeddianwyr ei blwy genedigol, teulu Glynllifon; enghraifft, mi dybiaf, o draddodiad y ddrama yn drech na rhagfarn awdur.) Cawn weld y fam ofidus eto yn *Diofal yw Dim* a *Lle Mynno'r Gwynt*, a'r 'hen gymeriad' yn *Gŵr Llonydd*. Ac erys y cwestiwn 'beth ddaw o'r mab?' yn ganolog yn yr holl ddramâu drwy *Y Tad a'r Mab* ac ymlaen i'r diwedd. Gellid, o un safbwynt, ddal fod 'yr hen ddrama' yn dal yn fyw tra oedd John Gwilym Jones wrthi, ond yn fuan iawn ar ôl ymafael ynddi yr oedd ef hefyd yn graddol newid ei natur.

I dorri'r ddadl, yr wyf am roi dyddiad ar ddiwedd 'yr hen ddrama', a gwnaf hynny â chryn hyder gan imi weld y peth yn digwydd. Hydref 1958 ydoedd. Aeth y neuaddau gorlawn yn neuaddau hanner gwag a llai, bron dros nos, gan fod bellach ormod o setiau teledu mewn gormod o dai. Daeth diwedd ar yr hen ddrama pan giliodd ei chynulleidfa. 1886–1958, felly. Dyna oes yr hen ddrama, sef oed addewid a dwyflwydd yn ei ben. Rhwng ei chychwyniad a dechrau'r

Rhyfel Byd Cyntaf yr oedd ei chymeriad wedi ei sefydlu'n glir. Effaith dymor-byr y rhyfel hwnnw fu estyn cyfle newydd iddi drwy ysigo'n derfynol awdurdod yr Ymneilltuaeth y buasai'r ddrama'n bodoli mewn perthynas cas-a-chariad â hi o'r cychwyn. Cafodd ugain mlynedd o rwyddineb a ffyniant cyn ei tharo'n drwm gan yr ail ryfel, y lladdwr mawr ar weithgareddau diwylliannol. Wrth drafod y mater hwn dibynnwn lawer ar yr ystadegau a roddodd John Ellis Williams ar sail ei brofiad a'i wybodaeth ddigymar, yn ei hunangofiant llenyddol, *Inc yn fy Ngwaed*; yr ystadegyn arwyddocaol yw diflaniad dau gant o'r tri chan cwmni lleol yr oedd ef mewn cysylltiad â hwy ar drothwy'r rhyfel. Ond fel yr awgrymais ar y dechrau, yr oedd digon o ddramâu i'w gweld oddeutu troad yr 1950au; hwyrach y gwyddai'r oedolion yn y neuaddau gymaint fu'r lleihad mewn deng mlynedd, ond ni wyddem ni blant mo hynny. Wrth inni rowlio chwerthin gyda *Mari'r Forwyn* tua 1948–9, prin y byddai neb ohonom yn coelio y dôi'r cyfan i ben mewn deng mlynedd drwy waith gelyn cryfach nag unrhyw ryfel, sef y teledu. Bron o'i dechreuad wynebodd y ddrama amatur hon gystadleuaeth dau gyfrwng arall, y radio a'r sinema. Profodd y gallai ddal ei thir yn gyfochrog â hwy yn weddol dda. Ond yna daeth y cyfrwng a âi â ni i geginau byw pobl eraill heb orfod gadael ein cegin ein hunain.

Blodeuad byr, felly, agos iawn at hyd einioes gŵr. Wrth ysgrifennu yn 1973, mentrais ddynodi dengmlwydd ar hugain o'r cyfnod, 1910–40, yn oes aur y ddrama Gymraeg.[6] Yr wyf yn ddigon balch fod eraill wedi dod i arfer yr un term. Pe dywedem ei bod yn oes o ddramâu campus sy'n mynd i barhau yn eu gwerth fel gweithiau llenyddol, byddem yn dweud gormod. Yn wir, cyfeiliant cyson i weithgarwch dramatig y cyfnod yw anesmwythyd a hunanfeirniadaeth y dramodwyr eu hunain, a chwynion eu beirniaid a'u hadolygwyr fod y gweithiau'n ystrydebol ac ailadroddus a safon eu crefft yn annigonol. 'Atal y wobr' yw hanes prif gystadlaethau cyfansoddi drama'r Eisteddfod Genedlaethol drwy gydol ein cyfnod, arwydd go sicr o fethu â tharo'r nod *yn llenyddol*; hanes gwahanol, am weithgarwch, brwdfrydedd a boddhad mawr, yw hanes cystadlaethau *actio* drama'r Eisteddfod. Drwy gydol y cyfnod, pregethodd Saunders Lewis yn ddiflino nad oedd ddyfodol i'r theatr Gymraeg heb iddi fynd yn theatr broffesiynol.

Y gwir yw fod safon y dramâu'n amrywio'n fawr. Wrth ailddarllen *Ephraim Harris*, *Y Ddraenen Wen*, *Castell Martin*, *Pelenni Pitar*,

Deufor Gyfarfod, *Gwyntoedd Croesion*, *Tywydd Mawr*, *Pobl yr Ymylon*, *Yr Anfarwol Ifan Harris*, *Pen y Daith*, *Ffordd yr Holl Ddaear*, *Y Bobl Fach Ddu* . . . a gellid estyn y rhestr, gallwn ddeall yn iawn sut yr oeddynt yn taro deuddeg gyda'u cynulleidfaoedd, a chydag ychydig o help dychymyg gallwn ail-greu rhywfaint o gyffro a boddhad eu gweld ar lwyfan. Dipyn islaw'r goreuon hyn mae rhestr arall o ddramâu na ellir ar unrhyw dir ddal eu bod cystal, ond yr oedd mynd mawr arnynt yn eu dydd a dygid hwy i gof â chryn emosiwn gan bobl o genhedlaeth fy rhieni: *Maes y Meillion*, *Asgre Lân*, *Ar y Groesffordd*, *Troion yr Yrfa*, *Gloewach Nen*, *Cyfoeth ynteu Cymeriad?*, *Trem yn Ôl*, a mwy nag un fersiwn o *Y Ferch o Gefn Ydfa*. Ar ôl gwylio un o fersiynau'r olaf yn neuadd Rhosgadfan (sy'n adnabyddus i'r miloedd bellach fel cwt *C'mon Midffîld*), rhoddodd fy nhad ei gas yn ddifaddau ar yr actor a chwaraeai Anthony Maddock (hogyn hwn-a-hwn o'r fan-a'r fan, nid oedd yr enw'n golygu dim i mi) oherwydd bonclust argyhoeddiadol a roddodd i Wil Hopcyn. 'Yr hen eurach bach, mi ddeuda' i wrtho fo hefyd os gwela' i o.' Mewn pegwn arall i'r catalog y mae dramâu affwysol wael a di-glem. Tybiais am rai blynyddoedd mai *Teulu Bronygraig* gan Zachary Mather oedd y ddrama waethaf a welodd y byd erioed, a bûm mor angharedig ag awgrymu hynny dro neu ddau wrth ddosbarthiadau o fyfyrwyr. Ond wedyn daeth arlwy Nadolig S4C. Y gwir yw fod angen rhyw bedwar categori i ddosbarthu a chloriannu'r dramâu hyn: y gwych (ie, mi ddywedaf eto, gwych, o'u bath), y gweddol, y gwachul, a bocs yn hollol iddi ei hun ar gyfer *Beddau'r Proffwydi*, sy'n ofnadwy – ac yn wych.

Nid cloriannu'r dramâu'n llenyddol yw'r hyn a ddisgwylir gennyf yn yr ysgrif hon, ac efallai nad dyna brif dasg hanesydd yr hen fudiad drama. Ond ar ôl darllen neu ailddarllen pentwr ohonynt ni fyddaf byth heb ryw awydd i edrych ymhellach ac yn fanylach ar yr adnoddau a'r doniau a aeth iddynt. Maent yn 'stwff cryf', ac er nad oes ynddynt lawer o ddyfnder na chyfrwystra wrth drin cymeriadau a chymhellion, mae iddynt, o'u cymryd drwodd a thro, arwyddocâd diwylliannol arbennig sy'n denu rhywun i geisio treiddio ymhellach i'w cyfrinach. Naïf ac anhygoel yw cynllun drama fel *Llwybrau Anrhydedd*, Derwenydd Morgan, ond gwelir ynddi gyfoeth o iaith Sir Gâr, a hefyd beth o'r un ddawn i'w thrin ag a ddaeth i'r amlwg yn y man yng ngwaith y nai, D. J. Williams. Mae'r dramâu hyn yn drysorfa, anghofiedig braidd, o iaith fyw cymdeithasau gwledig a diwylliannol, yng Ngogledd a De, wedi ei chofnodi'n gywir a deallus yn amlach na pheidio a'i chymhwyso'n ddigon llwyddiannus at bwrpas lled-lenyddol yr awduron. O ran defnydd o'r Gymraeg, dyma'r blodeuad olaf yng nghymoedd Morgannwg cyn y dirywiad carlamus. Gwelodd y cyfnod yr ydym yn sôn amdano drafodaeth ddifrif ar gwestiwn iaith drama, gyda rhagymadroddion Saunders Lewis i *Doctor er ei Waethaf* (1923) ac Ifor Williams i *Tŷ Dol* (1927) yn ddwy ddogfen werth eu darllen yn ystyriol o hyd. Datrysodd y rhan fwyaf o'r dramodwyr y broblem drwy fynd ymlaen â'r gwaith. Am bob un sy'n ysgrifennu dialog prennaidd, y mae o leiaf un sy'n ei medru-hi'n iawn. 'Naturiol' oedd gair mawr hysbysiadau ac adolygiadau drama'r cyfnod, ac mae'r awduron hyn yn gweithio'n galed ar fod yn 'naturiol', yn eu hieithwedd fel mewn pethau eraill. Rhyw hen nodwedd ddigon hoffus yw hon, er ei bod yn weddol hawdd mynd dros ben llestri gyda hi, pentyrru rhyw ymadroddion fel: 'dawn i'n llwgu'r munud 'ma', 'wel ar f'engoch fawr annwl i', 'myn cebyst ulw las', a llawer o rai tebyg. Dyma'r 'Cymraeg drama' sy'n cyfateb yn ieithyddol i locsyn gosod Taid a bochau coch y forwyn ffarm, yr un modd yn union ag y mae dici-bo a chôt gynffon fain yn cyfateb i lediaith a chamdreiglo'r cymeriadau nad ydynt yn ddiwylliannol lawn llathen.

Cyn tewi ynghylch ansawdd y dramâu rhaid imi gael dweud un peth pellach, gan y byddai peidio â'i ddweud yn creu camargraff. Yr ydym wedi sôn tipyn am arwyddocâd eiconograffig, seicolegol a chymdeithasegol y ddrama a chwaraeid rhwng penteulu, mab, blaenor, stiward, cipar, potsiar, plismon a phobl yr ymylon, a diau fod mwy y gellid ei ddweud. Ond rhaid dal i'n hatgoffa'n hunain nad yw pob drama'n ymwneud â'r cymeriadau hyn, a bod enghreifftiau digon clyfar, yn enwedig ymhlith y comedïau, o chwarae ag elfennau eraill. Cellwair drwyddi ag un ddyfais y mae *Tywydd Mawr*, drama orau T. O. Jones (Gwynfor), a drama ofnadwy o wleidyddol-anghywir. Yr un ddyfais honno yw sôn am ferched bob amser yn nhermau llongau hwyliau, gan hwylio'n bur agos at y gwynt dro neu ddau! Dawn y mae'n rhaid ei hedmygu yw'r ddawn i greu drama allan o ddim, peth a wnaeth Ewripides, Shakespeare, Molière ac Oscar Wilde oll yn eu tro. Derbyniodd John Ellis Williams yr her o wneud hynny yn *Y Corn*, a'r un modd Brinley Jones yn *Y Siop Newydd*: cadw'r jôc i fynd am awr a hanner, a honno'n jôc hollol ddiniwed. Nid bach o gamp ydyw. I mi, wrth droi a throsi ymhlith y dramâu, Brinley Jones fu'r darganfyddiad mwyaf. Ar ei orau yr oedd yn ddialogwr tan gamp, a gallai gynnal eironi dramatig a *double entendre* yn hyderus am gyfnodau hir. Ar hyn o bryd ni wn ddim amdano ac eithrio'i fod yn byw yn Nowlais ac yn ysgolfeistr. Carwn wybod mwy am awdur *John a Jâms*.

Dyna gwestiwn arall i'w ofyn gan hanesydd y ddrama a'r theatr hon. Pwy oedd y dramodwyr? Cadwyd coffâd lled dda am yr awduron gorau – D. T. Davies, R. G. Berry, Idwal Jones – a gwyddom am eraill am eu bod yn enwog mewn meysydd heblaw'r ddrama – W. J. Gruffydd, Wil Ifan, J. Tywi Jones. (Dyna ŵr teilwng iawn o goffâd yw'r olaf: gweinidog, golygydd ac ymgyrchwr yn nhraddodiad gorau'r hen newyddiadurwyr ymneilltuol, ac ymhen popeth awdur cyfres o ddramâu a welir yn gwella o ran cynllun a dialog wrth i'r blynyddoedd fynd rhagddynt.) Y tu ôl i'r rhain oll yr oedd byddin o awduron eraill a'u gwaith hwythau'n llenwi'r festrïoedd a'r neuaddau mawr a mân noson ar ôl noson, ac yn ddramodwyr yn anad dim arall: D. J. Davies, Rhys Evans (Alltfab), R. D. Morris, W. E. Williams (Gwilym Rhug), Grace Thomas, Mair Gwynedd, Megfam, Awena Rhun, H. O. Hughes, Derwenydd Morgan, D. Gwernydd Morgan, Caradog Owen, W. Glynfab Williams, E. B. Byron Jones, J. Bonfyl Davies, D. L. Evans, Eben Rogers, D. R. Jones, Daniel Williams, J. P. Walters, E. Arthur Morris, W. J. Davies, J. D. Howells, J. Eddie Parry, D. T. Thomas, R. D. Owen, James Edwards (Iago Lliedi), D. Gorllwyn Williams. Pwy sy'n cofio heddiw am yr awduron gweithgar hyn a gafodd y fath hwyl wrth ymhel â'r ddrama, gan roi i filoedd lawer o'u cyd-Gymry dipyn o ddiddanwch ac weithiau rywbeth i feddwl amdano hefyd? A oes rhywrai a all gofnodi peth gwybodaeth amdanynt cyn ei bod yn rhy hwyr? Wrth edrych yn gyflym dros y rhestr enwau, dyfaliad rhesymol yw fod y gweinidog a'r sgwlyn yn weddol amlwg yn eu rhengoedd. Ond argraff sydyn arall a gaf yw bod yn eu plith gryn ddyrnaid o ddynion busnes bach: D. J. Davies (postfeistr), Derwenydd Morgan (fferyllydd), R. D. Morris (llyfrwerthwr), James Edwards (peintiwr a phapurwr), a Gwynfor (siopwr, cyn ei benodi'n Llyfrgellydd cyntaf Sir Gaernarfon). Un arall nad oedd na gweinidog nac athro oedd H. O. Hughes, a fu byw fel hanner gŵr bonheddig ar ôl etifeddu stad fechan ym Môn, ac a gafodd hefyd yrfa ddiddorol fel ysgrifennydd gwleidyddol preifat yn Llundain.

Yr un modd gyda gweithgarwch y mudiad yn gyffredinol, mae angen cofnodi hanesion a diogelu defnyddiau, a gweithio tuag at ddarlun cyflawn a chywir o bethau fel lleoliad y cwmnïau, eu cylchdeithiau, croestoriad eu haelodau, yr ennill a'r golled ariannol, yr hysbysebu a'r cyhoeddi. Dau brif gyhoeddwr oedd ar ddramâu Cymraeg ac Eingl-Gymreig, cwmni French yn Llundain a chwmni Hughes a'i Fab, Caerdydd bryd hynny, gyda'r ail yn masnachu dros y cyntaf yng Nghymru am rai blynyddoedd. Ond yr oedd hefyd lawer o gyhoeddi lleol gan fân argraffwyr, a pheth cyhoeddi gan yr awduron eu hunain: dyma agwedd ddigon difyr a phwysig ynddi ei hun. Llwyddodd John Ellis Williams yn ardderchog yn ei atgofion i gyfleu hyd, lled ac ysbryd y gweithgarwch, a oedd yn cynnwys nid yn unig y cynyrchiadau eu hunain ond hefyd y gwyliau drama, yr ysgolion undydd a'r dosbarthiadau nos. Dibynnwn lawer o hyd ar y stori fel y mae ef yn ei hadrodd, ac yn enwedig ar ei ystadegau, a dibynnwn hefyd ar y wybodaeth ffeithiol helaeth a gofnododd O. Llew Owain yn *Hanes y Ddrama yng Nghymru 1850–1943*. Aeth dros hanner canrif heibio oddi ar gyhoeddi'r gyfrol honno, a da fyddai i rywun edrych ar yr hanes eto, yn ei gyfanrwydd ac yn ei rannau. Rhoes Hywel Teifi Edwards gychwyn gwych gyda'i oriel ysblennydd o ddarluniau yn *Codi'r Llen*, ac ategaf o lwyrfryd calon ei apêl daer ar i rywrai ddiogelu pa wybodaeth bynnag sydd ar gael. Deallaf fod cyfrol newydd ei chwblhau ar hanes Cwmni Llangefni gan aelod gweithgar ohoni, yn cofnodi'r ffeithiau a hefyd yn atgynhyrchu darluniau, rhaglenni, posteri a hyd yn oed docynnau. Ardderchog. O ddifri, a wna rhywun yr un gymwynas â Chwmni Dan Matthews? Dyna hanes a fyddai hwnnw. Mae pumcant neu ragor o gwmnïau â'u cyfraniad at y stori epig hon, ac ni wneir ond cyffwrdd â'r brig wrth enwi rhai o'r cwmnïau enwocaf – Cwmni'r Ddraig Goch (Caernarfon), Cwmni'r Gwter Fawr, Cwmni Edna Bonnell a chwmni John Hughes, a drodd Lannerch-y-medd yn brifddinas chwarae ffars y Gogledd. Ni allaf ymatal rhag adrodd hanesyn. Fe gofia rhai ohonom o hyd am y noson yn 1963 pan anturiodd Chwaraewyr Coleg y Gogledd i Lannerch-y-medd i gyflwyno *Gwalia Bach*, W. S. Jones. Mae golygfa yn y ddrama lle mae'r ddau hen lanc yn papuro'r gegin i blesio'r howsgipar newydd, gyda chyfle i dasgu llawer o bâst yn ysbryd gorau Laurel a Hardy. Cofiwn o hyd gyfarwyddyd y cynhyrchydd, John Gwilym Jones, wrth inni hel y celfi at ei gilydd: 'Cofiwch heno, hogia, ecstra pâst i Lannerch-y-medd'.

Ni ddiflannodd yr hen fudiad drama amatur heb adael rhai disgynyddion. Yn ystod ei flynyddoedd olaf yr oedd dau o'i blant 'wedi gollwng', ys dywedir, ac yn cerdded. Y cyntaf ohonynt oedd mudiad y theatrau bach, neu yn fwy penodol theatrau bach Garthewin, Llangefni, Glynllifon a'r Gegin (Cricieth). (Ffenomen ar wahân, gynharach, a thestun astudiaeth ynddi ei hun yw Theatr Fach Aberdâr, a agorwyd yn 1931; gweler pennod arall o'r llyfr hwn, a *Codi'r Llen* eto.) Ennill mawr y theatrau bychain oedd eu bod yn gartrefi parhaol i'r ddrama, mwy parhaol o leiaf na'r neuaddau tref a phentref. Câi pobl y ddrama adael eu llanast o gwmpas am ddyddiau ac wythnosau yn hytrach na gorfod ffitio popeth rhwng yr yrfa chwist neithiwr a the'r pensiynwyr yfory. Yr oedd hyn yn sicr yn un o ysgogiadau eu sylfaenwyr. A chyda'r cartref sefydlog gobeithid hefyd sefydlu cynulleidfa sefydlog o ffyddloniaid, cynulleidfa fwy gweithredol nag o'r blaen, gydag uwch cyfran ohoni'n cymryd rhan. Fe weithiodd hyn am gyfnod, ond yna daeth y sylweddoliad anochel nad oedd y ffyddloniaid eu hunain yn ddim ond gweddill a detholiad o gynulleidfaoedd y neuaddau pentref. Bu'r bocs ar yr aelwyd yn drech na hwythau, a bu tynged y theatrau bychain yr un â thynged pob gweithgarwch cymdeithasol sy'n gofyn eistedd yn rhesi mewn ystafell, dilyn, canolbwyntio ac ymateb. Pob gweithgarwch felly ond un, ddylaswn ei ddweud, a'r un eithriad yw bingo. Ail ddisgynnydd y theatr amatur Gymraeg oedd theatr radio'r BBC yn ystod y pymtheng mlynedd 1945–60. Ai oherwydd mai dyna'n blynyddoedd gleision ninnau yr wyf i a rhai o'm cyfoedion yn edrych yn ôl ar y bennod hon drwy wawl o ramant ac yn cymharu'n anffafriol yr arlwy a geir heddiw ar deledu a radio? Dywedaf hyn: o'r dwsinau dramâu unigol a chyfresi yr wyf yn cofio'u gwrando yn ystod y blynyddoedd hynny, nid wyf yn *cofio* dim un a oedd yn fflop o'r munud cyntaf. Amaturiaid yn ennill pres poced oedd y rhan fwyaf o'r actorion, a dyna'u cryfder. Amaturiaid yn yr ystyr hanfodol, sef *carwyr* y gweithgarwch, oedd y cnewyllyn bychan o actorion llawn-amser a gyflogid gan y BBC. Oll fel ei gilydd yr oeddent wedi dysgu eu crefft wrth actio'r hen ddramâu ar yr hen lwyfannau, yr oedd ganddynt iaith y gymdeithas naturiol Gymraeg a diwylliant y sefydliadau crefydd-gysylltiedig. Clamp o ystrydeb yw sôn am 'y pethau na all ysgol na choleg eu darparu'. Ond y mae'n wir.

Oes aur y ddrama Gymraeg, meddwn eto. Ie, erbyn gweld, oes aur y werin Gymraeg hefyd. Lluniwyd y werin honno gan grefydd ddiwygiadol, ac yr oedd ganddi holl gynhysgaeth ddiwylliannol a theimladol y grefydd honno, yn cynnwys yr hiwmor a ddeilliai ohoni.

Erbyn y cyfnod yr ydym ni'n sôn amdano yr oedd gwaharddiadau caethaf y grefydd wedi eu codi, ond yr oedd union ddigon o ataliadau'n aros i greu cyd-ymdaro bywiog rhyngddi a'i phlentyn, y ddrama. Os mai 1910–58 yw ein cyfnod, y mae'n cynnwys rhwng ei ddeupen ddau ryfel byd a dirwasgiad economaidd enbyd. Gwelodd drai dychrynllyd y Gymraeg. Ond er gwaethaf popeth, a'r popeth hwnnw'n cynnwys y problemau nad oedd gan ein pobl na'r ewyllys na'r weledigaeth i'w symud ymaith, cyfnod oedd hwn pan gafodd y werin Gymraeg ryw hwyl nas cafodd na chynt na chwedyn, mentraf ddyfalu: hwyl ar fod yn hi ei hun. Rhan o'r hwyl honno oedd yr hen ddramâu ar yr hen lwyfannau.

CYFEIRIADAU

[1] *Cambria Daily Leader*, 24 Hydref 1919.

[2] Gweler D. G. Lloyd Hughes, 'Tipyn o Froliwr? Derwenydd a'i Waith', *Y Casglwr* 69 (Haf 2000), 1, 19.

[3] D. Tecwyn Lloyd, 'Daniel Owen ar y Llwyfan, 1909–1937', *Llên Cymru* X, 59–69. *Idem*, 'Gwir Gychwyn y Busnes Drama 'Ma', *Llwyfan* 8 (Gwanwyn/Haf 1973), 5–8. Dafydd Glyn Jones, 'Saunders Lewis a Thraddodiad y Ddrama Gymraeg', *Llwyfan* 9 (Gaeaf 1973), 1–12.

[4] Saunders Lewis, 'The New Revivalists: A Note on the Theatre', *Cambria Daily Leader*, 2 Hydref 1919. J. O. Francis, 'The Deacon and the Dramatist', *Welsh Outlook* VI, 158–60.

[5] Gweler bellach draethawd Esyllt Môn Jones, 'Rhinwedd, Rhith a Rhagrith: arferion cymdeithasol a diwylliannol yn nramâu D. Matthew Williams, Idwal Jones, J. Kitchener Davies a John Ellis Williams', M.A. Cymru (Bangor), 1997.

[6] *Llwyfan* 9 (Gaeaf 1973), 8.

Cwmni Trefriw a fu'n perfformio *Rhys Lewis* yn 1886 a 1887.

Cwmni Cefnddwysarn a fu'n perfformio *Asgre Lân* yn 1913.

Cwmni Llanelli a fu'n perfformio *Yr Anfarwol Ifan Harris* yn 1930 ac 1933.

Cymdeithas Ddrama Gymraeg Prifysgol Cymru, Bangor, a fu'n perfformio *Lle Mynno'r Gwynt* yn 1948.

Cwmni Edna Bonnell tua diwedd y pedwardegau.

Cwmni John Hughes, Llannerch-y-medd, tua 1955.

Cwmni Dan Matthews a fu'n perfformio *Marï'r Forwyn* yn 1958.

Y Theatr Amatur a'r Fro

Roger Owen

Nid yn ôl ei chelfyddyd y dylem farnu'r theatr amatur ond, yn hytrach, yn ôl ei chyfraniad i'w bro. Camp y theatr amatur erstalwm oedd iddi greu perthynas glòs iawn rhwng y gynulleidfa a'r actorion ac ymdeimlad cryf o *berthyn* i'r fro, a bu'r ymdeimlad hwnnw o berthyn yn allweddol bwysig wrth glymu'r gymdeithas Gymraeg ynghyd. Gweithredai'r theatr amatur fel defod gymdeithasol bwerus, a bu'n fodd anhepgor o ddathlu ac atgyfnerthu'r agwedd frodorol ar fywyd y Cymry Cymraeg.

Mae'n werth pwysleisio hyn heddiw, a ninnau'n byw mewn cymdeithas heb fudiad theatr amatur. Aeth honno â'i phen iddi ryw hanner canrif yn ôl, ac ychydig iawn fu gan y rhan fwyaf o feirniaid a sylwebyddion i'w ddweud o'i phlaid wedi hynny. Fel y nododd Elan Closs Stephens yn 1979, daeth yn arfer gan 'lais swyddogol' y theatr yng Nghymru 'i ddifrïo pob math o ddrama cyn 1950 fel rhywbeth amaturaidd, ac, o ganlyniad, dibwys'.[1] A phan gyfeirir at y 'theatr amatur' heddiw (ac yn enwedig pan ddefnyddir yr ansoddair 'amaturaidd'), yr hyn a olygir gan amlaf yw gwaith nad ydyw'n ddigon da i'w gyfrif yn waith o safon broffesiynol, neu, yn fwy syml eto, gwaith *eilradd o ran ei safon*. Ond mae'r anfri hwn ar y theatr amatur yn gwbl annheg a chamarweiniol. Ni fu'r theatr amatur erioed yn theatr 'safonol' – nid gwarchod safonau fu ei swyddogaeth na'i chenadwri ond, yn hytrach, creu perthynas agos rhwng actor a chynulleidfa a fyddai'n ddrych o'r berthynas glòs rhwng brodor a brodor. Gwasanaeth cymdeithasol ydoedd, gwasanaeth ar lun defod a oedd yn llawn hwyl, emosiwn a chyffro; medrai gyflawni'r gwasanaeth hwnnw i'w bro, waeth pa mor amrwd y perfformid hi. Crisialwyd y pwynt hwn gan y Prifardd Dic Jones yn un o'i erthyglau wythnosol yn y cylchgrawn *Golwg*. Soniodd yno am berfformiad gan gwmni drama o gapel lleol, a cheisiodd gymharu'r profiad a gawsai wrth wylio'r perfformiad hwnnw â'r profiad a gawsai wrth wylio cwmni proffesiynol. Daeth i'r casgliad fod llwyddiant y theatr broffesiynol yn dibynnu ar 'safon y cynhyrchiad, graenusrwydd y cyflwyno' ac yn y blaen. 'Eithr,' meddai, 'y mae mwy i adloniant na hynny . . .':

> Nid awgrymu yr ydwyf nad oedd na safon na graenusrwydd yn perthyn i'n drama ni (yn wir roedd perfformiadau un neu ddau yn agoriad llygad i ni i gyd) ond rhyw deimlo nad yw cynyrchiadau mwy proffesiynol bob amser yn cyrraedd y nod, yn syml am nad ein 'drama ni' ydynt. Byddwn yn eu gwylio o'r tu allan, fel petai, heb deimlo ein bod yn rhan ohonynt.[2]

Prif swyddogaeth a phennaf rhinwedd y theatr amatur, boed hynny yn awr ei hanterth yn ystod yr 1930au neu hyd yn oed heddiw, yw ei bod yn cynnig i'w chynulleidfa gyfle i wylio 'ein drama ni', drama y gellir ei mwynhau a'i gwerthfawrogi o'r tu mewn, fel petai. Waeth pa ddrama a gyflwynir ar y llwyfan, gwir ogoniant y theatr amatur yw'r berthynas arbennig a grëir rhwng y gynulleidfa a'r actor, a'r ymdeimlad cryf o *berthyn* sy'n tyfu wrth i berfformiad fynd rhagddo. Wrth gwrs, mae safon a graenusrwydd y cyflwyno yn bwysig iawn hefyd – nid oes dwywaith fod mynychu cynhyrchiad a graen arno yn fwy hwylus ac yn well profiad na mynychu cynhyrchiad sâl, di-grefft. Ond, fel y dywed Dic Jones yn ei golofn, 'y mae mwy i adloniant na hynny . . .', a'r elfen ychwanegol honno yw'r elfen hanfodol mewn unrhyw berfformiad amatur.

Diau mai un o'r ffactorau pwysicaf a atgyfnerthai'r berthynas rhwng y theatr amatur a'r fro ar hyd ei hanes oedd y ffaith y câi cyfran helaeth iawn o'r gweithgarwch amatur ei gyflwyno gan gwmnïau o actorion lleol gerbron cynulleidfaoedd o drigolion lleol. Roedd y ffaith seml fod y gynulleidfa a'r actorion yn adnabod ei gilydd eisoes yn dra phwysig wrth greu awyrgylch arbennig ac wrth awgrymu swyddogaeth neilltuol i'r cyflwyniad. Cyfeiriodd Dic Jones at y syndod a'r 'agoriad llygad' a gawsai wrth sylweddoli bod dawn actio cwbl annisgwyl yn perthyn i ambell gyw-actor yng nghwmni amatur y capel: roedd darganfod y fath ddoniau naturiol yn un o ryfeddodau a chymwynasau pennaf y theatr amatur â'i bro, gan fod hynny'n cymell y gynulleidfa i ailystyried y berthynas gymdeithasol rhyngddi a'r unigolyn hwnnw. Nid anodd dychmygu y gallai'r profiad o ddod yn adnabyddus yn lleol fel actor amatur newid statws cymdeithasol yr unigolyn hwnnw yn llwyr. O safbwynt artistig, mae'n bosibl hefyd y gallai perfformiadau'r actorion lleol, a hwythau heb dderbyn hyfforddiant actio o fath yn y byd, fod yn gwbl newydd a ffres am eu bod yn gwbl reddfol. Profiad digon tebyg i hyn a gafodd Saunders Lewis wrth wylio cyflwyniadau'r cwmnïau amatur a fu'n cystadlu yng ngŵyl gyntaf Cymdeithas Ddrama Gymraeg Abertawe yn 1919. Mewn erthygl enwog yn *The Welsh Outlook* nododd y syndod pleserus a deimlai wrth weld yr actorion dihyfforddiant yn ailafael yn eu crefft:

> . . . what gropings after a forgotten manner, what baffled efforts to recapture a tradition, were nightly revealed as each company tried to finger its unaccustomed tool . . . this surprise at the instrument was part of the charm. For just as a less practised etcher, by his very uncertainty of the limits of a burin's skill, may achieve some fresh delicacy of line which an older craftsman would be too knowing to attempt, so actors, not over-schooled in the definitions of the play, can reveal to us expressive moments which a trained performer would not venture.[3]

Yn ôl Lewis, nid oedd rhaid i'r actorion hyn wrth hyfforddiant i lwyddo, ond rhaid oedd wrth deimlad tuag at y grefft o actio ac ymwybod â'r pleser a gâi'r gynulleidfa wrth wylio drama.[4] Diau fod actorion amatur Abertawe yn meddu ar y teimlad hwnnw, a diau hefyd bod nifer o actorion 'mawr' y llwyfan amatur cynnar yn meddu ar yr un teimlad hefyd. Ychydig iawn, iawn o'r rheiny a dderbyniodd hyfforddiant ffurfiol erioed – dibynnent yn hytrach ar y pethau hynny yr haerodd John Gwilym Jones iddo yntau eu meddu fel 'amatur hollol' ym myd y theatr, sef 'diddordeb a hoffter, synnwyr y fawd a greddf'.[5] Un o'r mwyaf o blith yr actorion hyn oedd Dan Matthews, a feddai ddawn i gyfareddu cynulleidfa heb gyflawni ond y manion lleiaf. Dyna farn W. Emrys Cleaver amdano:

> Fel actor a'i gorff lluniaidd, ei wyneb a'i lygaid treiddgar, ei ysgogiadau nodweddiadol, roedd yn artist o'i gorun i'w sawdl. Yn wir Dan Matthews ei hun oedd y ddrama. Welwyd neb perffeithiach erioed yn ei ysgogiadau – dod i mewn i'r 'gegin', tynnu ei got a'i hongian y tu ôl i'r drws, y cerdded ar draws y llwyfan, eistedd yn y gadair o flaen y tân, tynnu ei esgidiau, cymryd ei bibell a'i faco oddi ar y mantel a'i gynnau. Creadigaeth![6]

Wrth gwrs, melodrama oedd cyfrwng Dan Matthews, ac mae'n siŵr y byddai beirniaid cyfoes yn llym eu llach arno ef a'i debyg am orliwio'u rhannau. Ond eto credaf fod rhywbeth hudolus, weithiau, yn ymdrechion rhai amaturiaid 'di-glem' i greu effeithiau ar lwyfan, yn enwedig wrth fentro i diriogaeth nad yw'n gyfarwydd efallai i'r 'trained performers' y cyfeiriodd Saunders Lewis atynt. Er enghraifft, yn ei gyfrol *Hanes y Ddrama yng Nghymru 1850–1943*, cyfeiria O. Llew Owain at olygfa felodramataidd o berson yn marw a gyflwynwyd gan gwmni amatur o'r gogledd:

> I'r diben o wneud golygfa o hen ŵr ar ei wely angau yn effeithiol, trefnodd un cwmni yn Nyffryn Nantlle i gôr bychan o'r tu ôl i'r llwyfan ganu,
>
> 'Pan fo dyfroedd oer marwolaeth
> O fy amgylch yn crynhoi,' etc.,
> ar y dôn 'St. Peter'.[7]

I Owain, dyma enghraifft berffaith o olygfa heb 'chwaeth, cysondeb, na buddioldeb' – rhywbeth cwbl nodweddiadol o'r hen gwmnïau amatur yn ei dyb ef.[8] Ond tybed na fu'r olygfa honno'n hynod effeithiol yn ei chyd-destun priodol? Ac onid y cyd-destun hwnnw oedd yn bwysig i lwyddiant y cyflwyniad fel digwyddiad theatraidd?

Ffactor arall o gryn bwys a atgyfnerthai'r berthynas rhwng y cwmnïau amatur a'u bro oedd y ffaith fod y rhan fwyaf o gwmnïau amatur lleol yn cynnal nosweithiau drama er mwyn codi arian at achosion da yn y gymuned leol. Am flynyddoedd lawer, rhoddwyd bri mawr ar weithgarwch o'r fath gan gwmnïau drama ledled Cymru. Broliwyd llwyddiant ambell un ohonynt yn y wasg genedlaethol hyd yn oed, megis Cwmni Drama Llanrwst, a wnaeth amod o'r dechrau, yn ôl adroddiad yn *Y Cymro* yn 1952, 'nad oedd i wneud elw o'r ddrama – dim ond clirio'r costau':

> Cadwodd at yr amod, a thrwy hynny bu'n gyfrwng i gyfrannu o ddwy i dair mil o bunnau i wahanol gymdeithasau dyngarol yn Llanrwst a'r cylch.[9]

Roedd y fath weithgarwch ynddo'i hun yn gaffaeliad mawr i ardaloedd a sefydliadau lleol nad oeddynt yn or-gyfoethog mewn adnoddau. Ond nid arian yn unig a gesglid o blith trigolion y fro, ond gwisgoedd, dodrefn ac unrhyw ddeunydd arall a allai fod o ddefnydd i'r cwmni drama. Fel y nododd Dafydd Glyn Jones, fe ddaeth yn hen arfer yn nhai Cymru i 'arbed ambell i hen ddilledyn . . . yn enwedig os byddai'n rhywbeth dipyn bach yn od – het silc, hen dei bô, hen ffwr, hen *plus-fours* – "rhag ofn bydd 'na ddrama".'[10] Wrth gwrs, anodd oedd sicrhau bod pob un o'r dilladach hyn yn perthyn i'r un cyfnod yn union, nac ychwaith eu bod yn gwbl gymwys at amgylchiadau hanesyddol y ddrama. Prin iawn ar y gorau oedd adnoddau'r rhan fwyaf o gwmnïau amatur, a chan fod cynifer ohonynt yn cyflwyno drama er mwyn codi arian at achosion da, cymharol gyndyn oeddynt yn aml iawn i wario llawer o arian ar ddodrefnu'r llwyfan neu wisgo'r actorion. Ni fedrai'r rhan fwyaf o gwmnïau ddod o hyd i'r holl ddeunyddiau angenrheidiol yn y gymuned leol, a rhaid felly oedd 'gwneud y tro' gyda'r pethau hynny y gellid cael hyd iddynt am bris rhesymol neu'n rhad ac am ddim. O ganlyniad, digon di-lun oedd rhai o lwyfannau'r ddrama amatur. Yn ei hunangofiant, *Inc yn fy Ngwaed*, ceisiodd J. Ellis Williams ddwyn i gof y set a ddefnyddiwyd pan droediodd yntau fyrddau'r llwyfan am y tro cyntaf, mewn cynhyrchiad o ddrama Richard Conway Williams, *Helynt Hen Aelwyd, neu Helbul Taid a Nain*, ym Mhenmachno yn 1912:

> . . . os cofiaf yn iawn, cynfas wely ac arni lun amrwd o simdde fawr oedd yr olygfa. Nid oedd neb o'r cwmni wedi clywed sôn am *grease-paints* a *crepe-hair*: â huddugl y tynnwyd y rhychau ar wyneb Nain, a barbwr y pentre a wnaeth berwig a barf i Taid o gnu dafad.[11]

Ond er gwaethaf y fath amrydedd o ran llwyfannu, gwisgo a choluro, ni phylodd diddordeb y gynulleidfa, ac aeth y theatr amatur o nerth i nerth. Credaf gan hynny na ddylem ninnau heddiw ystyried diffyg crefft y cyflwyniadau amatur fel arwydd o'u hisraddoldeb; yn wir, dylem geisio gwerthfawrogi'r anwastadrwydd hwnnw o ran arddull a ddeilliai o anallu'r cwmnïau lleol i oresgyn rhai anawsterau o ran set ac effeithiau technegol gan ei fod yn rhan bwysig o estheteg y theatr amatur. Gwyddai'r rhan fwyaf o gynulleidfaoedd fod eu cwmni amatur yn gorfod 'gwneud y tro' wrth gyflwyno'u cynyrchiadau, ac roedd y mwyafrif llethol ohonynt yn ddigon parod i faddau pe bai'r golygfeydd a gyflwynid ar y llwyfan yn wahanol i'r hyn y gellid ei ddisgwyl ar lwyfannau mawrion y theatrau dinesig. Ceir awgrym digon digri o hyn wrth sylwi ar ddisgrifiad O. Llew Owain o berfformiad gan Gwmni'r Ddraig Goch, Caernarfon, o ddrama arwrol *Llywelyn ein Llyw Olaf* gan Beriah Gwynfe Evans yn 1904:

> Nid oedd gan y cwmni weledigaeth glir beth oedd fuddiol i'r cymeriadau oedd yn y ddrama. Nid oedd ganddynt weledigaeth gyda Llywelyn ei hun – lled dybient mai gwisg milwr oedd fwyaf priodol. Deallwyd fod dyn ifanc a berthynai i'r Life Guards yn byw yn y dref, ac wedi ymholi a chwilio deuwyd o hyd iddo, a chafwyd benthyg y wisg. Daeth Llywelyn i'r llwyfan gyda thiwnic fflamgoch amdano, helmet a thoslyn gwyn am ei ben, llodrau gwyn, tyn am ei goesau, ynghyd â phâr o Wellingtons am ei draed! Wrth ei wregys yr oedd cledd hir yn hongian. Brwd oedd y derbyniad a roddwyd iddo pan ymddangosodd ar y llwyfan – derbyniad o edmygedd![12]

Digon hawdd fyddai dilorni'r fath gybolfa oherwydd y diffyg crebwyll a'r diffyg cymedroldeb, gan ddatgan – yng ngeiriau John Gwilym Jones unwaith eto – na wyddai'r cyfryw gwmnïau, er mor ddidwyll ac onest eu diddordeb yn y grefft, pa mor sâl ac anobeithiol oeddynt.[13] A digon hawdd fyddai cadarnhau'r farn honno trwy gyfeirio at rai o'r ffotograffau hynny o gwmnïau amatur wrth eu gwaith a gasglwyd ynghyd yng nghyfrol werthfawr Hywel Teifi Edwards, *Codi'r Llen*: ychydig iawn o'r lluniau hynny sy'n dangos unrhyw argoel o lwyfannu pwrpasol, neu goluro a gwisgo'n briodol. Digon hawdd, ie, ond annheg. Rhaid cofio, yn gyntaf oll, bod amgylchiadau llwyfannu dramâu y cwmnïau amatur yn dra gwahanol i'r cwmnïau cyfoes – yn enwedig o gofio mai prin oedd yr adnoddau a feddai'r mwyafrif mawr o gwmnïau amatur o ran goleuo. Dichon fod y coluro gorawennog a'r heneiddio trwsgl ar wŷr a gwragedd ifainc yn fwy effeithiol o'i weld ar lwyfan nag yng ngolau dydd y ffotograffau. Rhaid cofio hefyd bod theatricaliaeth gyntefig y cynyrchiadau amatur cynnar yn hynod bwerus am fod y gynulleidfa'n credu'n llwyr yng ngallu'r actorion i drawsffurfio'r gwrthrychau moel, di-lun o'u cwmpas yn fyd dramataidd byw, ac roedd yr elfennau gweledol hynny a gyfrifir heddiw'n drwsgl a chwerthinllyd o ddi-lun yn hanfodol bwysig wrth geisio sicrhau'r ymroddiad hwnnw. Enghraifft o hynny yw'r arfer – y ceir tystiolaeth ddigon ohono yn *Codi'r Llen* – o ddefnyddio 'locsyn' neu farf osod wrth gyflwyno cymeriadau hŷn. Gwn fod Hywel Teifi Edwards yn y gyfrol honno wedi cellwair bod deunydd traethawd PhD yn hanes 'Y Farf a'r Ddrama Gymraeg', ond ar sawl golwg mae rhywbeth pwysig iawn i'w ganfod ym 'marf-gariad' amlwg y cwmnïau drama cynnar. Dyma sylw Dafydd Glyn Jones ynglŷn â'r mater yn ei draethawd, 'Saunders Lewis a Thraddodiad y Ddrama Gymraeg', sy'n sôn am hoffter yr hen actorion o ddefnyddio 'locsyn':

> Roedd yn rhaid cael locsyn, ond wnâi locsyn go iawn mo'r tro. Yn ystod dau ddegawd cyntaf y ganrif, er enghraifft, pan oedd locsyn yn beth gweddol gyffredin . . . locsyn wedi ei wneud o wadin oedd piau hi mewn drama.[14]

Ac fe grisialwyd y cyfan yn ffraeth a chofiadwy gan W. J. Gruffydd yn y bennod 'Antur y Ddrama' allan o *Storïau'r Henllys Fawr*. Rhoddir gair o gyngor i 'fy nghyfaill Wilias' ynglŷn â chrefft llwyfannu drama:

> . . . locsyn sy'n tynnu mewn lle fel acw. Bydaet ti'n rhoi perwig a locsyn ar goes picwarch a'i sticio ar ganol y llwyfan mi fyddai'n ddigon o ddrama i amball un.[15]

O'r braidd fod hynny'n llythrennol gywir, wrth gwrs. Serch hynny, nid oes dwywaith fod Gruffydd wedi deall chwaeth a blaenoriaethau'r gynulleidfa amatur i'r dim, ac wedi sylweddoli pa mor bwysig oedd y gwisgo a'r coluro confensiynol hwn er mwyn galluogi'r gynulleidfa i hawlio mai 'ein drama ni' (chwedl Dic Jones) a gyflwynid ar y llwyfan. Pwrpas y farf osod oedd dynodi henaint, ond hefyd i ddynodi'r 'hen ffasiwn', a'r bwlch rhwng yr 'hen ffasiwn' a'r cyfoes. Ceisid adlewyrchu'r gwahaniaeth o ran gwerthoedd cymdeithasol a moesol rhwng yr hen Gymry a'r Cymry cyfoes drwy beri i'r genhedlaeth hŷn edrych yn gwbl wahanol – a hwyrach yn gwbl artiffisial – o'u cymharu â'r cymeriadau ifainc. Rhaid oedd cael barf a pherwig ffug er mwyn trawsnewid yr hen gymeriadau hyn, am nad oedd sicrwydd y buasai'r gynulleidfa yn medru deall fod barf real yn farf o gwbl. Nid oedd barf go iawn yn *dynodi* barf yn y cyswllt hwn. Dynodi neu drawsnewid realiti oedd yn bwysig yn y theatr amatur, nid ei ddynwared. Cadarnheir y farn hon gan O. Llew Owain, a awgrymodd – er ei waethaf, megis – fod barf yn fwy na barf ar wyneb hen gymeriad, a bron nad oedd yn wrthrych dotemaidd:

> . . . [yr] un locsyn a ddefnyddid gan wahanol gymeriadau – newidid ef yn ôl ffurf yr wyneb. Blew neu rawn wedi ei blethu am wifren fyddai'r locsyn. Nid oedd paent na lliw yn bod yn yr oes honno. Os wyneb main hir fyddai gan yr actiwr, gwesgid y wifren oedd yn y locsyn i'r ffurf honno; os wyneb crwn, llydan, newidid ef i gyfeiriad y ffurf honno.[16]

Oherwydd nad oedd rheolau na chonfensiynau pendant ynglŷn â'r hyn y gellid ei gyfrif yn 'bwrpasol' ar lwyfan y theatr amatur, câi'r actorion benrhyddid yn aml i weithredu fel y mynnent, a bu hyn eto yn fodd iddynt greu perthynas glòs â'u cynulleidfa. Yr unig beth yr oedd yn ofynnol iddynt ei wneud oedd gafael yn ei dychymyg hi. Golygai hyn fod gan y prif actorion gryn ryddid i 'chwarae i'r dorf', er mwyn ei hennill a'i rheoli yn ôl eu mympwy eu hunain. Gwelwyd sawl enghraifft o fympwy o'r fath ar lwyfannau Cymru dros y blynyddoedd: er enghraifft, wrth iddo adolygu rhai o gynyrchiadau Cymdeithas Ddrama Gymraeg Abertawe yn ystod yr 1950au a'r 1960au, gwnaeth un o brif feirniaid theatr *Y Cymro*, sef Selwyn Jones ('Y Sedd Flaen'), dynnu sylw'r cwmni droeon at ei duedd i ymollwng i ormodiaeth chwareus a 'chwarae i'r galeri'.[17] Yn 1950, nododd y sylwebydd iddo weld 'yr hen ddwylo Peter Edwards a D. T. John yn ail-lunio llawer ar y gwreiddiol,'[18] wrth gyflwyno *Y Ddeuddyn Hyn* gan Islwyn Williams, gan ychwanegu'n grafog mai '. . . da oedd hynny'. At hynny, yn 1957 nododd iddo weld actorion Abertawe yn mynd 'i ormod o hwyl a gor-chwarae golygfeydd wrth deimlo ymateb parod y gynulleidfa i'r sbort'[19] wrth iddynt berfformio hen gomedi Gwynfor, *Tywydd Mawr*: 'Y gynulleidfa, wrth eu bodd, bron yn llywodraethu'r Cwmni'.[20] Ceir tystiolaeth yn hyn o beth fod cynulleidfa'r theatr amatur yn fyrlymus, ac yn llawn rhialtwch yn aml. Rhaid oedd i'r actorion fod yn barod i addasu eu perfformiad yn ôl hwyl y dorf, gan oedi'n aml er mwyn rhoi cyfle iddynt ymateb. A phe chwelid rhediad y ddrama gan ymateb y gynulleidfa, yna gorau oll – nid fel cyfanwaith y mwynheid y ddrama gan y gynulleidfa a'r actorion, ond fel cyfres o ysgytiadau syfrdanol. Pan fyddai golygfa yn taro deuddeg, dichon na fyddai'n rhaid i'r actorion ei chyflwyno eilwaith. Dyma atgof T. Gwynn Jones o un o gynyrchiadau arwrol Cwmni'r Ddraig Goch:

> . . . yr oedd gornest rhwng dau, ac un i syrthio. Yn anffodus, yr oedd hwnnw i ymddangos yn ebrwydd yn yr olygfa nesaf fel cymeriad arall.

Aeth yr ornest ymlaen yn fywiog, syrthiodd un chwaraewr i lawr yn farw, megis. Torrodd anferth o gymeradwyaeth allan, a phan ddaeth y llen i lawr, neidiodd y marw i fyny a rhedodd i newid ei ddillad erbyn yr olygfa nesaf. Ond yr oedd yr hogiau bach yn y gynulleidfa am gael un olwg arall ar y bradwr a syrthiodd o flaen cleddyf ei wrthwynebydd. Bu raid i un arall o'r chwaraewyr fynd yn farw yn ei le tra bu'r hogiau bach yn cael yr un olwg arall ar y bradwr . . .[21]

Ceid yr un berthynas fyrlymus rhwng y gynulleidfa a'r perfformwyr yng nghyngherddau elusennol cefn gwlad ac yn yr 'eisteddfod fach' leol. Fel yn y theatr amatur felodramataidd, ceid rhialtwch rhydd a digymell yn aml – ynghyd â gwrandawiad distaw, dwys weithiau pan fyddai'r eitem yn cydio o ddifrif – ond ni ddisgwylid unrhyw beth tebyg i'r llonyddwch cydymffurfiol hwnnw a geir yn y theatr broffesiynol gyfoes. Nododd y dramodydd D. Derwenydd Morgan, Pencader, nifer o enghreifftiau o hwyl gynulleidfaol yn eisteddfodau lleol y dauddegau a'r tridegau:

Perygl llawer Arweinydd Eisteddfod, flynyddoedd yn ôl, oedd colli ei dymer, a syrthio i lawr i lefel yr hogiau a fyddai'n aflonyddu a'u hateb yn eu 'coin' eu hunain. Yn bersonol, yr oeddwn i yn hoffi ambell floedd o ben pellaf y babell . . . ac heb hyn teimlwn fod rhywbeth yn eisiau yn yr Eisteddfod . . .

. . . yr oedd Arweinydd a chanddo wallt eithriadol o hir, a hwnnw'n hongian i lawr dros ei ysgwyddau. Yr oedd popeth yn mynd ymlaen yn hwylus, pan waeddodd rhyw goliar o ben pellaf yr adeilad, 'Pwy gôr yw e Mabon?' [Mabon yw pob Arweinydd Eisteddfod gan y coliar]. 'Os daw y bachgen ymlaen i'r llwyfan, a dweud yr un peth eto, mi rof i geiniog iddo,' gwaeddai'r Arweinydd. 'Na, cadwed ei geiniog i dorri ei wallt,' oedd ateb parod y coliar . . .[22]

Digon tebyg yn aml iawn oedd ymateb y gynulleidfa amatur – bwrlwm berw o hwyl a chyffro. Ond nid pawb a gymeradwyai'r fath rydd-chwarae rhwng cynulleidfa a pherfformiwr. Yn ôl 'Hesgin', gohebydd materion cyfoes *Yr Enfys*, yn 1954:

Y prif anghaffael ynglŷn â'r ddrama Gymraeg yng Nghymru . . . ydyw fod y cynulleidfaoedd – hyd yn hyn – heb ddysgu gwrando drama. Nid oes gan y mwyafrif mawr ohonynt yr un syniad am ddiben na neges drama. Ma [*sic*] nhw yn ymddangos fel pe buasent wedi bod yn edrych

> ar 'Y Ffŵl' mewn Anterliwt, wedi cysgu am gan mlynedd neu ragor wedyn ac yn deffro mewn theatr fodern gan gredu mai eu dyletswydd nhw ydi chwerthin am bopeth a glywant, beth bynnag y ceisir ei bortreadu ar y llwyfan![23]

Mynegodd O. Llew Owain yntau ei siom o feddwl bod y gynulleidfa Gymraeg mor barod i 'chwerthin o'i thwrn' pan na fyddai achos chwerthin yn neunydd y ddrama ei hun. Dyfynnodd eiriau 'Shaki Williams' a fu'n gwylio perfformiad amatur yn 1925:

> . . . I went to a certain Institute the other evening to see and enjoy a Welsh play called *Y Praw*. The acting and general presentation was all that one could desire, but the conduct of the audience was indeed deplorable . . . The whole affair is tragic and very sad. But, sir, the major part of the audience seemed to think it a funny pantomime, and punctuated the play throughout with insane laughter.[24]

Yn gefn i'r holl hwyl, fodd bynnag, roedd cyd-ddyhead difrifol a thaer yn sail i'r theatr amatur. Drosodd a thro, mynegwyd gobaith gan gadeiryddion a llywyddion y nosweithiau drama o weld 'drama fawr' gan ryw athrylith o ddramodydd Cymraeg rywbryd yn y dyfodol. Roedd y fath obaith yn arwydd o genadwri'r theatr Gymraeg yn ei chrynswth yn ystod 'oes aur' yr amaturiaid, sef dyrchafu'r bywyd Cymreig a chyflwyno profiad cynhenid y Cymry i'r byd a'r betws. Wrth gwrs, a'r theatr amatur Gymraeg mor ystyfnig o blwyfol, nid oedd gobaith i'r byd werthfawrogi'r hyn a oedd ganddi i'w gynnig, ond eto gobeithiai theatrgarwyr ledled Cymru y ceid drama neu ddramodydd rywbryd a fedrai grisialu'r profiad o berthyn i fro a chenedl gytûn. Cafwyd gair o brofiad ynglŷn â hyn gan J. Ellis Williams yn 1960:

> Rhwng y ddau ryfel, pan oedd gennyf fy nghwmni teithiol fy hun, arferwn ymweld bob blwyddyn ag oddeutu pedwar ugain o drefydd a phentrefydd yng ngogledd a chanolbarth Cymru. Roedd Cadeirydd i bob perfformiad, a bron yn ddieithriad yr oedd y Cadeirydd yn sicr o ofyn yn ystod ei araith . . . 'Pa le y mae Shakespeare Cymru?'[25]

Ysywaeth, ni ddaeth yr un dramodydd 'mawr' i'r fei, ond dal i ddisgwyl a dymuno a wnâi caredigion y theatr amatur. Erbyn y pumdegau, a'r athrylith – fel Godot yn nrama Beckett – heb daro'i big i mewn, fe ddechreuodd rhai sylwebyddion ddychanu'r dyhead am 'ddrama fawr', fel Gwilym T. Hughes, a gloriannodd nifer o sylwadau yn arddull 'Tomos Bartley yn Discysio'r Ddrama':

> 'Does yr un wsnos yn mynd heibio bron na fydd un ohonyn nhw [y beirniaid neu'r 'proffwydi' yn ôl gair Bartley] yn menshion y peth.
>
> Hwyrach 'mod i'n ddwl, achos 'does ene ddim byd yn gwic yno'i, ond hyd y gwela i 'does neb ar chwyneb daear yn gwbod yn gysact pryd y daw'r Ddrama Fawr, na phwy fydd yr awdur. Hyd yn hyn 'does dim byd offishial yn 'i chylch hi wedi ffiltro o H.Q. Y cwbl y ma'n nhw'n ei 'lowio inni wybod ydi y bydd hi yn Ddrama Fawr pan landith hi.[26]

Dichon fod y gobaith amdani erbyn y pumdegau wedi pylu rywfaint yn sgil yr ymwybyddiaeth gyffredinol fod y byd yn lle gwahanol iawn wedi'r Rhyfel. Er hynny, ceid ambell alwad o hyd, fel hwnnw gan Emyr Edwards mewn erthygl olygyddol i'w gylchgrawn *Drama* yn 1960, yn mynegi gobaith a berthynai'n uniongyrchol i'r hen ddyhead amatur am 'Feseia' i achub y theatr:

> Un peth sydd ar y theatr Gymraeg (hynny sydd yn bod ohoni) ei eisiau heddiw, ydyw un gŵr ifanc o weledigaeth ac argyhoeddiad aruthrol, a fedr ddehongli ein bywyd cyfoes, a chydag apêl ddeinamig i'n hieuenctid . . .
>
> Fe wêl y dramodydd ifanc hwn, sydd yn sicr o ddod, fod yna lu o themâu llosg wrth law o'i gylch, themâu sydd yn galw'n groch am driniaeth ffres, sensitif, ac athrylithgar. Geill gŵr o'r math hwn fod yn sumbol, yn ysgogiad, yn arweinydd i syniadau a dyheadau a breuddwydion ifainc ei wlad drwy ei ddramâu.[27]

Carwn gloi'r ysgrif drwy gyfeirio'n fras at sefyllfa gyfoes y theatr Gymraeg a'r syniad o fro yn y gymdeithas sydd ohoni heddiw. Ffurf a'i dyddiau gorau wedi hen gilio yw'r theatr amatur, ffurf a berthyn i'r gorffennol i raddau helaeth iawn, er gwaetha'r ffaith bod nifer o gwmnïau amatur yn dal i droedio byrddau'r llwyfan Cymraeg hyd yn oed heddiw, gan gyflawni gwaith o bwys yn eu bro yn union fel y gwnaeth y cnwd helaeth hwnnw o gwmnïau amatur a fu wrthi yn ystod ei hoes aur. Ond nid i'r gorffennol y perthyn y syniad o ddiwylliant brodorol yr oedd y theatr amatur yn ei dydd yn enghraifft mor amlwg ohoni. Mae'n bosibl y daw bri o'r newydd ar ddiwylliant brodorol, a hynny yng Nghymru a thu hwnt. Eithr nid 'bro' yn yr hen ystyr daearyddol ac ysbrydol fydd yn sail i'r diwylliant hwn efallai, ond bro electronig, rithwir (*'virtual'*) y rhyngrwyd. Rhaid gochel rhag hawlio gormod ar ran y dechnoleg newydd, bid siŵr, ond, fel y nododd Euryn Ogwen yn 1998 yn ei ddarlith hynod 'Byw yng Nghanol Chwyldro',[28] ni wyddwn eto – yn wir, ni allwn ddychmygu – beth fydd cyfran y dechnoleg 'newydd' hon yn ein bywydau yn ystod y degawdau sydd i ddod. Yn ôl Ogwen, fe allai'r dechnoleg newydd newid anian y gymdeithas sydd ohoni yn llwyr, a hynny o fewn cenhedlaeth yn unig, yn sgil hwyluso cysylltiadau a chyfathrebu o fath cwbl newydd. Hyd yn oed nawr, fe rydd y cyfryngau electronig a chyfrifiadurol gyfle inni gyfathrebu'n ebrwydd ac yn gyson â phobl o bedwar ban byd, a dileu'r ymdeimlad fod bwlch daearyddol enfawr yn ein gwahanu. Pe cyfathrebem â'n cymdogion agosaf neu â chyfeillion o ben draw'r byd, yr un fyddai ffurf a diwyg y neges. Nid oes rhaid inni rannu'r un gofod â hwy er mwyn cyfathrebu'n hwylus. A'r rhwystrau daearyddol yn chwalu drachefn – fel y gwnaethant droeon yn ystod yr ugeinfed ganrif – hwyrach y bydd y rhod a droes yn erbyn y diwylliant brodorol ar ddiwedd y pumdegau yn troi o'i phlaid unwaith yn rhagor. Gwyddwn eisoes fod grwpiau o bobl yn ymgynnull heddiw drwy gyfrwng y cyfryngau newydd er mwyn rhannu diddordebau penodol – diddordebau na rennir mohonynt, efallai, gan lawer o rai eraill yn yr un cyffiniau: diau fod ym mherthynas aelodau'r grwpiau hyn arwydd o 'gymundod' o fath newydd na allai fod wedi ymffurfio yn y gorffennol. Nid yw'r fath 'gymunedau' yn meddu eto ar yr anian hwnnw y cyfeiriodd J. R. Jones ato fel hanfod cenedl – ac y ceisiais innau ei gymhwyso wrth drafod y syniad o 'fro' uchod – sef y gallu i 'ymglywed â dimensiwn oesol'[29] y gymuned (nid oes digon o hanes ganddynt eto), ond hwyrach y bydd hwnnw'n datblygu, ar ryw ffurf neu'i gilydd, rywbryd yn y dyfodol. Yr hyn sy'n sicr ar hyn o bryd yw bod awdurdod y gyfundrefn ddarlledu ganoledig a'r gelfyddyd broffesiynol a achosodd ddifodiant i fudiad y theatr amatur tua 1960 yntau yn wynebu difodiant. A phwy a ŵyr, felly, na rydd y dechnoleg newydd, ar ba ffurf bynnag y daw, gyfle i gwmnïau o Gymry rydd-chwarae'n anturus ar lwyfannau 'cymunol' newydd heb boeni'n ormodol am yr hyn a gyfrifir yn 'angenrheidiol' a 'phwrpasol' nac am reolau 'chwaeth, cysondeb na buddioldeb'. Efallai, bryd hynny, y gwerthfawrogir eto gamp ac ysbryd yr hen gwmnïau amatur.

CYFEIRIADAU

[1] Elan Closs Stephens, 'Drama' yn Meic Stephens (gol.), *Y Celfyddydau yng Nghymru 1950–75* (Caerdydd: Cyngor Celfyddydau Cymru, 1979), 252.

[2] Dic Jones, 'Drama' yn *Golwg*, 1 Tachwedd 1990, 31.

[3] J. S. Lewis, 'The Present State of Welsh Drama' yn *The Welsh Outlook* (Rhagfyr, 1919), 303.

[4] Rhaid cofio, fodd bynnag, fod Lewis wedi beirniadu actorion a chynulleidfaoedd Cymraeg yn hallt wedi'r rhyfel am iddynt fethu â magu chwaeth i werthfawrogi celfyddyd y theatr. Gweler y rhagair i'w ddrama *Gymerwch chi Sigarét?* (Llandybïe: Llyfrau'r Dryw, 1956).

[5] John Gwilym Jones mewn seiat holi yng Ngŵyl Ddrama Genedlaethol Llangefni: gweler yr erthygl ddienw, 'Beth yw Prif Angen ein Drama?' yn *Baner ac Amserau Cymru*, 5 Hydref 1955, 3.

[6] W. Emrys Cleaver, 'Milltiroedd o Lwyfan' yn *Llwyfan* (Gwanwyn/Haf, 1974), 4.

[7] O. Llew Owain, *Hanes y Ddrama yng Nghymru 1850–1943* (Lerpwl: Gwasg y Brython, 1948), 247.

[8] Wrth gyflwyno'r enghraifft uchod, meddai Owain, 'Gellir dychmygu mor gysurlon oedd geiriau felly i ddyn yn ei funudau olaf! Ond dyna syniad yr hen ddramodwyr am effaith mewn drama.' *Ibid.*

[9] Erthygl ddienw, 'Y Cwmni Wedi'r Drin' yn *Y Cymro*, 14 Mawrth 1952, 8. Beirniadwyd yr arfer hwn o gyflwyno drama er mwyn codi arian gan nifer o sylwebyddion hefyd, am y credent fod perygl i'r theatr fynd yn gyfrwng gweithgarwch cymdeithasol a dyngarol yn hytrach na chyfrwng diwylliant a chelfyddyd. Un o'r mwyaf tanbaid yn hyn o beth oedd J. Ellis Williams, a gredai bod anghenion y gymuned yn rhwystro'r gynulleidfa rhag asesu gwerth y cynnyrch yn gytbwys a gwrthrychol. Mewn araith yn 1934, haerodd Williams fod y capeli Cymraeg wedi derbyn 'mab afradlon' y ddrama adre'n ôl 'er mwyn gwneud gwas cyflog ohono': 'Fe godir cwmnïau yn aml i fod yn bric pwdin i gael peip-organ neu set o lestri te, neu injan ddŵr poeth . . .' meddai. 'Yr hyn sydd yn bwysig i'w gofio ydyw, fod y ddrama yn gelfyddyd, a pha mor dda bynnag y bo'r achos y cesglir ato, os gwneir dim ond blwch casglu o'r ddrama, buan y try'r blwch yn arch.' Gweler erthygl ddienw, 'Amddiffyn y Ddrama Gymreig' yn *Y Brython*, 8 Mawrth 1934, 2.

[10] Dafydd Glyn Jones, 'Saunders Lewis a Thraddodiad y Ddrama Gymraeg' yn *Llwyfan* (Gaeaf 1973), 6.

[11] J. Ellis Williams, *Inc yn fy Ngwaed* (Llandybïe: Llyfrau'r Dryw, 1963), 14.

[12] Owain, *Hanes y Ddrama yng Nghymru*, 245.

[13] Gweler beirniadaeth John Gwilym Jones ar y gystadleuaeth Drama Fer Wreiddiol yn yr Eisteddfod Genedlaethol yn 1947: gweler *Cyfansoddiadau a Beirniadaethau Eisteddfod Genedlaethol Frenhinol Cymru Bae Colwyn* (Llandysul: Gwasg Gomer, 1947), 206.

[14] Jones, 'Saunders Lewis a Thraddodiad y Ddrama Gymraeg', 5–6.

[15] W. J. Gruffydd, *Storïau'r Henllys Fawr* (Aberystwyth: Gwasg Aberystwyth, 1938), 81.

[16] Owain, *Hanes y Ddrama yng Nghymru*, 246.

[17] Selwyn Jones, 'Y Graen a'r Colliant yn Nrama Abertawe' yn *Y Cymro*, 17 Tachwedd 1960, 6.

[18] Selwyn Jones, 'Actio Pobun a *Y Ddeuddyn Hyn*' yn *Y Cymro*, 28 Ebrill 1950, 11.

[19] Selwyn Jones, 'Yr Arferol a'r Anarferol yn Llwyddo ar y Llwyfan' yn *Y Cymro*, 18 Ebrill 1957, 9.

[20] Nododd Wilbert Lloyd Roberts yntau (cyfweliad â'r awdur, 1990) iddo weld Dan Matthews yn byrfyfyrio'n gwbl ddidrafferth wrth gyflwyno drama mewn gŵyl y bu Roberts yn ei beirniadu yn ystod y pumdegau. Gweler hefyd atgof T. Gwynn Jones am Gwynfor yn byrfyfyrio'n grefftus yn ei ysgrif goffa, 'Marwolaeth Gwynfor' yn *Baner ac Amserau Cymru*, 27 Awst 1941, 8.

[21] 'Marwolaeth Gwynfor', *art. cit.*

[22] D. Derwenydd Morgan, *Trem yn Ôl: neu Oes Gofion* (Llandysul: Gomer, 1940), 70–1.

[23] 'Hesgin', 'Hyn a'r Llall' yn *Yr Enfys* (Haf 1954), 7.

[24] 'Shaki Williams' yn *Y Brython*, 29 Hydref 1925: codwyd o Owain, *Hanes y Ddrama yng Nghymru*, 247–8.

[25] J. Ellis Williams, 'Cyhoeddi'r Ddrama' yn *Drama* (Gwanwyn 1960), 3.

[26] Gwilym T. Hughes, 'Tomos Bartley yn Discysio'r Ddrama' yn *Y Genhinen* (Gwanwyn 1955), 99.

[27] Emyr Edwards, erthygl olygyddol yn *Drama* (Haf 1960), 1.

[28] Euryn Ogwen Williams, *Byw yng Nghanol Chwyldro/ Living in the Midst of a Revolution* (Llys yr Eisteddfod Genedlaethol, 1998).

[29] J. R. Jones, 'Y Syniad o Genedl' yn *Ac Onide* (Llandybïe: Llyfrau'r Dryw, 1970), 136.

Roedd yn rhaid cael locsyn! Cwmni Dyffryn Aeron, Felin-fach, a fu'n perfformio *Twm-Siôn-Cati* yn 1916.

'Yn artist o'i gorun i'w sawdl'. Dan Matthews yn cael ei anrhydeddu ym Mhontarddulais yn 1950.

T. O. Jones (Gwynfor) fel y Tywysog Llewelyn yn *Llewelyn ein Llyw Olaf*, perfformiad Cwmni'r Ddraig Goch, Caernarfon, o ddrama Beriah Gwynfe Evans yn 1903 a 1904.

Y Parchedig E. R. Dennis (1882-1949), Cymdeithas Ddrama Trecynon a Theatr Fach Aberdâr

HYWEL TEIFI EDWARDS

RHWNG 26 Chwefror ac 1 Mawrth 1947 fe gafodd Gŵyl Cynghrair y Ddrama Brydeinig gartref yn y Coliseum yn Aberdâr. Dyna'r tro cyntaf iddi fentro i le mor ddiarffordd yn un o gymoedd glofaol de Cymru, a rhaid bod gan y trefnwyr reswm go arbennig dros fynd i le o'r fath i ddathlu adferiad 'The National Festival of Community Drama' wedi chwalfa'r Ail Ryfel Byd. Nodwyd y rheswm hwnnw gan C. B. Purdom mewn ysgrif adolygol yn y cylchgrawn *Drama*. Roedd yr Ŵyl yn sicr o groeso yn ne Cymru ac yn Aberdâr yn benodol, 'for nowhere is there more spontaneous dramatic activity'. Fe geid yno gefnogaeth solet: 'In South Wales before and during the war, a week's festival of plays had become a looked-for annual event in many of the mining towns, and it is usual for a whole week's booking to be sold out to the town's inhabitants within a few hours of the opening of the box office.' Ymgorfforiad o'r brwdfrydedd hwnnw oedd trefnydd lleol Gŵyl 1947, sef D. R. Davies, Llwydcoed, y mae ei bapurau yn y Llyfrgell Genedlaethol yn ffynhonnell werthfawr i'r sawl sy'n ceisio dilyn hanes y ddrama yng Nghymru'r ugeinfed ganrif.

Yn brawf o flaengaredd selogion y ddrama yn Aberdâr roedd y Theatr Fach wedi'i hagor yn 1931, y gyntaf o'i bath yng Nghymru, ac yn 1938, diolch yn bennaf i gefnogaeth glowyr y cylch, agorwyd y Coliseum lle bu chwarae dramâu am lawer blwyddyn gan gwmnïau a ysbrydolid gan gyfleusterau'r neuadd a gostiodd £11,000 i'w chodi ac a eisteddai gynulleidfa o 800. Ym marn un o brif feirniaid Gŵyl 1947, neb llai na Sybil Thorndike, gallai'r Coliseum ateb y galw am theatr genedlaethol i Gymru i'r dim – dyna hefyd oedd barn Emlyn Williams wedi iddo fod yno'n actio – ac nid amheuai fod digon o ddoniau yn y wlad i sicrhau llwyddiant hafal i'r hyn a gafwyd yn Theatr yr Abaty yn Nulyn. Y mae'n wir i Sybil Thorndike a Geoffrey Whitworth, cyfarwyddwr Cynghrair y Ddrama Brydeinig, rybuddio'r Cymry yn 1947 rhag aberthu safonau ar allor cystadleuaeth a chaniatáu i ystyriaethau materol droi'r gwyliau drama yn 'money-making rackets'. Ofnent fod Theatr Fach Aberdâr mewn perygl o golli'i henaid 'in its quest for the flesh pots', gan anghofio mai er codi safonau y codwyd hi yn y lle cyntaf. Dyna'i phriod *raison d'être* o hyd.

Da y gwyddai ei chynulleidfa yn Aberdâr am edmygedd Sybil Thorndike o ddoniau actio'r Cymry. Gwelsai gynhyrchiad y Dr Stefan Hock o *Pobun* yn Eisteddfod Genedlaethol Wrecsam, 1933 – cynhyrchiad y dywedid iddo gostio £10,000 i'r Arglwydd Howard de Walden – a'i gael yn 'truly exciting, not-to-be-missed experience'. Dim ond cwmni o actorion proffesiynol o'r radd flaenaf a allasai ragori ar yr amaturiaid a welsai hi yn Wrecsam (ac eithrio Clifford Evans a chwaraeodd ran 'Pobun') ac ymfalchïai iddi weld perfformiad 'full of hope and most stimulating'. Pan dderbyniodd wahoddiad i de gan y Cardiff High School Old Girls' Dramatic Society adeg ymweliad cynhadledd Cynghrair y Ddrama Brydeinig â'r ddinas yn 1937, tystiodd mai dim ond yn Sisili, o holl wledydd y byd, y ceid cyfoeth o ddawn actio naturiol i gystadlu â'r hyn a oedd i'w gael yng Nghymru, ond yr oedd angen dramâu ac iddynt gefndir cenedlaethol i beri i'r ddawn honno ffrwytho: 'Can we instil into the minds of Welsh children the fact that what goes on in their own daily life and in the places where they live, is the material that will one day get a National Theatre for Wales?'

Yn niwedd Hydref, 1940, fe ddaeth Sybil Thorndike a'i gŵr o Gymro, Lewis Casson, i'r Coliseum gyda'r 'Old Vic Players' i actio *Macbeth*. Yn cyd-gynhyrchu â Casson roedd Tyrone Guthrie, a daethai'r cwmni i berfformio dan ymbarél y CEMA (Council for the Encouragement of Music and the Arts). Cawsant dderbyniad tra gwresog, a thrannoeth yr ail berfformiad ymwelsant â'r Theatr Fach y methasai Sybil Thorndike dderbyn gwahoddiad i'w hagor yn ffurfiol yn 1931. Adroddwyd hanes y fenter wrthynt, ynghyd â champau Cymdeithas Ddrama Trecynon, gan yr ysgrifennydd, Tom Davies, ac yno i ddiolch iddynt am eu hysbrydoliaeth roedd y Parchedig E. R.

Dennis, gwir sylfaenydd ac ysgogwr y Theatr Fach. Yr un fu ei ran ddiymhongar yn Café Mona, Aberdâr, yn 1947 lle'r ymgynullwyd i ddathlu llwyddiant yr Ŵyl Ddrama Brydeinig. Aeth D. Emlyn Thomas, AS, i hwyl wrth fynegi gobaith y gwelid Aberdâr mwyach fel Stratford-upon-Avon de Cymru, a'r ddrama yn rym beirniadol, adnewyddol yn y tir. Bodlonodd E. R. Dennis ar ddweud: 'It's the play and players that count, and not so much the "trappings on the stage".' A gwyddai ei wrandawyr mai honno oedd yr egwyddor a fuasai wrth wraidd ei holl ymwneud â'r ddrama yng Nghymru ers tua 1918.

Er fod dechreuadau'r ddrama Gymraeg ddiweddar yng Nghwm Cynon, fel mewn llawer bro arall, yn faes sydd heb ei archwilio'n fanwl, go brin y byddid yn cyfeiliorni wrth ddal fod ymweliad Cwmni Drama Trefriw ag Aberdâr yn 1887 yn ddigwyddiad allweddol. Mor ddiweddar â'r Nadolig, 1852, yr oedd *Yr Haul* wedi'i syfrdanu gan hanes yr hyn a ddigwyddasai mewn eisteddfod yn Ebenezer, capel yr Annibynwyr, yn Heolyfelin: 'Yr oedd yno dri chrwtyn, yn actio Crist, Cyfiawnder a Phechadur ar y Platform. Yr oedd chwerthin drwy yr holl dŷ, a churo traed a dwylaw. Bu dwy ferch yno yn actio y ddwy Fair wrth y bedd. Yr oedd lleisiau y rhai hyn yn ddigon i beri i wallt unrhyw ddyn syml i sefyll ar ei ben.' Gwnaeth *Yr Haul* yn fawr o'i gyfle i ymarswydo'n Anglicanaidd yn wyneb y fath 'ysgelerderau halogedig yn nhai cyrddau y sectau!' Daethai diwedd y byd yn nes: 'Pa ryfedd fod Mormoniaeth ar gynnydd! Pa ryfedd bod anffyddiaeth ar gynnydd! Pa ryfedd bod y wlad yn myned mor anghrefyddol! Mae rhai dynion da ym mhlith yr Ymneillduwyr, ond y mae Ymneillduaeth yn prysuro yn gyflym i'r tiroedd pell; i'r tiroedd nad oes ofn Duw ynddynt!'

Gellid tybio yn ôl *Yr Haul* fod haint yr anterliwt eto'n gwenwyno'r wlad, ond y mae'n sicr erbyn yr 1850au nad oedd fawr o fywyd ar ôl yn nhraddodiad Twm o'r Nant, hyd yn oed mewn mannau mor sgaprwth â Merthyr ac Aberdâr. Pan gyfeiriodd John Davies (Pendar), yn ei golofn yn yr *Aberdare Leader* yn 1924, at theatr Jennings a Noakes 56 o flynyddoedd yn ôl ar ddarn trionglog o dir agored ger y farchnad, cyfeirio yr oedd at actio dramâu Saesneg a oedd yn fawr eu hapêl i'r ifanc gwrth-gapel yn ystod misoedd y gaeaf. Roedd dramâu digwyddlon cleddyf-a-thrais, megis *The Corsican Brothers* a hyd yn oed *Hamlet* ac *Othello*, yn ffefrynnau. Gyda dyfodiad Cwmni Trefriw i chwarae *Rhys Lewis* (addasiad J. M. Edwards) yn 1887 y deffrôdd

Cwm Cynon o'r newydd i apêl y ddrama Gymraeg ac y daeth Aberdâr ymhen dim yn dŷ brwd iddi.

Y mae'r hanes am ymweliad Cwmni Trefriw â'r de a'r modd yr erlidiwyd Ap Glaslyn a'i gyd-actorion gan 'fatwa' Sasiwn Corwen wedi hen gyrraedd tir mytholeg. Dyfynnodd 'Rhys Puw' dystiolaeth Ap Glaslyn yn *Y Ford Gron* a gwnaeth D. R. Davies yr un fel yn y *Western Mail* yn 1936. Cawsai'r cwmni ddrws clo i bob pwrpas ym Merthyr ond bu Aberdâr yn fwy croesawgar ar ôl i'r actorion fynd trwy'r strydoedd ar wagen 'wedi eu gwisgo mewn dillad tebyg i wisg Punchinello ac yn cyhoeddi nerth eu cegau fod perfformiad am geiniog y pen i'r plant yn y prynhawn, ac un arall ar y telerau arferol i'r rhai mewn oed yn yr hwyr'. Ond cymaint mwy proffidiol y gallasai'r daith fod ymhob ystyr oni bai am y Methodistiaid a benderfynodd fod chwarae drama yn tramgwyddo'u Cyffes Ffydd. Yn ôl Ap Glaslyn, fe gâi pob actor dâl da ar ddechrau'r daith ac fel rheolwr llwyfan enillai ef ei hun £7 yr wythnos – yn 1887!

Yn Aberdâr nid anghofiwyd eu hymweliad ac erbyn 1907 roedd Cwmni Drama Cymdeithas Daniel Owen wedi'i sefydlu; am y tair blynedd nesaf bu'n perfformio trwy'r de fersiwn llwyfan y cynhyrchydd, E. Ogwen Williams, o *Rhys Lewis*. Ar y cyntaf roedd Hughes a'i Fab yn gyndyn i arddel y fersiwn hwnnw nes sylweddoli pa mor boblogaidd ydoedd a bod y cwmni yn hybu gwerthiant y nofel. Yn y perfformiad cyntaf yn Aberdâr derbyniwyd £87 yn dâl mynediad ac yn Abercynon roedd £104 yn weddill ar ôl clirio'r costau. Ysgubwyd yn llwyddiannus o fan i fan ac ar 3 Mawrth 1909 roedd y cwmni yn Neuadd Cory, Caerdydd, yn dathlu Dygwyl Dewi gyda'r Cymmrodorion. Erbyn hynny roedd eu stoc yn uchel fel cwmni parchus – 'a team of talents' – yn cynnwys 'National Winners' ac athrawon a fyddai'n sicr o helpu'r ddrama Gymraeg i drechu rhagfarnau ei dibriswyr. Actiwyd rhan Rhys Lewis gan Henry Lloyd (Ap Hefin); Wil Bryan gan D. Clydach Thomas; Thomas Bartley gan E. Ogwen Williams; Bob gan Afanydd Morgan; y Cipar gan William Jenkins (Meirionydd); Mari Lewis gan Sarah A. Edwards a Barbara Bartley gan Mrs Henry Lloyd. A thyrrodd Cymry gweddaidd Caerdydd i weld actio drama a oedd 'mor bur â'r efengyl, mor ddifrifol â bywyd, ac mor ddifyr â difyrrwch'.

Ymhen pedair blynedd fe fyddai Cwmni Drama Cymdeithas Gymraeg Coleg Prifysgol Caerdydd yn actio *Beddau'r Proffwydi,* W. J. Gruffydd, yn y Theatr Frenhinol ac ym mis Mai, 1914, fe fyddai

Cwmni 'Cenedlaethol' Howard de Walden yn cynnal wythnos o Ŵyl Ddrama arloesol yn Theatr Newydd Caerdydd lle gwelwyd actio'r dramâu cymdeithasol, Ibsenaidd gan J. O. Francis, sef *Change* a *The Poacher*, a hefyd *Ephraim Harris* a *Ble Ma Fa?*, D. T. Davies, ac *Ar y Groesffordd,* R. G. Berry, a'r Ŵyl yn ei chyfanrwydd, felly, yn agor pennod newydd yn hanes diwylliant Cymru. Diolch i Gwmni Drama Cymdeithas Daniel Owen, yr oedd Aberdâr wedi sicrhau lle ar union ddechrau'r bennod honno.

O 1910 ymlaen hyd at ddiwedd yr 1950au fe fu'r ddrama Gymraeg amatur yn rhyfeddol o boblogaidd waeth pa mor simsan ei safonau. Profodd Diwygiad 1904–5 yn ddi-rym yn wyneb ei llif a buan y daeth capeli i ddibynnu ar ei phoblogrwydd i glirio dyledion, a phob math o elusennau i elwa arni. Er gwaethaf dyfodiad y sinema parhaodd y ddrama am flynyddoedd yn rhyfeddod na flinid arno. Pan ddaeth taith Cwmni Cymdeithas Daniel Owen trwy'r de i ben yn 1910, penderfynwyd rhoi un perfformiad arall er budd glowyr anabl y cwm yn Neuadd y Farchnad, Aberdâr, heb godi ond tair ceiniog am fynediad gan yr ofnai'r cwmni iddynt eisoes orchwarae'r ddrama. Llanwyd y neuadd i'r ymylon a gwnaed elw o £50. A'r un fyddai'r stori, droeon a thro, yn y de a'r gogledd i lawr hyd at ganol yr ugeinfed ganrif.

Yn hanes cychwyniad y ddrama ddiweddar yn Aberdâr, y sbardunwr cyntaf o bwys, heb os, oedd William Jenkins (Meirionydd, 1866–1946) – y Cipar yn *Rhys Lewis*. Yng Ngorffennaf, 1944, ddwy flynedd cyn ei farw, daeth 800 i'r Coliseum i weld anrhegu 'taid y ddrama yn Aberdâr' â siec o dros £150 am drigain mlynedd o wasanaeth i ddrama a cherddoriaeth yn y cwm. Yn adroddiad yr *Aberdare Leader* fe'i gwnaed hi'n amlwg ei fod yn gymwynaswr o fri yn ei fro. Roedd yn un o sefydlwyr Cymdeithas Ddrama Trecynon yn 1909; arweiniodd gangen leol y GWR i fuddugoliaeth deirgwaith o'r bron yng ngŵyl ddrama flynyddol y GWR yn Reading; bu'n arwain Côr Plant Trecynon am ryw ddwsin o flynyddoedd gan ennill gwobrau'r Eisteddfod Genedlaethol ym Mhort Talbot a Chastell-nedd yn 1932 ac 1934, a bu'n adrodd a chanu i gefnogi achosion da trwy'r cwm er pan oedd yn llanc. Fe fu, mewn gair, yn batrwm o ysgogwr bro, yn ymgorfforiad o'r teip hwnnw o Gymro y bu ei ymroddiad trwy ei oes megis gwaed yng ngwythiennau'r diwylliant Cymraeg a Chymreig.

Dechreuasai William Jenkins adrodd yn gynnar yn yr Ysgol Sul ac actio dialogau megis 'Daniel yn ffau'r llewod' a 'Paul a Silas yng ngharchar'. Ymunodd â'r Temlwyr Da yng nghapel Bethel, Trecynon, lle'r enillodd ei wobr gyntaf am adrodd, a thystiodd mai o gwmni drama dirwestol yng nghapel Heolyfelin y tarddodd Cymdeithas Ddrama Trecynon. Ta waeth, ni chadwodd hynny mo'r arloeswyr rhag cyfarfod yn nhafarn Park View lle talent chwecheiniog yr wythnos (neu fwy pe bai gofyn) i gadw'r Gymdeithas ar ei thraed. *Ystori'r Streic*, Beriah Gwynfe Evans, oedd y ddrama go iawn gyntaf iddo actio ynddi yn yr 1890au, ac yn 1943 chwaraeodd ei ran enwocaf, sef John Price yn *Change*, am y tro olaf yn 77 oed. Ym marn J. O. Francis, Meirionydd oedd y John Price gorau a welsai ac yr oedd sôn amdano hefyd yn actio John Jones yn nrama un-act Francis o'r un enw, Wilfred Denver yn *The Silver King*, Henry Arthur Jones, Hywel Harris yn nrama Cynan o'r un enw a Robert Lloyd yn *Y Boncyff*, Brinley Jones. Roedd yn ddigon dawnus i ennill tlws yr actor gorau yng Ngŵyl Ddrama Dowlais ac ym marn Robert Speaight dylsai fod yn actor proffesiynol. Fel y dywedodd yr *Aberdare Leader* yn 1944, 'Verily a veteran to be proud of', ac yr oedd yng nghanol y gweithgarwch a arweiniodd at gynnal yr Ŵyl Ddrama Gymraeg uchelgeisiol gyntaf yn Aberdâr – os nad yn y de achlân – yn Hydref 1913.

Daeth wyth o gwmnïau i gystadlu yn 'Eisteddfod y Ddrama' rhwng 20 a 25 Hydref dan feirniadaeth y Parchedig D. Bassett, Defynnog, a J. Lloyd, Merthyr. Roedd pedwar ohonynt – cwmnïau Heolyfelin, Y Gadlys, Aberdâr a Threcynon – yn ddigamsyniol leol, ond Cwmni Gwaelod-y-garth yn actio *Asgre Lân*, R. G. Berry, a ddyfarnwyd yn orau; yr oeddynt, yn wir, yn ddifai, gan i'w perfformiad gael marciau llawn! Yn gyfartal ail, gyda 92 o farciau, roedd Cwmnïau Tonpentre a chwaraeodd *Enoc Huws* – fersiwn llwyfan J. M. Edwards – a Heolyfelin a chwaraeodd *Ystori'r Streic*. Yn olaf, heb ond 80 marc, roedd Cwmni Trecynon a ddewisodd chwarae *Eluned Gwyn Owen*, J. Tywi Jones, gan roi perfformiad a farnwyd 'yn bur ddiffygiol mewn ystwythder, naturioldeb, ac ysbrydiaeth'. I'r tri beirniad fel ei gilydd yr oedd 'naturioldeb' yn nod amgen actio da a disgwylid i'r ddrama Gymraeg 'fod o nodwedd aruchel, a'i phrif amcan i ddiwyllio'r bywyd Cymreig, a rhoi syniad cywir i'r werin am yr hyn sydd bur a dyrchafol'. Nid oedd dim yn annheilwng yn newis drama Cwmni Trecynon ond roedd digon o le i wella ar grefft eu chwarae.

Yn 1918, oherwydd fod cynhyrchu ac actio rhan Wilfred Denver yn *The Silver King* yn ormod o faich i Meirionydd, gwahoddwyd y

Parchedig E. R. Dennis, gweinidog yr Hen Dŷ Cwrdd yn Aberdâr, i ymgymryd â'r cynhyrchu, a deng mlynedd ar hugain yn ddiweddarach, ar 25 Mai 1948, yr oedd yntau'n wrthrych mawl yn Theatr Fach Aberdâr yn rhinwedd ei gyfraniad i'r mudiad drama. Fe roesai ei holl fryd o'r cychwyn ar greu ymwybyddiaeth aeddfetach o ofynion celfyddyd y theatr yn aelodau Cymdeithas Ddrama Trecynon.

Fe aned Evan Rhys Dennis yn 1882 a'i godi yn un o blant Cwm Cynon. Addolai'r teulu yng nghapel Siloa yr Annibynwyr yn Aberdâr a than ddylanwad aelwyd a chapel gwreiddiodd yr awydd ynddo'n gynnar i fod yn weinidog yr efengyl. Yn 1904 aeth i Goleg Caerfyrddin a daeth allan ohono'n Undodwr pybyr. Yn ŵr unplyg, cywir-galon ac egwyddorol, ni raid ofni dweud i E. R. Dennis ddiwinydda'i ffordd yn bwyllog at Undodiaeth ac, o 1916 tan ei farw yn 1949, fe fu'n weinidog tra chymeradwy gan ei braidd yn yr Hen Dŷ Cwrdd. Yno, fe gafodd ei ddiléit yn y ddrama gyfle i flodeuo ac yn ystod ei gwrdd teyrnged yn 1948 diolchodd i swyddogion ac aelodau'i gapel am eu nawdd. Yn eu plith yr oedd y Cynghorwr D. Tyssul Davies, YH, llywydd Cymdeithas Ddrama Trecynon ac adeiladydd y Theatr Fach, D. T. Williams a fu yn ei dro yn ysgrifennydd y Gymdeithas, a D. R. Davies mawr ei awydd i hyrwyddo'r ddrama yng Nghwm Cynon a Chymru gyfan. Yn yr Hen Dŷ Cwrdd fe borthwyd diléit E. R. Dennis mewn awyrgylch cydnaws ac, o blith y gweinidogion a ymddiddorodd yn y ddrama yn hanner cyntaf yr ugeinfed ganrif, ef oedd y gwybodusaf a'r galluocaf ohonynt. Fel Meirionydd, yr oedd yntau'n gerddor medrus ac yn arweinydd cymanfaoedd canu yn achlysurol.

Pwy a ŵyr na sylweddolodd y darpar weinidog yng Ngholeg Caerfyrddin y câi ei ddiléit yn y ddrama fwy o ryddid i ymbriodi ag angerdd ei awydd i wasanaethu ei Dduw dan oruchwyliaeth ddiwinyddol lai cnotiog Undodiaeth. Y cyfan y gellir ei ddweud yw nad oes sôn i'w braidd erioed edliw iddo'i ddiddordebau – yr oedd yn ysbrydegwr o argyhoeddiad gyda llaw – nac amau fod ei ymlyniad wrth y theatr yn dibrisio'i ymgysegriad i'r weinidogaeth. Yn wir, roedd y gweinidog a'i braidd gymaint ar yr un donfedd fel na phetrusodd seilio pregeth adeg Prifwyl Treorci, 1928, ar wirioneddau'r ddrama yr oedd Cwmni Trecynon i'w hactio'n llwyddiannus ar y llwyfan cenedlaethol, sef *Y 'Joan Danvers'*, Frank Stayton, cyf. D. R. Davies. Y mae i'r cytgord hwn werth arbennig o gofio fod o hyd leisiau rhwng y ddau Ryfel Byd a gondemniai anfoes llên a drama Cymru. Ym Mhrifwyl Treorci enynnwyd llid moesol y beirniaid gan awdl Gwenallt i'r 'Sant', ac ym Mhrifwyl Castell-nedd, 1934, lle'r enillodd Cwmni Drama Trecynon am y trydydd tro, fe ddaeth drama J. Kitchener Davies, *Cwm Glo*, dan ordd moesoldeb. Y mae'n fwy na thebyg fod gwatwar ei gollfarnwyr yn rhan o fwriad Gwenallt pan alwodd ar y Cymry yn Awst, 1932, i ddawnsio'i hochor hi fel y Gwyddyl, a chreu gwlad fywiocach a ddenai'r ifanc at ei diwylliant:

> Gwych o beth a fyddai gweled Non yn dawnsio gyda Williams Pantycelyn, Dafydd ap Gwilym yn dawnsio gydag Ann Griffiths, Iolo Morganwg gyda Morfudd . . . a Gwerful Fychan gyda'r Ficer Prichard. Felly yr unid Cymru â dawns, a byddai'r argraffiadau ar ein traed a'n cyrff yn argraffiadau cenedlaethol. Gyd-Gymry, gadewch inni ddawnsio!

I'r rheini ohonom sy'n ei gofio, nid anodd dychmygu'r hwyl a gafodd Gwenallt wrth gynnig ei feddyginiaeth i wlad or-sobr.

Fe fu *Change, Ephraim Harris, Pobl yr Ymylon*, Idwal Jones, *Cwm Glo* – heb sôn am *Taffy*, Caradoc Evans – yn dargedi i ddigofaint amddiffynwyr enw da Cymru. Yn Awst 1922, wrth ymgymryd yn Rhymni â chyfrifoldeb llywydd Undeb y Bedyddwyr, rhybuddiodd y Parchedig Ungoed Thomas, Caerfyrddin, rhag gallu'r ddrama i anfoesoli'r wlad, rhybudd nad oedd mo'i angen ym marn golygydd *Y Darian* a edliwiodd i'r llywydd newydd ei anwybodaeth. Cyn Gŵyl Ddrama Gymraeg Abertawe yn 1927 roedd Cymdeithasfa Bedyddwyr Abertawe a'r cylch am sefydlu is-bwyllgor i chwilio pac y ddrama – *Pobl yr Ymylon* yn benodol – gymaint yr ofnid fod crefydd Cymru dan gabl. Ac yn 1936 fe aeth Maer Rhondda, yr Henadur Lewis Jones, i'r afael ag A. J. Appleton, cyfarwyddwr rhanbarthol y BBC, am fod y Gorfforaeth yn bwriadu darlledu tair drama radio seiliedig ar nofel Jack Jones, *Black Parade*, a fyddai'n sicr, yn ôl y Siambr Fasnach a'r Rotariaid, o bardduo'r cwm. Fe fu'r brotest yn ddigon diollwng i beri gohirio'r darllediad am rai wythnosau tra ceisid tawelu ofnau Cymry da y Rhondda – gohiriad a wnaeth i'r darlithydd a'r awdur, Gwyn Jones, ymlidio yn y *Western Mail* yn erbyn rhagrith y protestwyr a ffolineb y BBC yn rhoi clust iddynt.

Yn erbyn cefndir o'r fath, gan gofio fod E. R. Dennis ar ôl sefydlu'r Theatr Fach yn 1931 wedi cynhyrchu degau o ddramâu Saesneg, y mae'n brawf o'r parch a oedd i'w gywirdeb fel gweinidog a chynhyrchydd drama na fu erioed mewn dŵr poeth am droseddu yn erbyn chwaeth a moes y cyhoedd. Dim hyd yn oed yn 1934 pan wrthododd yr Arglwydd Siamberlain basio drama J. D. (Jack) Howells, *Yr Arch Olaf*, ar gyfer ei pherfformio heb ei diwygio. Yr oedd Howells, rheolwr pwll glo yng Nghwm-twrch, yn un o hoelion wyth Cymdeithas Ddrama Trecynon – ef oedd y Dici Bach Dwl mwyaf athrylithgar ohonynt i gyd ym marn J. O. Francis – ac yr oedd E. R. Dennis yn aelod o bwyllgor darllen y Theatr Fach a argymhellodd actio'i ddrama. Ni welai ef, fwy na chadeirydd y Gymdeithas, Tom Phillips, ddim o'i le arni, er fod dau o'r cymeriadau yn marw o'r clefyd gwenerol ar ôl priodi putain. Fe fu'n rhaid i Cynan, ar ran yr Arglwydd Siamberlain, sensro'r olygfa gyntaf yn y drydedd act fel yr esboniodd yn y *Western Mail*:

> The scene to which the Lord Chamberlain has taken exception is a crudely realistic representation of a bandaged patient in an advanced and ulcerous stage of veneral disease. Such a malodorous scene has been banned on the grounds of public decency. Technically the play has nothing to lose and everything to gain by this change.

Barn Tom Phillips oedd fod Cynan hwyrach yn rhy gul ei feddwl oherwydd ei gefndir! Ni ddywedodd E. R. Dennis ddim yn gyhoeddus feirniadol – nid dyna'i natur – ond yn Hydref, 1947, a'i yrfa yn tynnu at ei diwedd, cynhyrchodd *Dychweledigion* Ibsen (cyfieithiad Ifor Williams) yn y Coliseum, y ddrama a ddaethai â'r clwyf gwenerol i arswydo theatr y dosbarth canol mor bell yn ôl ag 1881, er na chafodd ei hactio'n gyhoeddus yn Llundain dan y teitl *Ghosts* tan 1914. Ac fe'i cynhyrchwyd gan y Parchedig E. R. Dennis i godi arian er lles yr achos yn yr Hen Dŷ Cwrdd! Fe wnaeth ei bwynt.

O'r hyn a ddywedwyd amdano o bryd i'w gilydd gan ei edmygwyr, gellir casglu mai ei gamp fel cynhyrchydd oedd iddo ymroi yn Aberdâr i seilio perfformiadau ar egwyddorion actio 'ensemble' fel y dysgasai amdanynt, y mae'n fwy na thebyg, yng ngwaith y Rwsiad pellgyrhaeddol ei ddylanwad, Konstantin Stanislavski (1863–1938). Gwaetha'r modd, nid yw wedi gadael ar ei ôl yr un broffes y gellir ei dyfynnu'n garn i ddehongliad o'i ddaliadau fel cynhyrchydd, ond o'r hyn a ddywedwyd amdano wrth ei waith roedd ei bwyslais ar actio integredig pob aelod o'r cwmni ac nid ar berfformiad yr un seren o unigolyn. Yng nghyd-destun y ddrama Gymraeg nid agwedd Dan Matthews a Gwynfor, dyweder, at chwarae drama oedd ei agwedd ef, ac y mae'n dda i ni wrth werthfawrogiad Tom Davies ohono yn rhaglen ddathlu pen-blwydd y Theatr Fach yn 21 oed yn 1952:

> What a producer he was! His prompt copies might well become text books for budding amateur producers. Before the first rehearsal of any play his copy would be so 'pointed' as to bring out the plot into bold relief. His marginal notes were numerous, but no-one ever understood them except Mr Dennis. They were written in short-hand! and it wasn't Pitman's! He was thorough. He knew what he wanted of his players, and got it. One marked feature of all his productions was the clarity of diction – a point upon which he always insisted. Audibility was another thing he was bound to have, and, by the way, there is not one instance on record when an adjudicator complained of inaudibility at a Dennis production. Another feature of his productions was team-work. He had no time for a star plus puppets. He paid much attention to 'timing' in every facet of that word – timing of an exit or entry, of a pause, a speed up here and slow down there. Yes, and this is a point many producers should emulate – if his curtain-up was timed for 7 o'clock, it *went* up at 7 o'clock!

Fel 'a proven, guiding genius' y syniai'r dramodydd J. D. Miller amdano a chuddiad ei gryfder yn ôl eraill oedd ei allu i nodi union ddiffygion ei actorion a'u cymhennu'n gwrtais awdurdodol. Ni fyddai byth yn taranu ond fe wyddai pawb pwy oedd y meistr: 'With an equanimity which was a priceless possession in rehearsal, he was earnest and thorough, full of encouragement and a master of suggestion.' Nid oedd agwedd ar grefft llwyfannu drama na chawsai'i sylw. Yr oedd yn ddehonglwr treiddgar. Mewn gair, 'He had a true sense of theatre . . .'

Y mae'n wir y dylem gofio fod y Parchedig E. R. Dennis yn ŵr hoff iawn gan drigolion Aberdâr a bod y wasg leol erioed yn anfeirniadol hael ei gwerthfawrogiad o'r sawl a ddyrchefir yn 'ddyn y bobol'. At hynny, nid anodd fyddai i rywun mor ymroddedig i'w ddiléit ag E. R. Dennis 'ymenwogi' yng nghyd-destun y ddrama amatur yng Nghymru yn ystod hanner cyntaf yr ugeinfed ganrif. Gan gofio hynny i gyd, rhaid casglu yng ngolau'r hyn a gyflawnodd dros ddeng mlynedd ar hugain gyda Chymdeithas Ddrama Trecynon ei fod yn gynhyrchydd diamheuol ddawnus. Prawf digamsyniol o'i weledigaeth a'i ddifrifoldeb oedd sefydlu Theatr Fach Aberdâr yn 1931, ac fe saif yn y dref hyd heddiw yn gofeb i gyfnod cyffrous iawn yn hanes ei hymwneud â'r ddrama.

Ymroes o'r cychwyn i gystadlu er mwyn cronni arian, fel y dywedodd, ar gyfer y diwrnod pan ddôi cyfle i fynd â'r cwmni o hen neuadd gyhoeddus Trecynon i theatr go iawn a fyddai wedi'i chodi'n un swydd ar eu cyfer. Tasg deilwng o ymchwilydd mor egnïol ag E. R. Dennis ei hun fyddai dilyn hynt y cwmni o berfformiad i berfformiad trwy adroddiadau'r wasg, ond yma ni ellir namyn pwysleisio iddo wneud ei farc gyda hwy yn fuan. Yng Ngŵyl Ddrama Aberystwyth yn Awst, 1920, ni wnaethant fawr o argraff wrth chwarae *Beddau'r Proffwydi*. Rhoes T. Gwynn Jones, J. O. Francis a D. Clydach Thomas 124 marc allan o 200 iddynt, gan farnu fod y ddrama 'yn rhy drwm i'r cwmni'. Y flwyddyn ddilynol, ar ôl actio *The Middleman*, Henry Arthur Jones, gerbron yr un beirniaid (ac eithrio W. H. Jones yn lle Francis) daethant yn ail i Gwmni Drama Aberaeron a chwaraeodd *Castell Martin*, D. T. Davies, ac fe'u canmolwyd am berfformiad 'cymharol fedrus ar ei hyd' o ddrama anodd 'a gwaith chwarae arni'. Y diffyg a gollodd y dydd iddynt oedd fod 'misfits' yn rhai o'r rhannau llai pwysig. Erbyn canol yr 1920au roedd Cwmni Trecynon yn ddeiliaid Cwpan Howell R. Jones ar ôl ennill deirgwaith yn olynol, 1922–4, yng Ngŵyl Ddrama Dowlais a chlywed W. J. Gruffydd yn frwd ei glod i'w perfformiad o *Mrs. Dane's Defence*, Henry Arthur Jones, yn 1924 yn rhinwedd camp y cynhyrchu a'r cymeriadu athrylithgar.

Ac yna fe ddaeth 1928, 'annus mirabilis' a welodd Gwmni Trecynon yn fuddugol yn Eisteddfod Genedlaethol Treorci ar ôl chwarae *Y 'Joan Danvers'* a threchu Cwmni Pontarddulais a chwaraeodd *Pobl yr Ymylon*. Am ddwy awr a hanner yn y Park and Dare 'the vast audience were delighted and held spellbound by the extraordinary acting of this well-known company. At the outset it was clearly manifest that each actor was fully self-possessed. The balance of the cast was admirable and the team-work was superb.' Yr actio 'ensemble' a enillodd y wobr iddynt yn ôl Gwynfor, D. Clydach Thomas a W. E. Williams ac fe'u plesiwyd yn fawr gan y 'cydweithio campus' a'r cynhyrchu a sicrhaodd fod 'pob sefyll a symud ac ystum, yn hollol gydnaws â'r gofyn. Rhoddai pob un gyfle i'r naill a'r llall, yr is-chwarae a'r mynd a'r dyfod yn ddidramgwydd.'

Ond y mae tipyn mwy i'w ddweud am 1928. Yn Nhreorci, hefyd, cydnabuwyd rhagoriaeth E. R. Dennis gan mai ef a wahoddwyd i gynhyrchu perfformiad o *A Ŵyr Pob Merch*, cyfieithiad D. R. Davies o gomedi J. M. Barrie, *What Every Woman Knows*, gan Gwmni Cenedlaethol Undeb y Ddrama Gymraeg ac ni raid amau fod yr anrhydedd hwnnw yn ganlyniad uniongyrchol i gamp Cwmni Trecynon yn Theatr Newydd, Llundain, ar 6 Chwefror 1928. Yno, daethant yn ail, heb ond un marc rhyngddynt, i The Ardrossan and Saltcoats Players' Club yn rownd derfynol y gystadleuaeth actio drama un-act dan nawdd Cynghrair y Ddrama Brydeinig – cystadleuaeth a ddenodd 300 o gwmnïau amatur ledled Prydain ac y llwyddodd Cwmni Trecynon i gyrraedd ei rownd derfynol ar ôl eu dyfarnu'n orau yn rownd y Canolbarth yn Theatr Bournville, Birmingham, yn Rhagfyr 1927.

I bob pwrpas cyraeddasai'r Cymry y brig ym myd y ddrama amatur Brydeinig wrth chwarae *The Poacher*, drama'r Cymro o Ferthyr, J. O. Francis, ac os nad i'r un graddau enillasent glod i'r genedl fel y gwnaethai Côr Mawr Caradog yn 1872–3. Gwnaethai cast *The Poacher*, Cymry Cymraeg bob un gan gynnwys T. J. Lewis, tad y bardd a'r storïwr Alun Lewis, argraff ffafriol iawn ar y beirniaid – Lillian Braithwaite yr actores, E. A. Baughan, critig drama y *News Chronicle* a Nigel Playfair, yr actor-reolwr a'r cyfarwyddwr – a daethent o fewn trwch blewyn i gynrychioli Prydain yng Ngŵyl Gydwladol y Ddrama Gymunedol yn Efrog Newydd. I'r cant o gefnogwyr a deithiodd o Aberdâr, ynghyd â ffured i warantu realaeth y perfformiad(!), roedd yn brofiad penfeddwol a bu mawr ganmol ar y cwmni 'arloesol' o ryw 30 aelod, cyffredin ac ysgolhaig, a oedd eisoes wedi codi dros £4,000 at achosion da yn lleol. Bellach adwaenid E. R. Dennis fel 'a producer who is an unassuming genius in dramatic art' a chanddo 'a galaxy of talent at his disposal'.

Daeth buddugoliaethau cenedlaethol eto i Gwmni Trecynon ym Mhrifwyl Llanelli, 1930 a Chastell-nedd, 1934; ym Mhrifwyl Abergwaun, 1936, gan fod E. R. Dennis yn un o'r beirniaid ynghyd â Mary Hughes a John Ellis Williams, gwahoddwyd y cwmni i actio *Ann Marlowe*, cyfieithiad Mary Hughes o *A Woman of Compassion* gan y ddramodreg o sir Benfro, Florence Howell. Barnai'r Athro

Ernest Hughes ar ran ei gyd-feirniaid, Cynan a J. Eddie Parry, fod perfformiad y cwmni o *Deufor Gyfarfod*, cyfieithiad Mary Hughes o *Change* gan J. O. Francis, yn Llanelli yn rhagori ar ddim a welsai gan unrhyw gwmni amatur. Yng Nghastell-nedd yr oedd D. Haydn Davies, D. Clydach Thomas a J. Walter Jones yn unfarn wrth roi eu perfformiad o *Y Ddraenen Wen*, R. G. Berry, ar y blaen i Gwmni Orchwy, Treorci, er nad oeddent ar eu gorau o bell ffordd mewn cystadleuaeth siomedig iawn. O'u plaid, unwaith eto, roedd sicrwydd cyd-chwarae'r actorion ond ni phetrusodd y beirniaid nodi iddynt syrthio gryn dipyn yn is na'r marc yr oeddent wedi ei gyrraedd mewn perfformiadau blaenorol.

Waeth beth am gollfarn 1934 yr oedd enw Cwmni Trecynon bellach yn gyfystyr â rhagoroldeb ym myd y ddrama yng Nghymru, ond nid oeddent yn ddiguro. Yn 1933, yn Aberystwyth, bu'n rhaid ildio i Gwmni'r Maerdy yn rownd rhanbarth Cymru o'r gystadleuaeth chwarae drama un-act dan nawdd Cynghrair y Ddrama Brydeinig – Trecynon yn chwarae *Canwyllbrennau'r Esgob*, Normal McKinnel (cyfieithiad John Pierce), a'r Maerdy yn chwarae – o bob dim – *Y Potsiar*, J. O. Francis (cyfieithiad Mary Hughes). Fel Trecynon yn 1928 daeth Cwmni'r Maerdy hefyd yn ail yn y rownd derfynol yn Theatr y Garrick, Llundain, yn 1934, er gwaetha'u bost mai eu Dici Bach Dwl hwy, ym mherson Moses Jones, oedd y gorau a fu erioed ar lwyfan. A thrachefn yn 1936 fe fu'n rhaid i Gwmni Trecynon ildio yn y Theatr Fach ei hun yn rownd gychwynnol yr un gystadleuaeth, y tro hwn i Gwmni'r Bwllfa a chwaraeodd *Memories*, Brinley Jones. Ym marn y beirniad, Rupert Harvey o Lundain, bu Cwmni Trecynon yn annoeth yn eu dewis o ddramâu un-act, sef *The Widow of Ephesus*, Vincent Godfrey, a *The Dark Curtain*, Evelyn Herbert, 'two extremely difficult plays with historical settings'. Yn fyr, roeddent yn drech na'r actorion ac yn gofyn llawer gormod gan ddychymyg y gynulleidfa, safbwynt a gynhyrfodd y colofnydd 'G.P.' yn yr *Aberdare Leader* i gyhuddo Harvey o danseilio holl bwrpas Cynghrair y Ddrama Brydeinig, sef symbylu ymdrech a meithrin syniadau dychmygus a gwreiddiol am actio dramâu. Wrth wobrwyo Cwmni'r Bwllfa roedd yn estyn einioes y ddrama gegin yng Nghymru ac yn rhwystro cwmnïau rhag mentro mwy i fyd y ddrama 'uwch'. Ni raid holi a oedd 'G.P.' ac E. R. Dennis ar yr un donfedd; mae'r ateb yn amlwg.

Fodd bynnag, o 1931 ymlaen yr oedd cystadlu i beidio â bod yn brif gonsýrn Cymdeithas Ddrama Trecynon yn sgil agoriad swyddogol

Theatr Fach Aberdâr ar 19 Chwefror 1931. Buasai sefydlu theatr o'r fath yn freuddwyd gan E. R. Dennis o'r cychwyn a gwelsai bob gwobr a ddaethai i goffrau'r cwmni 'as more bricks and mortar, flats and curtains, floods and footlights for his theatre'. Yn frwd o blaid sefydlu Theatr Genedlaethol yng Nghymru, cefnogodd fudiad Undeb y Ddrama Gymraeg a lansiwyd ym Mhrifwyl Caergybi yn 1927, gan weithredu fel aelod o'r Cyngor dan gadeiryddiaeth yr Athro W. J. Gruffydd. Erbyn diwedd 1930, gwaetha'r modd, roedd y mudiad ar chwâl, ei gylchgrawn deufisol, *Y Llwyfan*, wedi darfod gyda'r wythfed rhifyn a 'diawl y ddrama' wedi creu anundeb rhwng de a gogledd a chryn dipyn o chwerwedd ymhlith selogion y ddrama Gymraeg a gyhuddai'r Undeb o'i dibrisio hi wrth hyrwyddo actio dramâu Saesneg eu hiaith mor ddi-hid. Roedd dwyn dramâu Cymraeg a Saesneg wyneb yn wyneb mewn gwyliau drama cystadleuol yn rhwym o roi'r fantais i'r cwmnïau a actiai yn Saesneg gan fod eu dewis o ddramâu safonol gymaint cyfoethocach.

Dadrithiwyd E. R. Dennis gan yr holl ymeirio, ac yr oedd ei ddadrith ef ac eraill o'r un meddwl ag ef i ddwysáu ar ddechrau'r 30au pan wrthodwyd cynnig Cynghrair y Ddrama Brydeinig i sefydlu Cymru yn rhanbarth annibynnol – datblygiad a olygai y byddai gan Gymru gynrychiolydd yn rowndiau terfynol cystadlaethau'r Gynghrair yn flynyddol pe bai ond hanner dwsin o gwmnïau drama yn y wlad – a'r gwir, wrth gwrs, oedd fod ugeiniau ohonynt yn bod. Barnai D. R. Davies fod tua deugain cwmni yng Nghwm Cynon yn unig ar ddechrau'r 1930au a gallai Trecynon godi tri ohonynt! Yn wir, pan ddaeth cynhadledd flynyddol y Gynghrair i Gaerdydd yn Hydref, 1937, nodwyd bod 170 o gwmnïau drama o Gymru, 35 ohonynt o'r gogledd, bellach yn aelodau o'r Gynghrair.

Yn ateb i wrthwynebiad y Cymry hynny a ddadleuai na fyddai'r ddrama Gymraeg ar ei hennill pe sefydlid Cymru yn rhanbarth annibynnol am na welid fyth chwarae drama Gymraeg yn y rowndiau terfynol yn Llundain, awgrymodd Geoffrey Whitworth, ysgrifennydd y Gynghrair, y gellid creu Adran Gymraeg a chynnal rownd derfynol y gystadleuaeth yng Nghymru, ac addawodd yr Arglwydd Howard de Walden, llywydd y Gynghrair, roi Cwpan am chwarae dramâu Cymraeg un-act. Ond nid oedd unfrydedd i'w gael – dim hyd yn oed yn y de lle roedd Trecynon o blaid cynigion Whitworth a de Walden tra oedd y Maerdy, dan arweiniad D. Haydn Davies, am dderbyn

Cwpan de Walden ac oedi penderfynu ar sefydlu Cymru yn rhanbarth annibynnol. Mewn cyfarfod yng Nghaerdydd ar 15 Hydref 1932, lle roedd cynrychiolwyr cwmnïau'r gogledd yn barod i gefnogi sefydlu Cymru yn rhanbarth annibynnol, ni allai cynrychiolwyr cwmnïau'r de gytuno, ac er mawr siom i de Walden, heb sôn am selogion Trecynon, bu'n rhaid bodloni am beth amser eto ar yr hen drefn a olygai fod de Cymru yn dal ynghlwm wrth ranbarth Bryste a'r gogledd wrth ranbarth Lerpwl. Mewn adroddiad yn y *News Chronicle* tanlinellwyd gymaint y byddai'r mudiad drama yng Nghymru ar ei golled oherwydd yr ymgyndynnu:

> Only gradually is the idea that 'the play's the thing' getting a hold, and enthusiastic and talented men and women are working in places where there is ignorance of the real meaning of drama. In the midst of a bewildering variety of counsels they are leaderless. Their activities receive no proper direction, and their movement is not organized.

Beth bynnag am weddill Cymru, nid oedd y ddrama yn Aberdâr yn ddiarweiniad ac yr oedd i agor y Theatr Fach gryn arwyddocâd o'i weld yng nghyd-destun cloffni'r mudiad yn gyffredinol ar ddechrau'r 30au. Darlun du a baentiwyd gan Sam Jones, critig drama y *Western Mail*, ar drothwy Prifwyl Llanelli, 1930, wrth nodi prinder torcalonnus dramâu Cymraeg teilwng o'u llwyfannu a byddai ganddo fwy o achos i alarnadu, er cystal actio a gafwyd gan Gwmni Trecynon a Chwmni'r Eisteddfod Genedlaethol yn Llanelli, yn sgil cystadlaethau diffrwyth y Brifwyl honno: 'Drama composition,' meddai, 'is at an alarmingly low ebb in Wales at the moment . . . The outlook at the moment is black, and the native product is "non est".'

Yn ganolog i awydd E. R. Dennis i sefydlu Theatr Fach yn Aberdâr, ac mewn mannau eraill yng Nghymru wrth gwrs, oedd y gobaith y gwelid dramodwyr yn elwa ar eu cyfleusterau, gan ddysgu sgiliau theatr ac ymwybod â chelfyddyd drama mewn modd a fyddai'n rhwym o godi safonau drwy'r wlad. Yn ôl fel y dyfynnwyd ef yn y wasg, 'Not being influenced by religious or denominational powers, the society would be able to give every promising author an opportunity to win his spurs', safbwynt blaengar y profodd, wrth gefnogi *Yr Arch Olaf,* ei fod yn barod i ddal wrtho. Fe all iddo ddweud mwy ar y pwynt hwnnw yn ei sgwrs radio yn Ebrill, 1935, ar 'Cymru a'r

Chwaraedy Bach' ond gwaetha'r modd nid yw ei sgript ar gael i'w darllen.

Yn ôl yr hanes, Tom Phillips, cadeirydd Cymdeithas Ddrama Trecynon, a welodd bosibiliadau addasu hen sièd beiriannau ar ddarn o dir wast ger Ysgol y Gadlys yn theatr, a chan wybod am freuddwyd E. R. Dennis fe'i dug i'w sylw ef a llywydd y Gymdeithas, D. Tyssul Davies, YH. Aethant hwy â'r mater at yr aelod seneddol, W. M. Llewellyn, ac aeth yntau at berchen y sièd, sef ei frawd, Syr D. R. Llewellyn, a'i berswadio i'w throsglwyddo i'r Gymdeithas Ddrama. Trefnwyd y cyfan yn rhad ac am ddim ymhen tair wythnos ac aed ati'n ddioed, gan mai adeiladydd oedd D. Tyssul Davies, i droi'r hen sièd beiriannau yn Theatr Fach. Roedd rhyw £400 – enillion cystadlu – gan y Gymdeithas yn y banc ond bu'n rhaid i'r pwyllgor gwaith fenthyca £1,000 yn ychwanegol i greu theatr a eisteddai gynulleidfa o 320, theatr a agorwyd yn swyddogol gan Miss Elizabeth Llewellyn ar 19 Chwefror 1931. Costiodd y cyfan ychydig dros £1,400 a gallai tref Aberdâr ymffrostio fod ganddi'r Theatr Fach gyntaf yn y deyrnas a oedd yn eiddo i gwmni drama amatur. Barnai Geoffrey Whitworth pan siaradodd yn yr agoriad swyddogol fod selogion Aberdâr wedi troi'r teid a oedd ym mhob man yn cau theatrau, ac wrth gyfeirio at seithfed Gŵyl Ddrama Trecynon yn Nhachwedd, 1931, ni chelodd yr *Aberdare Leader* ei edmygedd ohonynt: 'These Trecynon drama enthusiasts have the true artistes' contempt for financial obstacles. A serial ticket costs 7s 6d, no mean sum in hard times. Yet over 200 people, mostly miners, have secured tickets. For weeks before the festival they have been paying sixpence in order to see the competition.'

Roedd y brwdfrydedd yn heintus a'r fenter yn hanfodol ddemocrataidd ei natur. Sylwodd W. M. Llewellyn mai adeiladydd oedd llywydd y Gymdeithas, dilledydd oedd y cadeirydd, ysgolfeistr oedd yr ysgrifennydd, glöwr oedd y trysorydd, gweinidog oedd y cynhyrchydd ac roedd yr actorion yn gymysgfa o lowyr, peirianwyr, seiri, masnachwyr, athrawon, gwragedd tŷ ac ati. Sefydlwyd adran iau i blant rhwng 7 a 15 oed dan gyfarwyddyd Miss Weavy Lloyd ac ni fyddai rhaid i'r Gymdeithas dalu am na seiri na phaentwyr na dylunwyr i sicrhau fod y llwyfan yn ateb gofyn pob cynhyrchiad. Roedd ganddynt eu pobol eu hunain at y gwaith a chawsant neb llai na Meirionydd yn ofalydd di-ail i'r Theatr o'r cychwyn. Cynyddodd nifer yr aelodau cysylltiol a dalai hanner gini am ymaelodi o 300 i 500 mewn blwyddyn ac, erbyn tymor 1935–6, rhifent ymron i fil. Tystiodd Tom Davies fod eu nifer wedi gostwng i 640 yn nhymor 1937–8 ond roedd yn ffyddiog y gellid, trwy ganfasio, gyrraedd y fil eto yn nhymor 1938–9 a chlirio gweddill dyled y Theatr a gostiai ryw £130 y flwyddyn i'w rhedeg. A chofier fod hyn i gyd wedi'i gyflawni yn ystod blynyddoedd crintach yr 1930au pan oedd diweithdra yng nghymoedd y de megis pla du.

Hyd yn oed pan fu'n rhaid ildio'r Theatr Fach i'r Weinyddiaeth Fwyd yn 1942 i'w defnyddio'n storfa, daliodd E. R. Dennis a'i actorion ati yn festri'r Hen Dŷ Cwrdd; wedi'r Rhyfel, pan na ellid ond rihyrsio yn y Theatr Fach am fod y seddau wedi diflannu, perfformiwyd yn y Coliseum nes adfer yr hen drefn yn 1951–2. Roedd £700 wedi'u gwario er 1946 gan gryfed oedd yr awydd i ailsefydlu'r Theatr Fach yn bwerdy'r ddrama yng Nghwm Cynon, ac y mae'n drist na chafodd E. R. Dennis fyw i weld dathlu'r ailagoriad a phen-blwydd y Gymdeithas yn 21 oed.

O 1931 tan ei farw yn 1949 fe'i hadwaenid fel llusern Theatr Fach Aberdâr ac yr oedd ei fri fel cynhyrchydd yn ddigon o ffaith i'r BBC gynnig swydd iddo yng Nghaerdydd yn 1936. Ond ei deyrngarwch i'r Hen Dŷ Cwrdd a orfu pan wynebwyd ef â'r dewis. Ni raid ond darllen teyrnged y Parchedig T. O. Williams iddo yn *Yr Ymofynnydd*, Medi 1949, i ddeall mai pwlpud yr Hen Dŷ Cwrdd oedd llwyfan pwysicaf E. R. Dennis ar hyd y blynyddoedd. Yr oedd y ddrama, fodd bynnag, yn agos at ei galon a rhoes Aberdâr ddigon o gyfle iddo ddangos ei orchest fel cynhyrchydd y dywedwyd iddo, rhwng 1920 ac 1945, lwyfannu dros gant o ddramâu hir a hanner cant o ddramâu un-act. Ef, yn ôl y teyrngedau iddo pan fu farw, a lwyfannodd bob drama yn y Theatr Fach rhwng 1931 ac 1948 ac eithrio dwy neu dair, ac yn 1939 rhyfeddai Jack Jones at ddiwydrwydd y gweinidog 'with whom the work of the Little Theatr comes next to godliness'. Yn ôl rhaglen ddathlu'r Gymdeithas yn 1952 y mae cyfanswm y dramâu – hir a byr, Cymraeg a Saesneg eu hiaith – a chwaraewyd rhwng tymhorau 1931–2 ac 1947–8 gan actorion y Theatr Fach yn rhifo 96, a chofier iddo ddechrau cynhyrchu i Gymdeithas Ddrama Trecynon c.1918. Fe all mai gormodiaith yw'r honiad gan un edmygydd iddo gynhyrchu o gwmpas 300 o ddramâu rhwng 1920 ac 1938 – ond heb os fe fu'n ddiwyd!

Y mae un wedd ar ei weithgarwch sy'n gofyn am sylw cyn cloi, sef y ffaith mai dramâu Saesneg a gynhyrchodd fwyaf o ddigon er fod trwch ei actorion yn Gymry Cymraeg. Gellid dadlau, wrth gwrs, fod ei raglen flynyddol yn adlewyrchu cyflwr ieithyddol Cwm Cynon lle'r enciliodd y Gymraeg yn wyneb gorlif y Saesneg ar ôl Rhyfel 1914–18 – y mae'n ddiddorol fod y Parchedig T. O. Williams wedi nodi awydd E. R. Dennis i raenuso'i Gymraeg pan ddechreuodd yn y weinidogaeth a bod J. Walter Jones, un o'r beirniaid ym Mhrifwyl Castell-nedd, 1934, wedi gresynu fod rhai o actorion y ddau gwmni a fu'n chwarae *Y Ddraenen Wen*, y naill o Aberdâr a'r llall o Dreorci, fel petaent yn ynganu iaith a oedd yn estron iddynt: 'He deplored the fact that they seemed more accustomed to English, and that they appeared to be losing grip of the Welsh language.' Y mae'n ddiau fod E. R. Dennis wedi gorfod edrych ym myw llygad 'problem' y Gymraeg yn y cymoedd a'i heffaith ar gynulleidfa'r ddrama, ond cam ag ef fyddai casglu fod rhaglen y Theatr Fach yn profi ei barodrwydd i'w hanwybyddu. Cywirach fyddai dadlau ei bod yn adlewyrchu ei benderfyniad i ddangos celfyddyd theatr broffesiynol i'w gyd-Gymry.

Heb gyflenwad o ddramâu Cymraeg gwreiddiol, da i'w hactio, ac ni fyddai neb yn barotach nag ef i'w llwyfannu pe byddent i'w cael, ffolineb yn ei olwg ef fyddai osgoi her y dramâu Saesneg a rhagrith fyddai condemnio'u hactio pan oedd y gynulleidfa Gymraeg yn cael ei bwydo'n gyson â chyfieithiadau ohonynt. A pha well ffordd i gynhyrchydd o Gymro arddangos rhagoriaeth y mudiad drama amatur yng Nghymru na thrwy gystadlu dan faner Cynghrair y Ddrama Brydeinig yr oedd cynifer â 750 o gwmnïau yn ei rhengoedd erbyn 1936?

Y mae'n ddiogel dweud y poenai E. R. Dennis gymaint â Dyfnallt, Caerwyn a Cynan, er enghraifft, am ffyniant y ddrama Gymraeg, ond yn ei dyb ef nid trwy ladd ar actio dramâu Saesneg yr oedd ei hyrwyddo. Gan ddramodwyr medrus y ceid yr ateb i'r broblem. Troesai ef ei hun ei law at ysgrifennu dramâu Cymraeg, megis *Y Forwyn Newydd*, *Ymhlith Troseddwyr* a *Breuddwyd* – creadigaethau diflanedig, ysywaeth – ac yn ystod yr 1930au fe fu'r Theatr Fach yn chwilio am ddramâu newydd yn y ddwy iaith heb lwyddo i ddod ar draws yr un dramodydd Cymraeg a fu mor dderbyniol â Florence Howell ac Eynon Evans. Yn 1933 fe gysylltwyd â'r dramodwyr a gystadlodd yn Eisteddfod Genedlaethol Wrecsam yn y gobaith y dôi un addawol i'r amlwg, ond pedair drama Saesneg newydd a lwyfannwyd yn y Theatr Fach yn ystod tymor 1933–4 ac nid oedd dim llewyrch ar y rheini. Ym mis Mai, 1935, llwyfannwyd tair drama un-act Gymraeg yn y Theatr Fach – y tair gorau mewn cystadleuaeth a ddenodd gystadleuwyr ledled Cymru – a rhoes y beirniad, y Dr Matthew Williams, y wobr i *Yr Ymweliad* gan J. D. Jones, Treorci. Noder mai'r bwriad oedd gwobrwyo'r ddrama orau, a dyna brawf pellach o awydd E. R. Dennis i gyflenwi'r gwir angen.

Wrth gefnogi holl waith E. R. Dennis a chlodfori ei ddyfalbarhad er gwaethaf y dirwasgiad a'i hamddifadodd o actorion abl, dangosodd Jack Jones yn glir yn 1939 na welai ef ddim o'i le ar bolisi y Theatr Fach. Roedd yn amlwg beth oedd i gyfrif am anghynnydd y ddrama Gymraeg: 'As one who has, before now, been disparagingly referred to as "Anglo-Welsh", may I conclude with a question to our Welsh playwrights? My question is: "What about it?" That's all. Carry on, Aberdare!' A'r un, yn sicr, fuasai cyngor Ivor Novello a oedd yn 1937 yn awchu am lwyfannu drama-gerdd yn Drury Lane am 'the trials and tribulations of a young man who had won fame at the Eisteddfod'. Yr oedd yn medru'r Gymraeg o hyd a theimlai y gallai ddangos i'r Saeson beth yn union a olygai'r Eisteddfod Genedlaethol i Gymru: 'You see, I am a Welshman first and last, and whatever you may think I really do want to show the London audiences that in Wales there is as much spectacle, music and drama as in, shall I say, Vienna.' Nid oedd gwir ysbryd Cymru erioed wedi'i arddangos mewn theatr yn Llundain ac, i Novello, y gamp oedd dadlennu enaid actor: 'It is the projection that counts, not the language.' Deall a phrofi teimladau – dyna'r gamp yn y theatr: 'Welsh or English, it does not matter. Let the Welshman learn how to express the drama within him and there would be more Welsh actors on the stage than just Ivor Novello or Emlyn Williams. The Welshman can act, and I am going to prove it as soon as I can put on my National Eisteddfod spectacle. I am going to show London that there is drama in winning a crown at an Eisteddfod.' Ni wyddai mo'r hanner! Ond beth petai'r 'matinee idol' a ddaethai'n ail i Mary King Sarah ar yr unawd soprano yn Eisteddfod Genedlaethol Caernarfon, 1906, wedi cyflawni ei fwriad? Pa effaith a gawsai ar ddelwedd y Cymry? Y mae'r dychymyg yn gwegian!

Yn Chwefror, 1931, ni chwaraewyd yr un ddrama Gymraeg ei hiaith i ddathlu agoriad y Theatr Fach er i ddrama'r Gymraes, Florence Howell, *A Woman of Compassion*, gael lle amlwg. Ni chwaraewyd yr un, chwaith, i ddathlu ei phen-blwydd yn 21 oed. Yn wir, yn ôl rhaglen y dathlu ni lwyfannwyd yr un ddrama Gymraeg ei hiaith rhwng tymor 1941–2 a marw E. R. Dennis yn 1949. O 1931–2 tan 1940–41, perfformiwyd *ar gyfartaledd* saith drama bob tymor, chwech yn Saesneg ac un yn Gymraeg, ac y mae'n werth nodi'r dramâu Cymraeg a chwaraewyd yn ystod y degawd cyntaf:

1931–2	*Maesyderi*, J. P. Walters
1932–3	*Hywel Harris*, Cynan
1933–4	*Y Boncyff*, Brinley Jones
1934–5	*Y Ddraenen Wen*, R. G. Berry
	Miss Wells o Wells
1935–6	*Yr Aberth*, Gwilym Lloyd
	Tŷ Dol, Ibsen cyf. Ifor Williams
1936–7	*Pica Fila*, cyf. H. D. Howells o ddrama St. John Ervine
	Llongau'r Gelyn
1937–8	*Y Cymodwr*, Brinley Jones
1938–9	*Y Ddraenen Wen*, R. G. Berry
1939–40	*Y Briodas Arian*, cyf. Jeremiah Jones o *Devonshire Cream*, Eden Phillpotts
1940–1	*Yr Oruchwyliaeth Newydd*, Ieuan Griffiths

Fe ddengys y rhestr hon ymgais E. R. Dennis i geisio llwyfannu rhaglen Gymraeg mor eclectig o safonol ag y caniatâi'r defnyddiau a oedd ganddo wrth law, rhaglen sy'n cynnwys tri chyfieithiad, yr enwog *Tŷ Dol* yn bennaf yn eu plith, dramâu 'poblogaidd' megis *Y Ddraenen Wen* a *Maesyderi*, *pièce de résistance* Cynan, *Hywel Harris*, ynghyd â dramâu mwy diweddar Brinley Jones, Gwilym Lloyd ac Ieuan Griffiths (sef Matthew Williams). Yn yr un cyfnod yr oedd yn cynhyrchu gwaith dramodwyr y 'well made play' yn Saesneg gan roi ar y llwyfan yn Aberdâr rai o'r dramâu a oedd yn peri cyffro yn theatrau Llundain ar droad y ganrif ac wedi hynny. Fe fydd detholiad byr ohonynt yn ddigon o brawf o ddifrifoldeb ei uchelgais fel cynhyrchydd: *Saints and Sinners* a *The Middleman*, Henry Arthur Jones; *The Last of Mrs. Cheyney*, Frederick Lonsdale; *Jane Clegg*, St. John Ervine; *Loyalties* a *The Skin Game*, Harley Granville Barker; *Dangerous Corner*, J. B. Priestley; *Rookery Nook* a *Thark*, Ben Travers; *You Never Can Tell*, *Arms and the Man* a *The Doctor's Dilemma*, George Bernard Shaw; *A Woman of No Importance*, *Lady Windermere's Fan* a *The Importance of Being Ernest*, Oscar Wilde;

The Passing of the Third Floor Back, Jerome K. Jerome; *A Murder Has Been Arranged* a *Night Must Fall*, Emlyn Williams. Heb os, yr oedd y Parchedig E. R. Dennis yn ddyn drama o ddifrif.

Fe'i gorfodwyd gan afiechyd i roi'r gorau i gynhyrchu yn 1947–8 ond cafodd fyw i ddathlu buddugoliaeth Brydeinig wefreiddiol actorion y Theatr Fach y gadawsai ei ôl mor drwm arnynt. Wedi colli Cwpan Howard de Walden o un marc yn 1928, aeth Cwmni Trecynon eto i rownd derfynol cystadleuaeth actio drama un-act Cynghrair y Ddrama Brydeinig yn Theatr y Scala, Llundain, ar 31 Mai 1948, a'u perfformiad hwy o *Birds of a Feather*, J. O. Francis, a gariodd y dydd. Roedd ymron 500 o gwmnïau amatur wedi dechrau'r ornest ac fe'u trechwyd yn enw Cymru gan actorion Theatr Fach Aberdâr er nad oedd E. R. Dennis yno i'w cynhyrchu yn Llundain. Prin wythnos ynghynt y daethai ei edmygwyr ynghyd i'r Theatr Fach i dalu teyrnged iddo ac wele ei actorion yn coroni ei lawenydd. Ar 21 Mehefin teledwyd eu perfformiad arobryn o Alexandra Palace a gallai Cwmni Trecynon bellach ymffrostio eu bod y cwmni amatur cyntaf o Gymru i actio i'r radio a'r teledu. A phe bai E. R. Dennis wedi cael byw tan 1950 cawsai weld ei gwmni yn derbyn gwahoddiad i actio *Birds of a Feather* yng Ngŵyl Caeredin. Ond y mae un peth yn sicr; ni fyddai wedi colli ei ben. Yn y cyfarfod i ddathlu buddugoliaeth 1948 yn y Theatr Fach, er balched ydoedd daliodd i bwysleisio fod lle i wella o hyd. Y gamp, fel erioed, oedd gweithio fel tîm a cheisio rhagoriaeth uwch. A'r nod, bellach, oedd ennill y Cwpan am actio drama hir. Pe llwyddent, 'no-one will be more pleased than your old producer'.

Bu farw 3 Awst 1949, ac ar ôl ei amlosgi ar 8 Awst gwasgarwyd ei lwch yn Llangrannog lle'r âi'n flynyddol ar ei wyliau haf. Ym mhapurau Aberdâr bu galaru ar ôl 'this great veteran of the amateur drama', 'one of the great pioneers of drama in Wales'. Ond ni chafodd ei farw fawr o sylw yn y wasg Gymraeg; ni luniodd neb werthfawrogiad ohono fel dyn drama o bwys yng Nghymru. Fel yng nghyfrol O. Llew Owain, *Hanes y Ddrama yng Nghymru 1850–1943*, prin y crybwyllwyd ei enw. Buasai'n llywydd yn un o sesiynau'r Adran Ddrama yn Eisteddfod Genedlaethol Pen-y-bont ar Ogwr yn 1948 yn dilyn y fuddugoliaeth yn Llundain – a dyna'r cyfan i bob golwg. Ni ddywedwyd gair amdano yn *Y Llenor* a thewi â sôn a wnaeth Saunders Lewis hefyd yn *Y Faner*. Y mae dyn yn cael ei demtio i feddwl y cawsai fwy o sylw pe bai'r dramâu un-act a ddug

Gymru i amlygrwydd yn theatrau Llundain yn 1928 ac 1948 heb ddibynnu cymaint ar wiriondeb Dici Bach Dwl. Swil iawn fu'r wasg Gymraeg o gydnabod y buddugoliaethau hynny.

Ac y mae dyn yn ei chael hi'n anodd peidio credu ei fod yn droseddwr yng ngolwg nifer o garedigion y ddrama Gymraeg am iddo roi cymaint o'i amser i lwyfannu dramâu Saesneg eu hiaith. Pan gyfeiriodd W. C. Elvet Thomas yn y *Welsh Outlook*, 1930, at ddyfodiad disgwyliedig Theatr Fach Aberdâr, cydiodd rybudd plaen wrth ei groeso. Byddai llygaid Cymru ar y fenter; gorweddai cryn gyfrifoldeb ar Gymdeithas Ddrama Trecynon:

> The Trecynon players must never forget that their supreme duty is towards the *Welsh* drama. If they take to producing English plays, they will most certainly sow the seeds of discord and ultimate disaster as far as the value of their work to the vernacular drama is concerned. Such a betrayal would disgrace the fair name of Trecynon. Welsh drama now looks to Trecynon.

Yng ngoleuni'r rhybudd hwnnw go brin y dylid synnu i E. R. Dennis gael ei anghofio mor fuan. Yn sicr, nid dyna oedd ei haeddiant.

Y Theatr Fach, Aberdâr.

Elizabeth Llywelyn yn agor drws Theatr Fach, Aberdâr, yn 1931.

Y Parchedig E. R. Dennis, 1882–1949.

William Jenkins (Meirionydd), 1866–1946.

Y Parchedig E. R. Dennis (yn y canol yn y rhes flaen), cynhyrchydd cyflwyniad Cwmni Cenedlaethol Undeb y Ddrama Gymraeg o *A Ŵyr Pob Merch* yn Eisteddfod Genedlaethol Treorci yn 1928.

Cymdeithas y Ddrama Gymraeg, Abertawe

DAFYDD ARTHUR JONES

DYCHMYGWCH 'Abertawe'n fflam', sylwch ar brysurdeb pobl wrth iddynt wynebu cyrchoedd didrugaredd y *Luftwaffe*, ac fe welwch yn syth mai ar strydoedd y dref y digwyddasai'r ddrama fawr ym mhedwardegau'r ganrif ddiwethaf. Oedd, roedd disgwyl i bawb ysgwyddo'r pwn, a'r Cymry Cymraeg yn eu tro – cynheiliaid bywyd diwylliannol festri a chapel rai ohonynt – yn ceisio atal y drasiedi rhag lledu ymhellach rhwng Mehefin 1940 a Chwefror 1943. Wedi'r tridiau mwyaf enbyd o ddinistr, nid rhyfedd i ohebydd ddatgan i'r byd a'r betws: 'The spectacle was awesome, and not devoid of a certain terrible beauty'[1] 'Terrible beauty', yn wir. Yn sicr, nid ystyriaethau diwylliannol oedd bennaf ar feddyliau'r gweddill ffyddlon wrth iddynt ddisgwyl toriad gwawr wedi hirnos. Do, fe geisiodd Cymdeithas y Ddrama Gymraeg gynnal wythnos o weithgareddau yn 1940, ond prin oedd yr actorion a phrinnach fyth eu brwdfrydedd, a rhoddwyd y ffidl yn y to.[2] Ond daeth tro ar fyd, goroeswyd, ac yn sgil cynnal gobaith a phorthi dyheadau, waeth pa mor fregus oedd llawer ohonynt, ailafaelwyd yn y pethau 'cyffredin' hynny. O lwch dinistr y cododd ysbryd pobl, a phrysurwyd i geisio gweld y ddrama yn adfer ei bri ac yn diwallu angen unwaith eto, er y prysurai ambell Domos i amau gwerth yr holl ymdrech. Yn 1950, blwyddyn yr ailgychwyn, gwelwyd sefydlu Wythnos Cymdeithas Ddrama Gymraeg Abertawe fel rhan anhepgor o ddyddiadur caredigion y llwyfan, boed yn y dref neu ymhell y tu hwnt i'w ffiniau.[3] Ond perthyn yr arfer i draddodiad hŷn, fel y gwyddai ambell un o selogion yr achos.

O fwrw trem yn ôl, gwelir mai digon diolwg fu hi ar y ddrama yng Nghymru am flynyddoedd lawer, ac yn ddiamau gwg ambell weinidog oedd yn gyfrifol am hyn. Yn rhannol oherwydd tuedd yr oes, ffurfiwyd sawl cwmni o actorion ym mlynyddoedd olaf y bedwaredd ganrif ar bymtheg. Tystiai'r *South Wales Daily News*, Ionawr 1884, o dan y pennawd ysgubol 'The Revival of Welsh Drama', i lwyddiant 'The Llansamlet Operatic Society' mewn 'drama-gantata', *Llewelyn ein Llyw Olaf,* yn Sgiwen.[4] Roedd eraill i'w canmol, gweithwyr di-sôn-amdanynt fel T. H. Griffiths a'i debyg, am roi o'u hamser i drwytho 'gweithwyr a merched llafur' yn y grefft o actio. Doedd ryfedd yn y byd i'r chwiw gydio ac i rywrai ddod at ei gilydd i ffurfio Cwmni'r Rhos, Pontardawe; eraill o gyffelyb ddiddordeb yn y Glais wedyn, a dyna gychwyn Cwmni'r Ddraig Goch yng Nghlydach, cam a roes gychwyn i yrfa liwgar D. Clydach Thomas. Ym mis Mawrth 1912 y troediodd D. Clydach Thomas y llwyfan am y tro cyntaf.[5] Cyfrannodd yn helaeth fel actor – ran fynychaf ef oedd y prif gymeriad – a thynnai ddilynwyr ar ei ôl. Llafuriai mewn cyfnod anodd ac ysgrifennodd nifer o ddramâu yn ôl y gofyn. Soniwyd yn fynych fel y daliai'r gynulleidfa yng nghledr ei law, a hynny drwy rym ei gymeriadu lliwgar a'i ddawn i 'ad-libio' os oedd raid.

Dyn o gyffelyb anian oedd J. P. Walters.[6] Ym melinau cwmni tiwbiau Mannesmann, Glandŵr, Abertawe, yr enillai ei damaid, ond o'r cychwyn cyntaf roedd ei fryd ar ymhél â'r ddrama. Ysgwyddai ei gyfrifoldeb fel blaenor a thrysorydd yng Nghapel Hermon, ond fe'i cofir heddiw fel sylfaenydd Cwmni Drama Plasmarl. Enillasai gryn enw iddo'i hun am safon ei gynyrchiadau, ac ef oedd yn gyfrifol am y perfformiad llwyfan Cymraeg cyntaf yn yr Albert Hall, Abertawe. Braenarodd y tir fel cynhyrchydd, fel awdur ac fel actor. Roedd ei barodrwydd i deithio'i ddramâu ar ei ben ei hun ledled Cymru – a'i ddawn i bortreadu Tomos Bartli – yn fodd iddo sicrhau enw i'w gwmni. Yn wir, awgrymai *Y Darian* (6 Mehefin 1912), cylchgrawn a fu'n gefnogol iawn i'r ddrama, fod hyrwyddo'r Gymraeg '. . . yn ymyl Abertawe Seisnigaidd'[7] yn rhan o'i uchelgais a'i lwyddiant. Bu coffa da amdano'n troedio'r llwyfan fel Dafydd Ifans y Beddau yn *Ffordd yr Holl Ddaear* a Sganarella yn *Doctor er ei Waethaf*. Priododd Marion, merch J. P. Walters, â'r actor Islwyn Morris, a ddaliodd gysylltiad â'r Gymdeithas am flynyddoedd lawer. Cychwynasai yntau actio yng Nghapel Hermon, Plasmarl, cyn mynd ymlaen i'r Grand ac ymuno'n ddiweddarach â Chwmni'r Genhinen dan gyfarwyddyd D. J. Thomas. Gweithiodd yn helaeth ym myd radio a theledu gan ymddangos yn gyson ar gyfresi poblogaidd megis *Pobol y Cwm*. Ymysg yr actorion eraill yng nghyfnod J. P. Walters ceir coffa da am Magdalen Morgan (darlithydd yn y Gymraeg yng Ngholeg Hyfforddi Abertawe ac un a wnaeth gryn gyfraniad fel cyfieithydd dramâu), Mary Hughes (brodor o Landysul a oedd yn ddarlithydd Saesneg yn yr un coleg), D. T. John (actor a arbenigai mewn cymeriadu) a Kate Jones (actores â chanddi bersonoliaeth drawiadol).

Er y brwdfrydedd lleol – a gwelwyd arwyddion o ymysgwyd cyffelyb mewn mannau eraill yng Nghymru – prin y gellid dychmygu gwell hwb i'r unigolion brwd nag ymweliad yr ariannog Arglwydd Howard de Walden ag Abertawe yn haf 1914 gyda'r bwriad o ysbrydoli trigolion y dref i gychwyn gŵyl o ddramâu. Hawdd fyddai dyfalu sgwrs ambell un wrth iddynt gnoi cil dros y syniad. Efallai fod a wnelo'r hen dybiaeth mai yng Nghaerdydd y digwyddai popeth o bwys â'r croeso a dderbyniodd cenadwri de Walden. Coron ar frwdfrydedd pobl fyddai sefydlu clamp o ŵyl a roddai statws i dref boblog fel Abertawe. Mewn erthyglau canmoliaethus datganwyd fod ei lleoliad canolog yn ei throi hi'n 'brifddinas' naturiol i orllewin Cymru. Heidiai dros hanner can mil i wylio gêmau pêl-droed yno a gallai'r Eisteddfod Genedlaethol hithau, fel y sioe 'Bath and West of England', hawlio cefnogaeth bonedd a gwrêng fel ei gilydd, nes i'r *South Wales Daily Post* glochdar ym mis Mehefin 1914, 'a change has come over the people in their pleasures'.[8]

Teimlai rhai eneidiau aflonydd mai cam i roi cychwyn i'r 'Cymric National Drama' oedd hyn oll, ac un a goleddai syniad felly oedd y deryn drycin Owen Rhoscomyl a ddaeth i westy'r Grosvenor, Abertawe, i geisio gwireddu uchelgais de Walden. Bu ymweliad 'The Welsh National Drama Company' ag Abertawe flwyddyn ynghynt yn gryn achlysur ac yn destun gorfoledd ymhlith trigolion amlyca'r dref. Rhoddwyd croeso swyddogol iddynt ac addurnwyd yr Albert Hall yn drawiadol. Wedi perfformio rhai o ddramâu poblogaidd y dydd, roedd hi'n amlwg nad oedd pall ar y brwdfrydedd a bod hyn yn gychwyn ar bethau mawr yn hanes Abertawe.

Mater ymddangosiadol ddidrafferth fyddai dod o hyd i leoliad addas ar gyfer yr holl weithgarwch newydd ac uchelgeisiol, neu felly y credai'r trefnwyr o leiaf. Codwyd y theatr gyntaf yn Abertawe cyn belled yn ôl ag 1780, a bu amryw o adeiladau eraill yn gartref i actorion o bob math, nes agor theatr y Grand ar 3 Gorffennaf 1897 gan Madame Adelina Patti. Ymhen amser daeth yn ganolfan i'r theatr

Gymraeg am gryn ugain mlynedd, er na fu'n gartref sefydlog o bell ffordd.[9] Hwb bellach i weld gwireddu llawer o'r siarad oedd siars George Bernard Shaw ar i'r genedl gymryd y ddrama o ddifri fel celfyddyd. Ond erbyn diwedd yr haf hwnnw, a byddinoedd Ewrop eisoes yng ngyddfau ei gilydd, go brin y cofiai fawr neb am yr hyn a lefarwyd yn y Grosvenor dros ginio. Eto, anodd oedd ffrwyno diwydrwydd de Walden yn y maes er, fe ymddengys, y coleddwyd ambell freuddwyd go anymarferol a nodweddiadol Gymreig gan ambell un o'i gefnogwyr, nes cymell y *South Wales Daily Post* i awgrymu'n gynnil, 'We have a fatal weakness for concluding that our geese are swans'.[10]

Crybwyllir – nid am y tro cyntaf – y dadeni a ddigwyddasai ar lwyfannau Iwerddon. Hawdd oedd gweld esiampl yng ngweithgarwch gwlad fechan arall, un gymharol dlodaidd ei hadnoddau ond un a gynhyrchai wŷr o athrylith. Mewn gwirionedd, prin y gellid dirnad fod tebygrwydd o gwbl rhwng sefyllfa'r ddwy wlad, ond nid dadansoddi pwyllog oedd bwriad lladmeryddion y ddadl dros lais cenedlaethol i'r llwyfan Cymreig.

Ym mis Hydref 1919 trefnwyd cystadleuaeth ddrama yn yr Albert Hall, Abertawe. Wythnos o ddramâu, dyna'r nod, ac o'r un ar bymtheg o gwmnïau a roddodd eu henwau gerbron dewiswyd y canlynol:

Cwmni Triniti, Pontarddulais: *Asgre Lân*, R. G. Berry
Cwmni Capel Als, Llanelli: *Y Pwyllgorddyn*, D. T. Davies
Cwmni Capel Als, Llanelli: *Ble Ma' Fa?*, D. T. Davies
Cwmni Capel Als, Llanelli: *Noson o Farrug*, R. G. Berry
Cwmni Drama Gwauncaegurwen: *Aeres Maesyfelin*, Rhys Evans
Cwmni Dan Mathews, Pontarddulais: *Ephraim Harris*, D. T. Davies
Cwmni Plasmarl, Abertawe: *Ar y Groesffordd*, R. G. Berry
Cwmni Capel Siloh, Pontarddulais: *Maesymeillion*, D. J. Davies
Cwmni Tabernacl, Treforys: *Y Briodas Ddirgel*, Gwynfor

Costiai dri swllt a chwe cheiniog am sedd flaen, a deuddeg swllt am docyn wythnos – ac am wledd amrywiol o ddramâu a gafwyd! Penderfyniad y beirniaid, D. Clydach Thomas, Richard Hughes, Dan Morgan a'r Parchedig J. Dyfnallt Morgan, Caerfyrddin, oedd dyfarnu'r brif wobr i gwmni Dan Matthews, 'tywysog y llwyfan amatur', un arall o'r arwyr di-sôn-amdanynt. Diddorol yw sylwi cymaint o weithgarwch a ddeilliai o'r capeli, ac mae'n amlwg fod a wnelo'r cyfnod wedi'r heldrin 1914–18 â hyn, a thestun dadansoddiad yw'r chwalfa ar ragfarnau'r gorffennol. Llef yn yr anialwch oedd un T. J. Prichard, Gorseinon, a gwynai :

> . . . y rheol yw mai carwyr y ddrama a'r chwareudy yw crefyddwyr salaf a mwyaf anysbrydol ein heglwysi.[11]

Er ffyrniced beirniadaeth ambell un, go brin y cwynai'r wasg ar gownt y newid, a llygadai'r cwmnïau hwythau yr abwyd ariannol, fel y pymtheg punt a roddwyd i Dan Matthews. Un a welodd y dramâu i gyd, ac na chafodd ei swyno ganddynt heblaw am *Ephraim Harris*, oedd Saunders Lewis. Datblyger y 'llais Cymreig', chwilier amdano drwy gyfrwng iaith, dyna fyrdwn erthygl ganddo yn *The Welsh Outlook*.[12] Roedd yn bendant o'r farn mai gwell fyddai cefnu ar yr hyn y cyfeiriai ato fel y 'traddodiad Seisnig' o actio. Testun siom iddo oedd ymdrechion truenus ambell un i geisio dynwared yr hyn a welid yn y West End, a syrffedus oedd gorfod gwrando ar ddramâu pregethwrol gan anghofio fod magu chwaeth yn bwysig. Nid drwy actio dramâu ffwrdd-â-hi oedd codi safon, er y gwelai rinwedd yn yr hyn a ddigwyddasai yn Abertawe o ran cymell diddordeb pobl. Fel myfyriwr ymchwil ym Mhrifysgol Lerpwl y lluniodd y sylwadau hyn (dychwelodd i'r ddinas honno i dderbyn swydd fel darlithydd yn y Coleg yn 1922) a hawdd dychmygu'r gŵr ifanc main, gwachul yr olwg, yn gorfod gwylio'r naill ddrama ar ôl y llall cyn bwrw ei linyn mesur a'i lid arnynt. Nid ef oedd y cyntaf i edrych yn awchus draw i Ddulyn a gweld yn y ddinas honno awduron Gwyddelig yn troi'r iaith Saesneg yn gyfrwng mynegiant slic iddynt eu hunain. Clogyrnaidd oedd ymdrechion y Cymry, fodd bynnag, a phrin oedd amynedd Saunders Lewis ag ymdrechion rhai fel J. O. Francis i feistroli teithi'r iaith fain:

> . . . his English is mostly the horrible jargon of men who have lost one tongue without acquiring another . . . [13]

Yr oedd hon yn feirniadaeth lawer mwy sylfaenol na'r hyn a welwyd ar y llwyfan yn Abertawe, ac fel crynodeb o feddyliau Saunders Lewis y mae i'r erthygl ei phwysigrwydd. Nid am y tro cyntaf yn ei hanes, tynnodd ymateb, ac yn *Y Darian* ym mis Rhagfyr

1919, gwelwyd y Parchedig J. Tywi Jones, gweinidog gyda'r Bedyddwyr yn y Glais, yn camu i'r adwy.[14] Bu'n awdur ei hun a chyhoeddwyd *Jac Martin* ganddo gan ei pherfformio gyntaf yn y Glais ym mis Rhagfyr 1913. Cydnebydd nad gweithiau dilychwin mo'r dramâu a bod i'r actio ei wendidau hefyd, fel Simon Morris druan a'i farf a'i fwstás 'trychinebus o amhriodol'. Er hynny, gŵr crintachlyd iawn fyddai'r sawl na welai ragoriaethau yn y 'gymanfa drama odidog' a gafwyd yn Abertawe,[15] a chlod i'w thrigolion oedd cynnal y fath adloniant. Prin y gwrthwynebai'r capeli bellach, yn ôl 'Carwr y Ddrama',[16] ac yn sicr fe dynnodd y gystadleuaeth bobl yn nes at ei gilydd. Ymhlith y dorf niferus roedd Mari Shirley, merch ifanc a werthai raglenni, a da yw ei gweld yn dal i gadw cysylltiad â'r Gymdeithas Ddrama hyd y dydd heddiw, camp unigryw a hithau bellach mewn oedran teg.

Tystia Mari Shirley i ddylanwad ei thad, Richard Hughes, 'Llwyfanydd' arni, gan dystio hefyd i'r modd y gweithiodd yntau'n ddygn i sefydlu'r Gymdeithas Ddrama. Brodor o Flaenau Ffestiniog oedd Richard Hughes a bu'n gweithio i gwmni yswiriant yn Lerpwl yn 1883 cyn symud i Gaerdydd. Ymroddai i fywyd y capel ar bob cyfle ac fe actiodd yn y perfformiad cyntaf o *Beddau'r Proffwydi* yn 1913 yn theatr y Royal, Caerdydd. Symudodd i Abertawe ar drothwy'r Rhyfel Mawr. Enillasai enw iddo'i hun eisoes fel Wil Bryan yn *Rhys Lewis*, a bu'n ymwneud â sawl drama arall. Yn ddiweddarach rhoddwyd iddo'r anrhydedd o feirniadu mewn cystadlaethau drama. Fel dawnswraig sipsïaidd mewn perfformiad yn 1926 o *Priodas Orfod*, cyfieithiad Philip Thomas, Castell-nedd, o waith Molière, y gwelwyd ei ferch, Mari Shirley, ar lwyfan am y tro cyntaf. Actiodd yn gyson wedi hynny gan chwarae rhan amryw o gymeriadau. Mae hi'n dal i gofio'r hwyl cymdeithasol, y tripiau, yr ymarfer yng nghaffi Taylors, Abertawe, a'r troeon trwstan a ddeuai yn sgil ymwneud â'r Gymdeithas Ddrama bryd hynny. Magodd ragor o brofiad a chymryd ambell brif ran, megis yn *Castell Martin*. Aelodau gweithgar eraill o fyd y ddrama'n lleol oedd Beth Bowen, George David, Llwchwr Rees a Cyril Rees ymhlith eraill.[17]

Cymaint oedd brwdfrydedd y ffyddloniaid fel y penderfynwyd y dylid dal ar y cyfle a sefydlu cymdeithas i hyrwyddo'r ddrama'n ffurfiol. Yng ngwesty'r Metropole, Abertawe, cynhaliwyd cinio mawreddog ar gyfer caredigion y ddrama, a hynny gwta fis wedi'r gystadleuaeth lwyddiannus yr aeth sôn amdani drwy'r Gymru ddiwydiannol. D. Protheroe Thomas oedd yn cadeirio; ef hefyd a lywyddai, ac roedd rhai o fawrion y dref yno'n hel yn eu boliau. Traddododd de Walden, y gŵr gwadd, araith yn pledio ei gefnogaeth lwyr i'r syniad o weld sefydlu gweithgarwch parhaol ym myd y ddrama, a sefydlwyd cronfa ariannol gyda'r bwriad o osod seiliau cadarn i'r fenter. Codwyd swyddogion – Protheroe Thomas yn gadeirydd, a de Walden yn llywydd – a dyna roi ar waith weithgarwch a fu'n gaffaeliad mawr i fywyd Cymraeg tref Abertawe am y rhan helaethaf o'r ugeinfed ganrif.

Yr oedd i Gymdeithas Ddrama Abertawe egwyddorion sylfaenol, syniadau na fu gwyro arnynt er gwaethaf newidiadau eraill. Yn gyntaf, Cymraeg oedd iaith pob drama a berfformid ganddynt; yn ail, nid oedd yn fwriad ganddynt gystadlu mewn gwyliau drama ledled Cymru. Yn wir, bu ymlyniad y syflaenwyr at ddewis dramâu o safon, a'u perfformio mewn wythnos o weithgareddau bob blwyddyn, yn bwysig wrth iddynt eu gosod eu hunain ar wahân i'r rhelyw o gymdeithasau amatur yn y cylch. Roedd yna awydd i ymgyrraedd at safon broffesiynol drwy berfformio mewn theatrau, cam y gwyddai Saunders Lewis yn burion amdano ac nad oedd yn fyr o'i ganmol. Pan werthwyd yr Albert Hall, bu'r Gymdeithas yn ddigartref am gyfnod nes creu awydd i ymsefydlogi mewn un theatr. Yn y cyfamser, gorfodwyd hwy i chwarae yn y Llewelyn Hall a'r Central Hall oherwydd y trafferthion hyn. Ond yr oedd y Cwmni Opera Cymraeg eisoes yn llogi theatr y Grand, a dichon fod menter Cwmni Cymraeg Coleg y Brifysgol, Caerdydd, yn mynd â *Beddau'r Proffwydi*, W. J. Gruffydd, i theatr broffesiynol wedi bod yn hwb i'r Gymdeithas. Penderfynwyd yn Abertawe, fodd bynnag, mai drama W. J. Gruffydd fyddai eu dewis hwythau hefyd a thynnwyd ar rai o brif actorion y cwmnïau amatur – J. P. Walters, er enghraifft, a T. J. Williams-Hughes – i actio yn y perfformiad cyntaf.

Mewn oes brin ei chyfryngau torfol, hawliodd yr wythnos o ddramâu ei lle yn syth yn y calendr Cymreig. Bu'r 1920au a'r 1930au cynnar yn flynyddoedd o weithgarwch brwd: yn ystod y Sulgwyn, 1923, er enghraifft, perfformiwyd saith o ddramâu yn ystod wythnos gyntaf yr Ŵyl, dramâu megis *Ffrois*, D. T. Davies, a *Dwywaith yn Blentyn*, R. G. Berry. Gwelwyd pedwar actor ar hugain yn cymryd rhan, a daeth llawer o'u plith i wneud enw iddynt eu hunain yn ddiweddarach. Yn ystod pob egwyl clywid cerddoriaeth a gyfansoddwyd yn arbennig gan D. Vaughan Thomas. A pha well dewis o gerddor? Fe'i ganed yn Ystalyfera, ac wedi cyfnod wrth draed Joseph Parry fe gychwynnodd ar ei liwt ei hun i geisio cyfansoddi rhan-ganau a chaneuon ac iddynt wedd Gymreig, neu'r '. . . sublimated uttering of the Welsh language' fel yr esboniodd yn y Rhaglen (Mai 21–26, 1923). Uchelgais y cynhesai Saunders Lewis ati oedd hon, er iddo gwyno fod y Cymry'n anfoddog i fynd i'r afael â gweithiau o safon gan Ibsen a Molière, a chyfieithiadau parod eisoes ar gael. Mynegwyd yr un consýrn am safon gan R. G. Berry, gŵr gwahanol iawn ei safbwynt, a hynny yn rhaglen y Gymdeithas am 1925. Daw tro sydyn ar ddiwedd ei lith, a chic i'r sawl a geisiai droi'r ddrama yn gyfrwng i'r dethol rai. Meddai'r athro ysgol gynradd:

> Gofaler, bid siwr, rhag gwneuthur y ddrama yn ardd fach i fintai fach o etholedigion.[18]

Annog y Brifysgol i ymddiddori mwy yn y ddrama oedd un o'i awgrymiadau, a choleddai amheuaeth ynglŷn â gwerth cystadlu ymhlith cwmnïau amatur. Heb 'chwareudy' cenedlaethol, tasg anodd oedd codi safonau, a medrai Berry rannu deifioldeb beirniadaeth Saunders Lewis ar gyflwr y llwyfan. Y nod oedd rhoi sialens i'r awduron i fynd i'r afael â thestunau pwysig, a meithrin gweledigaeth gyson a pharhaol o gyflwr cymdeithas.

Ymddengys nad Berry oedd yr unig un a rannai ofid Saunders Lewis ynglŷn â thynged y ddrama, ond deuai'n amlwg fod yr wythnos o ddramâu yn Abertawe'n tynnu sylw cenedlaethol. Yn rhaglen mis Ebrill 1929, er enghraifft, gwelir Idwal Jones yn cwyno mai prif wendid y ddrama oedd diffyg arweiniad pendant gan unigolion, rhai oedd yn awyddus i weld gwireddu breuddwydion doed a ddelo. Ni ellid gwneud dim drwy bwyllgor, ac y mae'n drwm ei lach ar 'sensoriaeth y capel'. Ymfalchïai fod y Grand bellach yn nes at y ddelfryd o weld llwyfan 'cenedlaethol' i'r ddrama Gymraeg, ond rhybuddiodd y dylid gochel rhag dynwared rhai o ddramâu tila'r West End yn slafaidd, gan feddwl mai felly y gellid porthi awydd pobl am ddramâu. Yn ddiau, codwyd gwrychyn ambell un pan welwyd *Pobl yr Ymylon*, Idwal Jones, ar y llwyfan yn Abertawe yn 1927. Nid drama Lundeinig mo hon, a chasglwyd rhai o hoelion wyth y ddrama amatur at ei gilydd i'w hactio. Cododd 'Malachi Jones', trempyn a fu'n weinidog yn ei ddydd ac a bortreadwyd gan Clydach Thomas, gryn ddadl ymhlith rhai, ac anesmwythodd eraill wrth weld 'Dafydd' (T. J. Williams-Hughes), cymeriad a flinodd ar 'weddusrwydd cymdeithas'. Glynodd y cynhyrchiad yn y cof am sawl mis wedi hynny, a chadarnhau'r farn ymhlith llawer mai Abertawe oedd gwir 'brifddinas' y ddrama Gymraeg. Boed hynny'n wir ai peidio, yn sicr cynigiai'r Ŵyl gryn ddiddanwch a chyffro yn ei dydd. Tynnid ar gynulleidfa eang, gan ddenu cefnogwyr o gyn belled â Merthyr, Llanymddyfri, Abergwaun, Caerdydd a rhan helaeth o sir Gaerfyrddin, yn ogystal â Chwm Tawe, yn flynyddol. Drama boblogaidd arall oedd cyfieithiad Magdalen Morgan o *Change* gan J. O. Francis, dan y teitl *Deufor Gyfarfod*, drama ac iddi gryn enw y tu allan i Gymru ac a fu'n chwarae yn theatr Haymarket yn Llundain – cryn gamp yn wir.

Er yr hwyl a'r siarad brwd, anodd fyddai gweld yr Ŵyl yn ymestyn ei therfynau. Ceisiodd D. R. Davies awgrymu digwyddiad mwy sefydlog yn y Grand, a rhaglen fwy uchelgeisiol. Yn ddiamau, roedd a wnelo prinder adnoddau – gan gynnwys prinder dramâu addas, sef hen gŵyn selogion y theatr am flynyddoedd lawer – yn rhannol â'r llusgo traed. Nid oedd dyfodol y Grand cyn sicred â hynny chwaith, ac roedd yr ymseisnigo a fu ar Abertawe yn llestair ychwanegol. Breuddwydiai rhai am weld cartref parhaol i'r ddrama Gymraeg yn y dref, ond yn ofer. Dylid cofio bod llogi'r Grand yn gryn fenter ym mlynyddoedd di-gymhorthdal yr 1920au, a rhaid oedd gofalu bod yr adloniant at ddant y gynulleidfa arfaethedig. Nid oedd ryfedd yn y byd fod y temtasiwn i berfformio yn Saesneg yn codi ei ben yn ysbeidiol, a bod ambell gwmni amatur yn y cylch wedi ildio i'r pwysau.

Erbyn yr 1930au roedd yr wythnos o ddramâu wedi ymsefydlogi, ond anodd oedd cynnal brwdfrydedd y blynyddoedd cynnar. Yn sicr yr oedd y cyni ariannol, a ddaeth yn sgil blynyddoedd o ddiweithdra i lawer, yn faen tramgwydd. Ym mis Mawrth 1934 atgoffwyd y ffyddloniaid o egwyddorion sylfaenol y Gymdeithas. Mewn erthygl yn *Y Ford Gron*, dan y pennawd 'Eisiau Dramâu', mynegir gofid yr awdur mai dihoeni a wnâi'r ddrama oherwydd prinder deunydd newydd, diddorol.[19] Ni chyfeirir yn benodol at Abertawe, ond mae 'Rhys Puw' yntau'n taranu fod camau breision yn digwydd i'r cyfeiriad iawn yn Iwerddon, ond mai anfoddog oedd y Cymry i'w canlyn. Yn wir, aeth cyn belled ag awgrymu mai buddiol fyddai addasu dramâu Gwyddelig yn hytrach nag ymdopi ag Ibsen drwy gyfrwng y Gymraeg. Nid oedd

T. Rowland Hughes yn un i ymatal, ac y mae'n hallt ar anwybodaeth beirniaid, sef un arall o wendidau sylfaenol y drefn Gymreig. Rhaid oedd wrth ddramâu ac iddynt sylwedd, gan beidio ag ymatal rhag trafod problemau cymdeithasol – dyna oedd byrdwn ei safbwynt.

Yn 1950, a hynny wedi ysbaid dros gyfnod y Rhyfel, y gwelwyd adfer y sefyllfa. Efallai nad oedd yr hyn a gynigid gerbron y gynulleidfa mor wahanol â hynny i gynnwys rhaglenni'r 1920au a'r 1930au. Ailsefydlwyd trefn yr wythnos, cryn gamp ynddi'i hun, gan deimlo mai rhyfyg fyddai arbrofi â'r arlwy a gynigid. Mewn cyfnod o weld ymddatod llawer o'r hen elfennau a gadwai'r gymdeithas ddiwydiannol yn un glòs, yn oes y car a'r teledu'n ddiweddarach, fe welid y ddrama yn Abertawe fel dyfais i wrthweithio tueddiadau'r oes yn hytrach nag fel cyfrwng artistig arloesol. Yn 1951, blwyddyn Gŵyl Prydain, gwelwyd ymfalchïo yn y ffaith fod i 'Gymry ieithgar' y dref eu lle yn y dathliadau. Cafwyd cymysgfa o ddramâu; cyfieithiad o'r Wyddeleg o waith Louis D'Alton oedd *Llygad y Geiniog*, tra perthyn *Pen Llanw*, John Griffiths, a *Llywelyn ap Griffith*, D. W. Morgan, i'r traddodiad cartref. Er hynny, cynigid amrywiaeth o fewn terfynau gan ddethol dramâu nad oeddynt yn rhy heriol, i'w haddasu o'r Saesneg. Gwyddai T. J. Morgan (a ddaeth yn Gadeirydd y Gymdeithas yn 1969) mai digon prin oedd y deunydd Cymraeg, ond yn fwy sylfaenol na hynny oedd yr ofn fod cyfaddawdu'n digwydd er mwyn ceisio dal diddordeb cynulleidfa luosog. Ar ryw wedd roedd ei gyfaddefiad yn un gonest:

> Ceisio profi'r wyf na allwn fod yn rhy arbrofol newydd yn ystod yr wythnos ddrama arferol.[20]

Ar ben hynny, dadleuid fod ystyriaethau ariannol yn sicr o lesteirio rhyddid artistig. Cyfaddefodd T. J. Morgan cyn belled yn ôl ag 1970 mai osgoi dramâu 'newydd-newydd' oedd y bwriad a chanolbwyntio ar weithiau nad oeddynt yn debygol o godi gwrychyn pobl. Dyna hefyd oedd y drefn ym myd cerddoriaeth gan y gwyddai'r trefnwyr yn burion fod cryn fenter ariannol ynghlwm wrth logi theatr o faint y Grand. Patrwm arall oedd dibynnu ar addasiadau – cam anorfod o gofio'r prinder deunydd gwreiddiol. Roedd ffefrynnau'n saff o dynnu pobl, ac weithiau mentrid rhoi cynnig ar ambell ddrama uchelgeisiol megis *Llywelyn ap Gruffydd*. Dyna a gafwyd yn 1951, y flwyddyn pryd y cychwynnodd Glyn Ellis ar ei yrfa gyda'r Cwmni. Bu'n actor mewn nifer helaeth o ddramâu, gan droi ei law at gynhyrchu yn 1974. Roedd ei ymroddiad yn nodweddiadol o sawl un a roddodd wasanaeth diflino i'r Gymdeithas. Ysgolfeistr yn Ysgol Gynradd Parkland, Abertawe, oedd Glyn Ellis; troes yn actor proffesiynol yn 1980 gan ymddangos ar *Pobol y Cwm*, ynghyd â nifer o gyfresi eraill. Yn 1987 daeth yn Gadeirydd ar y Gymdeithas. Bu ei wraig, Wendy Ellis, hefyd yn actio mewn sawl drama boblogaidd drwy gydol y blynyddoedd.[21]

Yn achlysurol, cafwyd ymdrech i dorri tir newydd, megis gyda'r dramâu *Y Fflam Leilac*, Matthew Williams (1952), *Porth Ewyn*, John Ellis Williams (1957), ac *Ein Pentre Ni*, addasiad o *Our Town*, Thornton Wilder, yn yr un flwyddyn. Teimlid yn gynyddol fod difaterwch rhai o drigolion y dref ynglŷn â'r iaith yn fater o ofid. Prin fod y sefyllfa'n wahanol yn Abertawe i unrhyw dref arall yng Nghymru, ond cystwywyd rhai Cymry da am droi i'r iaith fain ar risiau'r capel wedi'r oedfa.[22] Nid dyna'r unig feirniadaeth. Ar yr un gwynt, mae Glanffrwd James – un o garedigion y ddrama – yn llym ar ddiffyg ymroddiad cwmni repertori y Grand dros y ddrama Gymraeg, ac nid yw Cyngor y Celfyddydau chwaith yn ddieuog yn y mater gan fethu rhoi 'delw Gymreig i'r theatr'. O ddiddordeb pellach i Glanffrwd James oedd yr awgrym y dylid codi safon yr actio drwy gael yr awdur, yr actorion a'r cynhyrchydd i gydweithio am bron i flwyddyn, gan dynnu ar adnoddau'r theatr broffesiynol. Testun siom iddo oedd cyndynrwydd rhai i chwilio am ddramâu clasurol, a hynny mewn cyfnod pan welwyd deffro cyffredinol yn hanes y llwyfan yng Nghymru. Dyma'r union gyfnod pan welwyd Cyngor y Celfyddydau yn rhoi nawdd, ac ymfalchïai aelodau'r Gymdeithas fod cydnabyddiaeth swyddogol yn arwydd pellach o safon y gwaith ac yn gryn bluen yn het cwmni amatur. Eto, nid dyddiau didramgwydd mo'r rhain yn hanes y Gymdeithas. Fel y cyfeiriwyd eisoes, ffurfiwyd y 'Swansea Repertory Company' yn y Grand; y teimlad cyffredinol oedd fod cyngor y dref yn ffafrio'r 'Rep', a hynny ar draul y Cymry, er mai cymharol fyrhoedlog fu oes y newydd-ddyfodiad.

Daliwyd ati i gynhyrchu amrywiaeth o ddramâu diddorol ddigon, ac i ddenu cynulleidfaoedd eang. Ym mis Tachwedd 1961, er enghraifft, gwelwyd cynhyrchiad pwysig o *Joan y Forwyn*, addasiad o ddrama Shaw, gydag Annest Wiliam yn y brif ran. O edrych yn fras ar gynnyrch y Gymdeithas, fe welir fod y gomedi yn graddol ennill ei lle yn y *repertoire*, a hynny oherwydd yr awydd i ddenu cynulleidfaoedd. Yn 1965 bylchwyd y rhengoedd pan fu farw Islwyn James, a fu'n ysgrifennydd ers y blynyddoedd cyntaf, a phenodwyd olynydd teilwng iddo yn Hywel Lloyd. Bu cyfraniad y ddau yn amhrisiadwy, ond tyfodd eraill i'w swyddi. Cafwyd panel o gynhyrchwyr megis Gwynfor Bowen, Eric Ellis, Brydan Griffiths, W. J. Lewis, Elwyn Williams, Emily Davies, Glyn Ellis, George David, Degwel Owen a Keri Francis, ymhlith eraill. Y prif gyfarwyddwr, fodd bynnag, oedd Emlyn James (brawd Islwyn James); nid yn unig enillasai brofiad fel actor ond gweithiodd yn ddiarbed i sefydlu'r ddrama yn Abertawe, a dyna a roes iddo'r anrhydedd o MBE. Gŵr arall na ddylid ei anghofio oedd David J. Thomas, a roes oes o wasanaeth i'r Gymdeithas cyn cael ei benodi i'r BBC. Llafuriodd un arall, Gwilym T. Evans, fel cynhyrchydd am rai blynyddoedd gan sicrhau fod cryn lwyddiant yn dod yn sgil ei waith. Gwnaeth Elwyn Williams gyfraniad hefyd. Bu'n ymwneud â'r ddrama yn Nhreforys am gyfnod maith cyn derbyn gwahoddiad i ymuno â'r Gymdeithas yn yr 1950au, a hynny o dan ddylanwad Emlyn James. Cynhyrchodd amryw o ddramâu, gan gynnwys *Capten Harriet*, *Cariad Creulon*, *Gwas y Gŵr Drwg* (a oedd yn ffefryn ganddo) a *Blodeuwedd*, ymysg eraill; bu hefyd yn actio ynddynt. Dilynodd yrfa lwyddiannus fel actor proffesiynol gan ymddangos yn *Pobol y Cwm* a nifer o gyfresi ar y radio a'r teledu gan gynnwys, yn ddiweddarach, *Licris Olsorts*.[23]

Gŵr arall a gyfrannodd oedd John Griffiths, brodor o sir Benfro a weithiai i'r BBC yn Abertawe, a bu mynd da ar ei ddrama episodig boblogaidd *Pan Laniodd y Ffrancod*. Bu ei gyfraniad yn un pwysig, a lluniodd gryn hanner dwsin o ddramâu poblogaidd i'r Gymdeithas rhwng 1946 ac 1964. Yn ddiweddarach, mentrwyd ar gynhyrchiad teledu o'r ddrama i'r BBC, a hynny dan gyfarwyddyd John Hefin. Erbyn 1962 gellid ymfalchïo yn rhaglen y flwyddyn honno fod sawl cyfle wedi ei gynnig, nid yn unig i actorion, ond hefyd i awduron, drwy gydol y blynyddoedd. Dyna oedd byrdwn broliant Emlyn James ar drothwy Eisteddfod Genedlaethol Abertawe yn 1982 hefyd, a chynigiodd *Sŵn y Malu*, Marion Eames, a *Cnawdol Dân*, Urien Wiliam, fel esiamplau addas.

Arwydd arall o gydnabod cyfraniad oedd dechrau meithrin y berthynas rhwng yr Eisteddfod Genedlaethol a'r Gymdeithas. Dyma ddull o ehangu gorwelion a chyrraedd cynulleidfa newydd ond, yn bwysicach fyth, roedd ennyn sylw beirniaid cenedlaethol yn gaffaeliad. Cyn belled yn ôl ag 1926 derbyniwyd gwahoddiad i lwyfannu'r ddrama fuddugol yn y gystadleuaeth ysgrifennu drama tair act. *Y Ffon Dafl*, o waith J. Ellis Williams, a ddaeth yn awdur mor doreithiog wedi hynny, a gipiodd y brif wobr a derbyn canmoliaeth y beirniaid. Gweithiodd yr arbrawf o berfformio'r ddrama arobryn yn yr Eisteddfod nes sefydlu'r patrwm a arloeswyd gan y Gymdeithas. Yn 1964, a'r Eisteddfod yn Abertawe, canmolodd D. Jacob Davies y ddrama gomisiwn, *Pan Laniodd y Ffrancod*. Roedd teitl ei druth, 'Gobeithio y cawn gyfle i'w gweld ar y teledydd'[24] yn hunanesboniadol, a chrybwyllir ei freuddwyd mai fel hyn y gellid gweld sefydlu theatr wirioneddol genedlaethol ar ddaear Cymru. Roedd y gydnabyddiaeth swyddogol hon, ynghyd â'r ffaith mai'r Gymdeithas a gafodd y comisiwn gan awdurdodau'r Eisteddfod, yn hwb sylweddol iddynt. Cafwyd cyfleon eraill i berfformio yn yr Eisteddfod Genedlaethol. Derbyniodd y Gymdeithas wahoddiad i berfformio'r ddrama gomisiwn yn Abertawe yn 1982, a lluniodd Tom Richards y ddrama *Mi Glywaf Dyner Lais*, yn seiliedig ar waith y gohebydd Cliff Phillips. Dilynasai Tom Richards yrfa fel gohebydd ar y *Cambrian News* yn Aberystwyth cyn symud i weithio ar y *Western Mail* ac yna gyda'r BBC yn Abertawe. Lluniodd nifer o ddramâu dychanol gan dynnu ar ei brofiad, ran fynychaf. Roedd y ffaith i'r Gymdeithas fentro ar ddrama gyfoes ei hapêl yn ddatblygiad cyffrous.

Weithiau, nid oedd modd plesio'r beirniaid. Barn Eigra Lewis Roberts am *Cnawdol Dân* (hanes Evan Roberts y Diwygiwr), sef drama gomisiwn Eisteddfod Genedlaethol Dyffryn Lliw (1980), oedd y byddai'r ddrama:

> . . . yn fwy effeithiol ei thyndra a'i hiwmor a'i siarad plaen petai wedi cael ei chwynnu.[25]

Er hynny, yr oedd yr awdur, Urien Wiliam, wedi ymchwilio i'r maes gan bori ym myd seicoleg crefydd. Cododd y ddrama wrychyn ambell efengylwr ac, yn ôl yr hanes, fe'i labelwyd fel drama 'bornograffig' gan y *Western Mail* – a hynny cyn y perfformiad cyntaf, hyd yn oed! Mae'n debyg mai'r camddehongliad o'r gair 'cnawdol' oedd wrth wraidd y miri, er fod sawl un, mae'n debyg, wedi cael ei siomi ar y slei wedi iddynt fynd i'r drafferth o weld y ddrama.

Roedd *Un o'r Teulu*, a welwyd yn yr un Eisteddfod, yn plesio a chanmolwyd yn fawr addasiad slic John Ogwen a chwarae crefftus comedïwyr y cast. Un o'r actorion y rhoddwyd sylw neilltuol iddo oedd Caradog Evans, un a fu'n gaffaeliad mawr i'r Gymdeithas am flynyddoedd lawer, yn enwedig pan oedd mynd da ar y comedïau. Yn wir, ar ei gyfaddefiad ei hun, honnai mai actio yn nramâu Molière a roes y pleser mwyaf iddo, ac fe'i canmolwyd yn neilltuol am ei bortread greddfol o'r cymeriad Sgandrelle yn *Doctor er ei Waethaf*.[26] Cafodd gryn hwyl arni drwy gydol y blynyddoedd, ac y mae'n dal i ymwneud â'r Cwmni. Er i'r Gymdeithas ennill enw iddi'i hun yn myd comedi, prinhau a wnâi'r adolygiadau yn y wasg. Nid ar unrhyw ddiffygion ar ran yr actorion na'r awduron yr oedd y bai am hyn, ond bu dirywiad cyson yn safon y feirniadaeth yn wendid sylfaenol yn hanes y ddrama ddiweddar yng Nghymru.

Yn ei lith fel Cadeirydd yn 1976, maentumiai T. J. Morgan fod mynd da ar y ddrama ond na ddylid llaesu dwylo. Gyda'r craffter nodweddiadol o awdur *Y Treigladau a'u Cystrawen,* sylwai ar lanw a thrai yn hanes y Gymdeithas, a sylweddolai mai ystyriaethau cymdeithasol oedd wrth wraidd y newidiadau a fu ym myd y ddrama. Efallai mai i blesio chwaeth y gynulleidfa y penderfynwyd adfer *Capten Harriet*, John Griffiths (a berfformiwyd gyntaf yn 1956 o dan gyfarwyddyd Eric Ellis). I gadw'r cydbwysedd, cafwyd drama wreiddiol gan Urien Wiliam, sef *Tedi Bêr*, a *Dedwydd Briodas*, cyfieithiad Mary Lewis o waith J. B. Priestley.

Dechreuodd Urien Wiliam ei yrfa fel athro Cymraeg a Lladin yn ysgol Doc Penfro cyn mynd yn ddarlithydd i Gaerfyrddin ac yna yn 1964 i Goleg y Barri. Perfformiwyd llawer o'i ddramâu drwy gydol y blynyddoedd, a bu ei gyfraniad ef, fel cyfraniad ei dad, Stephen J. Williams, yn un nodedig. Bu'r Gymdeithas yn hynod o ffodus yn arweiniad a dyfalbarhad rhai a chanddynt weledigaeth neilltuol, a hoffter arbennig o'r 'pethe'. Pwysleisiai Glyn Ellis, ymysg eraill, y pwysigrwydd o lefaru clir a chroyw ar lwyfan, a mynnai gael hynny bob amser gan yr actorion; yn sicr, teimlid fod y parch at deithi'r iaith yn perthyn i draddodiad, gan bwysleisio tafodiaith yn hytrach na bratiaith. Cyfeiriwyd at T. J. Morgan, ond bu Stephen J. Williams yntau yn ei dro yn Gadeirydd ac yna'n Llywydd ar y Gymdeithas. Yn 1927 y penodwyd ef yn Ddarlithydd yn y Gymraeg yng Ngholeg y Brifysgol, Abertawe, gan olynu Henry Lewis fel Athro yn 1954. Fe'i cofir am doreth o waith ysgolheigaidd gan gynnwys *Ystorya de Carolo*

Magno, ac am nifer helaeth o lyfrau gramadeg megis *Elfennau Gramadeg Cymraeg*. Lluniodd ddrama ar gyfer y Gymdeithas, sef *Y Dyn Hysbys*, a berfformiwyd am y tro cyntaf yn 1937. Mae gan ei fab, Urien Wiliam, gof amdano'i hun yn mynd yn glepyn o hogyn bach i weld y ddrama yn y Grand, a glynodd y profiad yn fyw yn ei gof am flynyddoedd lawer.

Bu olyniaeth o swyddogion ymroddedig yn hwb digamsyniol i'r gwaith; er enghraifft, dilynwyd y Cadeirydd cyntaf, D. Prothero Thomas, gan Richard Hughes, T. J. Williams-Hughes, Stephen J. Williams, T. J. Morgan, Gwynfor Bowen, Emlyn James a Glyn Ellis. Ond bu'r Gymdeithas yn neilltuol o ffodus yng ngwasanaeth hirhoedlog dau ysgrifennydd, sef Islwyn James am ddwy flynedd ar bymtheg, a Hywel Lloyd wedyn am ddwy flynedd ar bymtheg ar hugain, a bu cysondeb eu cyfraniad yn hwb digamsyniol i sicrhau llwyddiant y naill Ŵyl ar ôl y llall. Pobl eraill a fu'n fawr eu cyfraniad oedd y criw cefn llwyfan, yn eu plith Dan Morgan a Cliff Davies, ac Eirlys Emanuel sydd â gofal am y gwisgoedd. Mae rhai eraill, megis y trysorydd, Wilfred Higgs, y gellid eu henwi am eu cyfraniad tawel i lwyddiant y Cwmni. Bu'r Gymdeithas hefyd yn gefn i amryw o awduron lleol, nid yn unig rhai fel Tom Richards a John Griffiths, ond hefyd Matthew Williams, Gwynne D. Evans (buddugwr yn yr Eisteddfod Genedlaethol), a Mansel Thomas, awdur y gomedi boblogaidd *Rhwd yn y Rhedyn* (a gynhyrchwyd gyntaf gan Elwyn Williams).

Er gwaethaf brwdfrydedd rhai unigolion, ni ellid osgoi'r ffaith fod prinder arian yn sicr o bylu gweledigaeth y Cwmni. Heb bwrs go fawr, anodd oedd denu awduron, er i gystadleuaeth a noddwyd gan gwmni HTV yn 1973 i hybu ysgrifennu newydd fod yn gaffaeliad. Yn y gystadleuaeth honno, a feirniadwyd gan Emlyn James ac Aled Vaughan, dyfarnwyd y wobr gyntaf i'r ddrama *Y Pypedau* gan Urien Wiliam a'r ail wobr i *Lili Bengam* gan T. James Jones. Er gwaethaf rhybudd T. J. Morgan fod trybini ariannol yn sicr o lethu gwaith y lleiafrif ffyddlon, dal ati oedd hanes y Gymdeithas drwy gydol yr 1980au. Digwyddiad nodedig oedd symud y perfformiadau i Theatr Taliesin ar gampws Coleg y Brifysgol. Yn 1983, daeth pennod i ben yn hanes y Gymdeithas gyda diwedd ar y cydweithio agos a fu rhyngddi a'r Grand, ond gwelai eraill hyn fel cyfle i lunio'r wadn fel bo'r droed a manteisio ar theatr gyfoes ei hadnoddau. Comedi, un arall o gampau'r gweithgar Urien Wiliam, *Beth Wetan Nhw yn Smutw?*, a roes gychwyn i'r cyfnod newydd hwn. Drama ac iddi bedigri oedd hon, nid yn unig o ran ei theitl lleol apelgar, ond drama a ddisgrifid yn y rhaglen fel '. . . rhyw fath o *Fawlty Towers* Cymraeg'. Er y newid lleoliad, cwyn Emlyn James yn 1985 oedd yr angen i ddenu rhagor o gynulleidfa i'r Taliesin. Roedd hi'n amlwg fod dyddiau *matinée* ar ddydd Sadwrn, fel a geid yn nyddiau cynnar yr Ŵyl, wedi diflannu; eto, roedd gweithgarwch o bwys yn dal i ddigwydd, er enghraifft cynhyrchiad y diflino Degwel Owen o gomedi Bill Naughton, *All in Good Time*, a gwaith Glyn Ellis wrth baratoi *Pan Ddaw'r Nos* (cyfieithiad Gari Nicholas o *Night Must Fall*) ar gyfer Eisteddfod Genedlaethol y Rhyl, 1986.

Gofid arall Emlyn James, y tro hwn mewn anerchiad fel Cadeirydd, oedd y gwelai S4C yn cynnig math arall o adloniant – cam a arweiniai, yn ei dyb ef, at y posibilrwydd o weld cefnu ar y ddrama. Llwyddwyd i ddal gafael ar y gynulleidfa yn weddol dda, er efallai nad oedd yr un niferoedd o'r ifanc i'w gweld yn mynychu'r ymarferion bellach. Dibynnid fwyfwy ar gyfieithiadau o weithiau awduron byd-enwog, megis Alan Ayckbourn, nes ennill enw i'r Gymdeithas fel dehonglwyr comedi; daeth cryn enw i Gari Nicolas, er enghraifft, fel addasydd tan gamp yn y maes hwn. Er gwaethaf ofn ambell un a phryder tawel eraill ynglŷn â'r dyfodol, testun cryn falchder oedd dathlu pen-blwydd y Gymdeithas yn bymtheg a thrigain oed yn 1994, a chafwyd cinio i ddathlu. Un o'r dramâu a berfformiwyd am yr eildro oedd *Pan Rwyga'r Llen*. Cyfrannodd T. James Jones nifer o ddramâu i'r Cwmni, gan gynnwys *Wil Angladde* ac *Ararat*. Broliai Degwel Owen iddynt berfformio cyfanrif o gant a hanner o ddramâu erbyn 1994, yn eu plith *Pobl yr Ymylon*, *Y Ferch o Gefn Ydfa*, *Cwm Glo* (yr heidiodd cannoedd i'w gweld, yn ôl pob tebyg) a *Ffordd yr Holl Ddaear*, i enwi dim ond pedair.[27] Cododd *Cwm Glo*, drama enwog Kitchener Davies, wrychyn sawl un, ac er iddi fodloni Cynan, y sensor swyddogol, bu dadlau chwyrn ynghylch ei chynnwys yn y papurau cyn i'r Gymdeithas ei mentro hi yn Rhydaman. Atgoffodd Degwel Owen y ciniawyr o rai cyfieithiadau nodedig fel *Y Wrach*, a *Doctor er ei Waethaf*, a soniodd ymhellach am yr holl awduron a fu'n derbyn o haelioni'r Cwmni cyn dechrau rhestru nifer o garedigion y bu eu llafur yn anhepgor. Crybwyllodd berfformiad unigol Annest Wiliam, chwaer Urien Wiliam, yn *Joan y Forwyn*, a soniodd am Tudor Walters a'i ddoniau comedïol yn *Yr Inspector* a chynhyrchiad bywiog Emlyn James o

Pan Laniodd y Ffrancod fel uchafbwyntiau i'w trysori ganddo. Peth prin iawn oedd actor proffesiynol Cymraeg bryd hynny; yn wir, bu raid disgwyl hyd at gyfnod Wilbert Lloyd Roberts a theledu'r BBC (drwy ddylanwad David Thomas) i weld datblygiad i'r perwyl hwnnw, ond da yw dweud i Gymdeithas Abertawe fod yn fagwrfa lwyddiannus iawn i sawl gyrfa broffesiynol.

Ar ddiwedd yr 1980au daeth newid sylfaenol i'r drefn pan gytunwyd i gyflwyno dramâu mewn dau gyfnod gwahanol yn ystod y flwyddyn, yn hytrach na cheisio gwneud y cyfan mewn wythnos. Ystyriaethau ymarferol oedd y tu ôl i'r fath newid, ac roedd dibynnu ar ddyrnaid o actorion ffyddlon yn gwneud cynnal wythnos o ddramâu yn anodd. Pwysleisid mai fel 'achlysur' y dylid ystyried yr Ŵyl, ond fe ddaethpwyd i berfformio llai o weithiau yn sgil y newid gogwydd i ddeuddydd yn y gwanwyn a deuddydd yn yr hydref.

Eto, ni ellid gwadu na chafodd y Gymdeithas ddylanwad trwm ar unigolion, fel y tystiai Urien Wiliam yn ei atgofion.[28] Cofiai amdano'i hun yn llefnyn yn dilyn y dramâu bob un, rhai megis *Capten Harriet*, *Wncwl Ben*, *Tywydd Mawr* a *Pan Laniodd y Ffrancod*. Fel eraill o'i genhedlaeth gwyddai am dynfa'r sinema, 'y llunie', a defnyddio iaith Cwm Tawe, ac am y pwysau cymdeithasol i dderbyn adloniant drwy gyfrwng yr iaith fain. Er na fu'n actio erioed gyda'r Gymdeithas, llwyddodd i borthi ei ddiddordeb yn y ddrama drwy gydol ei gyfnod fel myfyriwr ac yna fel athro a darlithydd. Wedi ymsefydlu yn y Barri y dechreuodd Urien Wiliam ysgrifennu o ddifrif, gan weld ei ddrama gyntaf, *Cawl Cennin*, ffârs yn nhraddodiad theatr Whitehall a Brian Rix, yn ymddangos ar lwyfan yn 1969. Fe'i hysgogwyd i droi ei law at waith hanesyddol hefyd, a pherfformiwyd *Y Llyw Olaf*, drama yn ceisio achub cam Dafydd ap Gruffydd, brawd Llywelyn yr Ail. Ymddengys i'r Gymdeithas ei ysgogi i ysgrifennu rhagor o ddramâu, er na roddwyd comisiwn pendant iddo. Lluniodd *Pypedau* (a enillodd iddo Fedal Ddrama Eisteddfod Genedlaethol 1973, a gwobr yng Ngŵyl y Gymdeithas Ddrama yn yr un flwyddyn; bu'r ddrama hon hefyd ar daith gyda Chwmni Theatr Cymru). Yn fuan wedyn gwelwyd *Tedi Bêr*, drama 'seicolegol' yn trafod hawl merch i gyflawni hunanladdiad, *Cnawdol Dân*, sef hanes Evan Roberts y Diwygiwr, a dwy gomedi – *Ding Ding!* a *Beth Wetan Nhw yn Smutw?* – y naill un ar ôl y llall. Lleolir y ddwy ddrama ysgafn yng Nghwm Tawe, a thystia Urien Wiliam i ddiddordeb a chefnogaeth caredigion y ddrama yn

Abertawe roi hwb iddo fel llenor, drwy eu parodrwydd i wisgo'i eiriau mewn cnawd a cholur.

Coffa da am y cymwynaswyr hyn – pobl a oedd, heb ystyried y gost, yn rhoi o'u hamser a'u hadnoddau'n ddi-dâl. Mawr yw'r gwerthfawrogiad o waith dygn y llafurwyr yn y winllan ddiwylliannol brin odiaeth ei hadnoddau, wrth iddynt hwythau, fel pob cwmni amatur arall, gamu i ganrif newydd gyforiog ei phosibiliadau.

CYFEIRIADAU

1 'Swansea in Forefront of Battle', *Herald of Wales*, 8 Mawrth 1941.
2 Roger Owen, 'Y Ddefod Golledig' (PhD), Coleg Prifysgol Cymru, Aberystwyth, 1993.
3 Hywel Teifi Edwards, 'Lle Grand am Ddrama' (Darlith Radio BBC), Hydref 1998, 20.
4 Emyr Wyn Jenkins, 'Y Ddrama Gymraeg yn Abertawe a'r Cylch' (Abertawe, 1985).
5 *Ibid*, 7–8.
6 Gwybodaeth bersonol gan Islwyn a Marion Morris, Mawrth 2000.
7 Jenkins, *op. cit.*, 12.
8 *South Wales Daily Post*, Mehefin 1914.
9 Alan Jones, *The Story of the Grand* (Llandybïe, 1983).
10 *South Wales Daily Post*, 5 Mehefin 1914.
11 Jenkins, *op.cit.*, 14.
12 J. Saunders Lewis, 'The Present State of Welsh Drama', *The Welsh Outlook* VI, 1919, 302–4.
13 *The Cambrian Daily Leader*, 10 Medi 1919, 6.
14 *Y Darian*, 30 Hydref 1919.
15 *Y Darian*, *ibid.*
16 *Y Darian*, 11 Rhagfyr 1919.
17 Gwybodaeth bersonol gan Mrs Mari Shirley, Mawrth 2000.
18 Rhaglen Cymdeithas Ddrama Gymraeg Abertawe, Ebrill 20–26, 1925.
19 'Eisiau Dramâu' yn *Y Ford Gron*, Cyfrol 1, Rhif 2, Rhagfyr 1930, 11.
20 Roger Owen, *op.cit.*, 122.
21 Gwybodaeth bersonol gan Mr Glyn Ellis, Mawrth 2000.
22 Simon Evans, 'Ein Cymdeithas a'i Dyfodol', *Y Llanw* (Cylchgrawn Misol Cymry Abertawe), 1950, cyfrol I, 3.
23 Gwybodaeth bersonol gan Mr Elwyn Williams, Mawrth 2000.
24 D. Jacob Davies, 'Gobeithio y cawn gyfle i'w gweld ar y teledydd', *Y Cymro,* 13 Medi 1964, 4.
25 Adolygiad gan Eigra Lewis Roberts, *Y Cymro,* 12 Medi 1980, 14.
26 Gwybodaeth bersonol gan y Parchedig Caradog Evans, Mawrth 2000.
27 Rhaglen Cymdeithas Ddrama Abertawe, 3–5 Tachwedd 1994.
28 Gwybodaeth bersonol gan Dr Urien Wiliam, Mawrth 2000.

Theatr y Grand, Abertawe.

Cwmni Dan Matthews, y cwmni buddugol yng Ngŵyl Ddrama gyntaf Cymdeithas Ddrama Gymraeg Abertawe yn 1919.

Aelodau o Gymdeithas Gymraeg Abertawe a fu'n perfformio *Y Briodas Orfod* yn 1926.

Aelodau o Gymdeithas Ddrama Gymraeg Abertawe a fu'n perfformio *Cwm Glo* yn Rhydaman yn 1935.

Aelodau Pwyllgor Cymdeithas Ddrama Gymraeg Abertawe, 1954.

Achlysur anrhydeddu'r Athro Stephen J. Williams yn Theatr y Grand yn 1964.

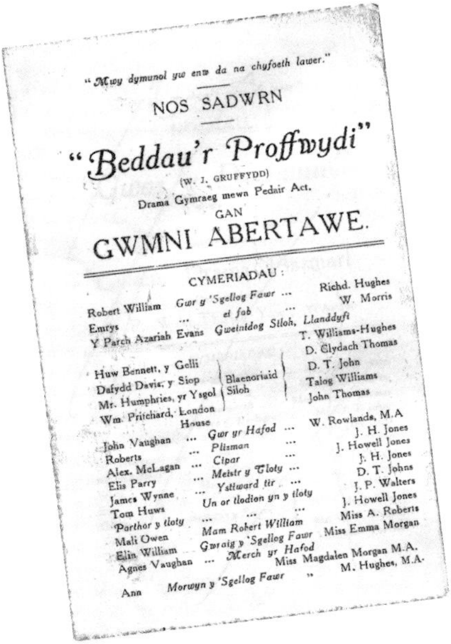

"Mwy dymunol yw enw da na chyfoeth lawer."

NOS SADWRN

"Beddau'r Proffwydi"

(W. J. GRUFFYDD)

Drama Gymraeg mewn Pedair Act.

GAN

GWMNI ABERTAWE.

CYMERIADAU:

Robert William Gwr y 'Sgellog Fawr ... Richd. Hughes
Emrys ... ei fab ... W. Morris
Y Parch Azariah Evans Gweinidog Siloh, Llanddyfi
T. Williams-Hughes
D. Clydach Thomas
Huw Bennett, y Gelli D. T. John
Dafydd Davis, y Siop Blaenoriaid Siloh Talog Williams
Mr. Humphries, yr Ysgol John Thomas
Wm. Pritchard, London House W. Rowlands, M.A
John Vaughan ... Gwr yr Hafod ... J. H. Jones
Roberts ... Plisman ... J. Howell Jones
Alex. McLagan ... Cipar ... J. H. Jones
Elis Parry ... Meistr y Tloty ... D. T. Johns
James Wynne ... Ystiward tir ... J. P. Walters
Tom Huws Un or tlodion yn y tloty J. Howell Jones
Porthor y tloty ... ... Miss A. Roberts
Mali Owen Mam Robert William Miss Emma Morgan
Elin William Gwraig y 'Sgellog Fawr Miss Magdalen Morgan M.A.
Agnes Vaughan ... Merch yr Hafod M. Hughes, M.A.
Ann Morwyn y 'Sgellog Fawr "

"Dwy ochor y wlad dewch ir wledd."

Tair Drama Gymraeg

CHWAREUIR GAN

Gwmni Dramaol Abertawe a'r Cylch

YN

NEUADD LLEWELYN

Y.M.C.A.

Mawrth 23ain, 24ain ar 25ain, 1922,

I ddechreu'n brydlon am 7 o'r gloch

DAN ARWEINIAD

Yr Athro ERNEST HUGHES, M.A., RICHARD HUGHES, Ysw., a J. P. WALTERS, Ysw.

THOMAS A PARRY CYF., HEOL GAER, ABERTAWE.

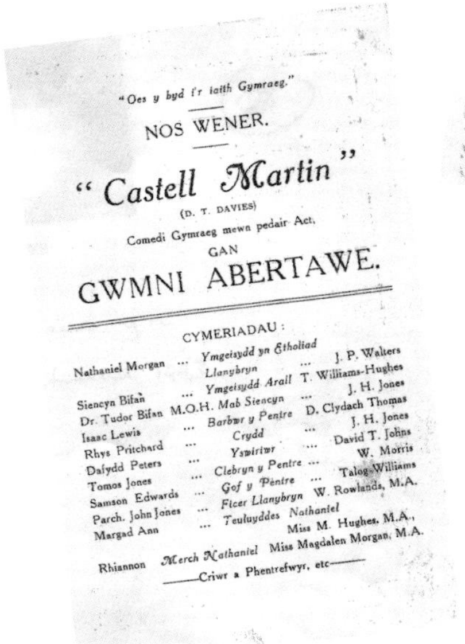

"Oes y byd i'r iaith Gymraeg."

NOS WENER.

"Castell Martin"

(D. T. DAVIES)

Comedi Gymraeg mewn pedair Act.

GAN

GWMNI ABERTAWE.

CYMERIADAU:

Nathaniel Morgan ... Ymgeisydd yn Etholiad Llanybryn ... J. P. Walters
Siencyn Bifan ... Ymgeisydd Arall T. Williams-Hughes
Dr. Tudor Bifan M.O.H. Mab Siencyn ... J. H. Jones
Isaac Lewis ... Barbwr y Pentre D. Clydach Thomas
Rhys Pritchard ... Crydd ... J. H. Jones
Dafydd Peters ... Yswiriwr ... David T. Johns
Tomos Jones ... Clebryn y Pentre ... W. Morris
Samson Edwards ... Gof y Pentre ... Talog Williams
Parch. John Jones ... Ficer Llanybryn W. Rowlands, M.A.
Margad Ann ... Teuluyddes Nathaniel Miss M. Hughes, M.A.,
Rhiannon Merch Nathaniel Miss Magdalen Morgan, M.A.

——Criwr a Phentrefwyr, etc——

Rhaglenni'r Cwmni.

Tri o brif gyfarwyddwyr y Cwmni: Glyn Ellis, Elwyn Williams a Bryn Davies.

Cwmni Drama Abertawe yn ymarfer ym mis Tachwedd 1993.

Theatr y Gegin a Chwmni'r Gegin, Cricieth

ROGER OWEN

YCHYDIG iawn o sylw a gafodd Cwmni'r Gegin, Cricieth, gan feirniaid a haneswyr y theatr Gymraeg, ond mae'n haeddu cydnabyddiaeth eang oherwydd iddo gyflawni gorchest gelfyddydol nodedig ac anghyffredin yn ei faes. Llwyddodd Cwmni'r Gegin i gyplysu plwyfoldeb agos-atoch a hwyl afieithus y theatr amatur gyda gofynion astrus ac eangfrydedd dychymyg y theatr fodern. Llwyddodd, mewn ardal wledig, i ddenu cynulleidfa o theatrgarwyr i wylio a mwynhau dramâu a oedd yn ddigyfaddawd gymhleth o ran eu dull a'u hystyr, a chymhwyso'r dramâu hynny fel bod i'w gweledigaeth a'u cenadwri flas cwbl Gymreig. Yn hynny o beth, fe bontiodd y Cwmni rhwng dau draddodiad diwylliannol yr ystyrid hwy'n gwbl wrthgyferbyniol fel arfer, sef y traddodiad amatur gwerinol a brogarol ar y naill law a thraddodiad y gelfyddyd fodern ar y llaw arall.

Roedd dwy elfen bwysig yn sail i gamp Cwmni'r Gegin. Y gyntaf o'r rheiny oedd gwaith a gweledigaeth theatraidd William Samuel Jones – neu Wil Sam fel y gelwir ef ar lafar gwlad. Deuid â'r plwyfol a'r modern at ei gilydd yn ei ddramâu yn rhwydd a chofiadwy oherwydd ei bwyslais arbennig ar idiomeg tafodiaith Eifionydd: clywid ar ei lwyfan ef gymeriadau – rhai doeth a rhai dwl – yn llefaru iaith y fro, ac yn dangos i'r gynulleidfa fod rhythmau cynhenid a thrawiadau idiosyncratig y dafodiaith honno yn gyfrwng hanfodol i'w hymwybod. Bu'r profiad o ysgrifennu ar gyfer ei gwmni ei hun yn gaffaeliad mawr i Wil Sam, a datblygodd ei dechneg a'i weledigaeth theatraidd yn sylweddol o'r herwydd yn ystod y chwedegau a'r saithdegau. Trafodir ei gynnyrch a'i arddull ddramataidd yn fwy manwl maes o law. Yr ail elfen a fu'n allweddol yng nghamp Cwmni'r

Gegin oedd Theatr y Gegin ei hun: y neuadd fechan honno ger Castell Cricieth a ddaeth yn ganolfan ac yn ganolbwynt i waith y Cwmni. Ychydig iawn o gwmnïau amatur Cymraeg a aeth ati erioed i sicrhau i'w hunain ganolfan neilltuol o'r fath – bodlonai'r mwyafrif llethol ar gyflwyno'u gwaith ar lwyfan y Neuadd Goffa neu'r festri leol, a rhannu'r adeiladau hynny gyda nifer o gymdeithasau a gwasanaethau diwylliannol eraill. Ond penderfynodd Cwmni'r Gegin o'r cychwyn cyntaf na ddeuai llwyddiant i'w ran heb sicrhau yn gyntaf bod ganddo ganolfan y gellid ei chymhwyso at ei ddibenion ei hun, canolfan a osodai stamp unigryw ar ei waith ac a roddai le cydnabyddedig a disyfl iddo yn ei ardal. Mae'n bosibl iawn na fuasai'r Cwmni wedi llwyddo cystal oni bai iddo sefydlu'r ganolfan hon yng nghalon y gymuned leol. Trafodir rôl cymdeithasol Theatr y Gegin hithau yn ystod yr ysgrif.

Wrth gwrs, ni ddylid tybied mai gwaith Wil Sam yn unig a lwyfennid gan Gwmni'r Gegin, nac ychwaith mai yn ei theatr ei hun yn unig y cyflwynid gwaith y Cwmni. Cafwyd rhaglen hynod amrywiol o ddramâu yn y Gegin, gan gynnwys cynnyrch dramodwyr lleol, hen ffefrynnau a chlasuron y llwyfan Cymraeg, a chyfieithiadau o ddramâu cyfoes a chlasurol. Ceid sawl math ar weithgaredd artistig a chymdeithasol arall hefyd, gan gynnwys darlithoedd, arddangosfeydd celf, nosweithiau llawen, rhaglenni nodwedd, cyngherddau, '. . . a hyd yn oed syrcas unwaith'![1] At hynny, fe deithiai'r Cwmni yn aml, gan ymweld ag ardaloedd cyfagos yn Llŷn ac Eifionydd, ynghyd â rhai o wyliau drama mwyaf nodedig yr oes, fel yr Ŵyl Genedlaethol yn Llangefni a'r Ŵyl hynod honno a gynhelid bob dwy flynedd yn hen ysgubor plasty Garthewin yn Sir Ddinbych. Er i mi gyfyngu'r astudiaeth hon o waith Cwmni'r Gegin i'w gyflwyniadau theatraidd yn unig, felly, rwy'n cydnabod yn llawen fod ystod eang o weithgarwch arall wedi'i gyflwyno yn enw'r Cwmni, a bod cryn dipyn o'r gweithgarwch hwnnw hefyd yn clymu'r plwyfol a'r modern at ei gilydd yr un mor llwyddiannus â'r cynnyrch theatraidd.

Er mwyn gwerthfawrogi camp Cwmni'r Gegin yn llawn, rhaid ei osod (yn fras iawn) yn ei gyd-destun hanesyddol. Bu'r Cwmni'n weithgar rhwng 1963 ac 1976. Yn ystod y cyfnod hwn, gwelwyd dirywiad sylweddol yn hoen y theatr amatur Gymraeg: a'i datblygiad hanesyddol eisoes wedi'i lyffetheirio gan yr Ail Ryfel Byd, aeth y theatr i drafferthion dybryd yng nghanol y pumdegau. Ciliodd cynulleidfaoedd ledled Cymru, gan roi heibio'u cefnogaeth draddodiadol i'r cwmni drama lleol a throi am ddiddanwch at gyfryngau eraill, yn enwedig at y teledu. Cynyddodd poblogrwydd y cyfrwng hwnnw'n sydyn yn sgil darlledu seremoni coroni'r Frenhines Elisabeth yn 1953, ac fe geir adroddiadau mynych yn ystod y pumdegau am drefnwyr drama yn cwyno bod yn well gan gynulleidfaoedd theatr a darpar-actorion 'aros gartref i bwyso botwm na thrafferthu i ddysgu drama eu hunain'.[2] Achoswyd dirywiad hefyd gan y newidiadau economaidd a chymdeithasol a ddaeth yn sgil y rhyfel. Mewn ambell ardal Gymraeg ei hiaith, bu newidiadau o'r fath yn ddigon i lacio'r clymau cymdeithasol hynny a gynhaliai'r diwylliant brodorol hyd nes iddynt ymddatod ymron yn llwyr. Y canlyniad, yn ôl Dafydd Glyn Jones, oedd 'pallu o rym y mythau' cymdeithasol a diwylliannol a fu'n sail i draddodiad y ddrama Gymraeg, a chwalu dilyniant hanesyddol y cyfrwng.[3] Bu'r holl drafferthion hyn at ei gilydd yn ddigon i roi ergyd farwol i ganran helaeth o gwmnïau theatr amatur Cymraeg a pheri bod y theatr yn gyfrwng llawer llai naturiol fel mynegiad o'r profiad Cymreig erbyn diwedd y pumdegau nag y bu yn ystod y dauddegau a'r tridegau.[4] Ac fel pe na bai hynny'n ddigon, fe chwyldrowyd y theatr Gymraeg hithau yn ystod y chwedegau pan sefydlwyd Cwmni Theatr Cymru, gan roi cychwyn ar oes y theatr broffesiynol yng Nghymru. Bu medrusrwydd y Cwmni proffesiynol newydd, a maint ei gynyrchiadau, yn agoriad llygad ac yn ysbrydoliaeth i genhedlaeth gyfan o theatrgarwyr, yn enwedig i'r genhedlaeth ifanc. Lledodd brwdfrydedd dros y theatr broffesiynol fel ton enfawr drwy'r wlad: denwyd cynulleidfaoedd brwd a niferus i'r neuaddau trefol – a maes o law i'r theatrau rhanbarthol newydd – i wylio cynnyrch Cwmni Theatr Cymru. Ceisiodd mwy a mwy o actorion ennill bywoliaeth ar lwyfan y theatr broffesiynol Gymraeg, ac fe gyfeiriwyd hynny o sylw a roddwyd i'r theatr yn y wasg at gynyrchiadau proffesiynol. Bu hyn oll yn ddigon i ddiddymu'r lle anrhydeddus a roddid i'r theatr amatur Gymraeg yn ystod y degawdau blaenorol, a buan yr aethpwyd i feddwl am amaturiaeth fel cyflwr eilradd y gellid – ac yn wir y dylid – ei esgeuluso a'i anwybyddu gan y rhai oedd â gwir ddiddordeb yn y maes.

Ond roedd rhai cwmnïau neu gymdeithasau amatur yn dal yn rhyfeddol o weithgar ac ymroddedig trwy gydol y chwedegau a'r saithdegau, gan gyflwyno gwaith o safon uchel: trafodir hynt a helynt nifer ohonynt yn y gyfrol hon. Un o'r amlycaf ymhlith y cwmnïau amatur eithriadol hyn oedd Cwmni'r Gegin, Cricieth. Ar hyd ei hanes, brwydrodd Cwmni'r Gegin yn ddygn yn ei fro ei hun i warchod ac ymestyn rôl draddodiadol y theatr amatur Gymraeg, gan herio'r gred fod oes aur yr amaturiaid, a'r hen ddiwylliant brodorol Cymraeg yntau, wedi dod i ben. Ac nid awydd sentimental i gynnal achos traddodiadol oedd yn sail i ymdrech y Cwmni, ychwaith, ond cred ddiysgog fod perthynas yr artist â'i fro ei hun yn allweddol bwysig i'w einioes ac i'w gynnyrch. Crynhowyd y mater yn gelfydd gan Wil Sam yn 'Y Toblarôn', y ddarlith enwog honno a draddododd yn Eisteddfod Genedlaethol Bro Myrddin yn 1974:

> . . . mae Cymreictod yn gyfystyr â phob peth i'r sgwennwr o Gymro, a raid iddo fo byth byth ymddiheuro am fod yn blwyfol. Os na fydd yn blwyfol fydd o ddim yn Gymreig, mae'r peth mor amlwg â'r twyis tyims tebl, plwyfoldeb yn datblygu'n frogarwch a brogarwch yn datblygu'n genedl-garwch.[5]

Er mwyn gorseddu'r cyswllt hwn rhwng plwyfoldeb, brogarwch a chenedlgarwch ym maes y theatr yng Nghymru y ffurfiwyd Cwmni'r Gegin, Cricieth.

Roedd gan Gwmni'r Gegin bedwar aelod sefydlog: Wil Sam ei hun, a oedd newydd roi'r gorau i'w waith fel perchennog garej y Crown yn Llanystumdwy ar adeg ffurfio'r Cwmni, a throi'n awdur amser-llawn; ei frawd, Elis Gwyn Jones, a weithiai fel athro celf yn Ysgol Ramadeg Pwllheli, ac a ymddiddorai'n fawr yn y theatr fel cyfarwyddwr a dramodydd; Emyr Humphreys, y llenor a'r beirniad, a fu'n gyd-athro ag Elis Gwyn ym Mhwllheli am gyfnod yn ystod y pumdegau cynnar, ac a aeth wedi hynny yn gyfarwyddwr drama radio a theledu i'r BBC, cyn symud i Adran Ddrama Coleg Prifysgol Gogledd Cymru ym Mangor, a Wyn Thomas, pensaer a weithiai yng Nghaerdydd, ond a oedd hefyd yn actor brwd a dawnus.[6] Mae'n debyg mai yn sgil ymdrechion Emyr Humphreys y cymerwyd y camau cyntaf tuag at ffurfio Cwmni'r Gegin. Wedi iddo ddechrau ar ei swydd fel cyfarwyddwr drama radio i'r BBC yng Nghaerdydd yn 1955, fe aeth ati i chwilio am ddeunydd dramataidd newydd i'w ddarlledu, gan droi yn yr achos cyntaf at ei gyfaill Elis Gwyn, ac yna, ymhen hir a hwyr, at Wil Sam.[7] Bu'r bartneriaeth rhyngddo a Wil Sam yn fanteisiol i'r ddau ohonynt: darlledwyd nifer o ddramâu Wil Sam dan gyfarwyddyd

Humphreys rhwng 1956 ac 1961, gan gynnwys *I Bant y Bwgan*, *Y Dyn Codi Pwysau*, *Y Gadair Olwyn* ac *Y Dyn Swllt*. Cyhoeddwyd y rhain yn ddiweddarach yng nghasgliad cyntaf Wil Sam, *Pum Drama Fer*.[8] Aeth y bartneriaeth rhagddi (yn gwbl anymwybodol felly) yn 1962 yn Eisteddfod Genedlaethol Llanelli, pan ddyfarnwyd Wil Sam yn gyd-fuddugol[9] ar ysgrifennu Drama Fer Wreiddiol gan feirniad y gystadleuaeth, Emyr Humphreys. Yn ei feirniadaeth ar ddrama fuddugol Wil Sam, sef y gomedi briodasol wledig *Dalar Deg* (a gyflwynwyd dan y ffugenw *Dafydd*), nododd Humphreys fod yr awdur yn feistr digamsyniol ar ei gyfrwng:

> I mi, hon yw drama orau'r gystadleuaeth. Gwaith awdur o athrylith arbennig, gyda ffraethineb a gwreiddioldeb sydd yn deilwng i'w gosod wrth ochr ffansi ddihysbydd, farddonol Ionesco. Calondid mawr yw cyfarfod â'r fath dalent yn ei fynegi ei hun mewn Cymraeg mor afaelgar a naturiol.[10]

Bu'r fuddugoliaeth yn Llanelli yn gam pwysig tuag at ffurfio Cwmni'r Gegin, nid yn unig oherwydd llwyddiant Wil Sam, ond oherwydd bod enillwyr y gystadleuaeth wedi derbyn gwahoddiad i gyflwyno'u dramâu yn ystod wythnos yr Eisteddfod Genedlaethol ei hun. Perfformiwyd *Dalar Deg* yn Llanelli gan Gwmni Llanystumdwy, sef Guto Roberts, Robert Evan Jones, Stewart Jones, Beti Thomas a Mair Jones, dan gyfarwyddyd Elis Gwyn Jones. Yn ei hanfod, dyma'r grŵp a'r tîm cynhyrchu a fu, yn ystod y pymtheng mlynedd ganlynol, yn gnewyllyn i Gwmni'r Gegin.[11] Bu'r perfformiad hwn yn Llanelli yn gaffaeliad mawr i Wil Sam mewn ffordd arall hefyd, gan fod nifer o ffigurau dylanwadol y BBC wedi gwylio a mwynhau hwyl afieithus *Dalar Deg* yn fawr, ac wedi troi at yr awdur yn ystod y blynyddoedd wedyn er mwyn cyflenwi dramâu unigol a chyfresi drama ar gyfer y radio a'r teledu. Diau hefyd bod ymateb y dorf a diddordeb y cyfryngau darlledu wedi sbarduno Wil Sam i droi at lenydda'n broffesiynol, gan iddo roi'r gorau i'w waith beunyddiol yng ngarej y Crown o fewn y flwyddyn, ac ennill ei damaid fel awdur a dramodydd o hynny allan.

Y flwyddyn ganlynol, yn Eisteddfod Genedlaethol Llandudno, bu digwyddiad arall o bwys. Mewn trafodaeth gyhoeddus yn y Babell Lên fore Iau'r Eisteddfod, fe draddodwyd araith danbaid gan Emyr

Humphreys ar gyflwr celfyddyd yng Nghymru. Ynddi, fe geisiodd gynnig rhai atebion i'r problemau dyrys a godai yn sgil y dylanwad cynyddol ar fywyd y Cymry a ddeuai o du'r diwylliant Americanaidd, yn enwedig drwy gyfrwng y teledu. Er gwaetha'r ffaith ei fod yn cael ei gyflogi gan y Gorfforaeth Ddarlledu, roedd Humphreys yn ymwybodol iawn – ac yn bryderus iawn – o'r niwed y gellid ei wneud i'r diwylliant Cymraeg gan 'sborion Americanaidd'[12] y teledu, gan mai ychydig iawn o sylw a roddid i anghenion arbennig y Cymry Cymraeg ym maes darlledu yn ystod y cyfnod hwn.[13] Nid rhyfedd fod Humphreys wedi cynnig disgrifiad mor hunllefus o'r teledu yn ei araith: 'Anghenfil o focs yn anwesu parlwr pob tŷ yng Nghymru' oedd y teledu yn ei dyb ef, '. . . gelyn cryfach a mwy niweidiol i'r iaith Gymraeg na holl gestyll y Normaniaid . . .'[14] Yn ôl Humphreys, yr ateb i anrhaith y teledu ar y diwylliant Cymraeg oedd i'r Cymry godi rhwydwaith o'u 'cestyll' eu hunain, ar ffurf canolfannau lleol a ddiogelai ac a ddatblygai gelfyddyd a diwylliant yn yr iaith Gymraeg. Yn ei araith yn Llandudno, awgrymodd sefydlu tair canolfan yn y gogledd a thair yn y de, a'u hariannu trwy annog 'rhyw fil o Gymry bob blwyddyn ym mhob cylch i gyfrannu rhyw £5 i £10 yr un at sefydlu cronfa i redeg y canolfannau hyn'.[15] Mynnai weld y Cymry'n cymryd cyfrifoldeb dros eu diwylliant eu hunain ac yn ymdrechu'n egnïol i roi 'cyfle i'n plant ac i blant ein plant i barhau i edrych ar bethau trwy lygaid Cymreig'.[16] Rhaid pwysleisio nad awydd adweithiol i ddadorseddu'r cyfrwng a symbylai ymdrech ac apêl Emyr Humphreys i wrthsefyll dylanwad y teledu – wedi'r cyfan, roedd ef ei hun yn rhinwedd ei swydd yn hybu'r union gyfrwng a beryglai einioes y Gymraeg! Yn hytrach, mynnai weld y Cymry'n ceisio Cymreigio'r datblygiad newydd, gan sicrhau bod ganddynt ddigon o hyder ac egni creadigol i fanteisio arno'n llawn a rhoi blas gwirioneddol Gymreig ar ei gynnyrch. Credai mai da o beth fyddai hybu mentrau a medrau'r grwpiau drama a'r artistiaid lleol a oedd eisoes yn creu gwaith o safon uchel neu o ddiddordeb neilltuol yn eu hardaloedd eu hunain. A dau o'r artistiaid yr edmygai hwy fwyaf o ran eu cyfraniad dychmygus i gelfyddyd eu bro eu hunain oedd Elis Gwyn a W. S. Jones.

Erbyn y cyfnod hwn, sef Awst 1963, roedd sefydlu Theatr y Gegin yng Nghricieth eisoes yn yr arfaeth. Daeth y cyfan i'w le un bore yn nhŷ Wil Sam, wrth i Humphreys letya yno yn ystod un o'i deithiau mynych i'r gogledd er mwyn trafod a threfnu darllediad o waith y dramodydd. Yn ôl ei hunangofiant, digwyddodd Wil Sam sôn dros frecwast bod hen Neuadd y Dref yng Nghricieth yn wag, 'a dim defnydd yn cael ei wneud ohoni hi':

> Ar ganol tywallt ei Gornfflêcs oedd Emyr pan glywodd o'r newydd, a chyn pen deng munud roedd popeth dibwys fel brecwast wedi mynd i'r cysgod a ninnau'n dau'n sefyll y tu allan i'r neuadd sy'n swatio yng nghysgod Castell Cricieth yn dotio ar ei siâp anghyffredin hi, ei muriau cerrig a'i tho llechi dau big sydd, ar yr olwg gynta, yn awgrymu bod yma ddau adeilad wedi eu gwasgu'n un. Roedden ni'n gweld posibiliadau di-ben-draw wrth sefyll yn y fan honno, ein cefnau at y Becws a'n llygaid ar y neuadd.[17]

Posibiliadau neu beidio, roedd clamp o dasg yn wynebu darpar-gogyddion y Gegin. Nid gwaith hawdd fyddai addasu'r hen neuadd yn theatr fach: yn gyntaf oll, byddai'n rhaid i'r Cwmni geisio caniatâd i ddefnyddio'r neuadd gan Gyngor Tref Cricieth, perchenogion yr adeilad; yn ail, byddai'n rhaid ei thrwsio a'i haddasu'n sylweddol er mwyn iddi gwrdd â rheolau diogelwch y cyhoedd. Go lwm oedd ei gwedd hi erbyn dechrau'r chwedegau. Gwelsai ei dyddiau gorau ym mlynyddoedd cynnar y ganrif, pan ddefnyddid hi fel neuadd gyhoeddus i'r dref, a phan draddodwyd ynddi rai o areithiau gwleidyddol cyntaf y twrnai ifanc, David Lloyd George. Rhai degawdau'n ddiweddarach – yn ôl Stewart Jones, a oedd yn fachgen ysgol ar y pryd – cyflwynwyd y neuadd i ofal yr ysgol leol ac fe'i defnyddiwyd fel ffreutur, ac er mwyn cynnal dosbarthiadau gwaith coed.[18] Wedi hynny, yn ystod y pumdegau, ar ôl i'r ysgol roi heibio ei defnydd hithau o'r neuadd, fe ddaeth Sefydliad y Merched i'r adwy a'i defnyddio'n ysbeidiol fel man cyfarfod. Ond erbyn 1963, roedd y Sefydliad wedi cilio ymaith ers amser, a'r neuadd bellach yn segur. Aed at y Cyngor, felly, i ofyn am ganiatâd i'w rhentu. Ymateb cymysg a gafwyd gan y cynghorwyr, am fod rhai yn eu mysg, mae'n debyg, yn dymuno gweld holl ddigwyddiadau diwylliannol yr ardal yn cael eu cynnal yn y Neuadd Goffa, am y buasai hynny'n haws i'w drefnu a'i weinyddu.[19] Yn ffodus, caed cyngor doeth gan ambell gynghorwr hefyd, ac yn sgil dylanwad a brwdfrydedd y rheiny fe lwyddwyd i ennill digon o gefnogwyr i'r fenter.

Trosglwyddwyd y neuadd at ddefnydd Wil Sam a'r Cwmni ar 1 Awst, 1963: fe'i cafwyd ar brydles a oedd i bara am saith mlynedd yn yr achos cyntaf,[20] a hynny am rent o £52 y flwyddyn. Yn ôl Wil Sam, Emyr Humphreys a awgrymodd enw'r Gegin, 'am mai lle i goginio neu i ddarparu ydi cegin. Mae'r enw hefyd yn awgrymu gweithdy drama yn ogystal â theatr'.[21] Ysbrydolwyd Wil Sam gan y cyfle i 'goginio' yn ei weithdy newydd:

> Anghofia i fyth mo'r gic ges i o roi'r goriad yn nrws y Gegin i'w ddatgloi a mynd i mewn am y tro cynta yn 63 . . . Wyddwn i ddim, wrth reswm, sut bethau, boed gamp neu goch, rôn i am eu sgwennu ond y funud honno, ar nghwrcwd ar lawr coed moel yr hen neuadd, mi wyddwn yn iawn na fedrwn i ddim peidio â bwrw iddi i sgwennu dwsin neu fwy o ryw fath o ddramâu.
>
> Mi ddois at fy nghoed toc a chofio nad fi oedd piau'r hen neuadd. Mi sylweddolais bod yno lwyfan i bawb oedd yn awyddus i gyfrannu, boed actor, boed gyfarwyddwr neu boed sgwennwr.[22]

Wedi sicrhau sêl bendith y Cyngor i'r cynllun, ffurfiwyd y cwmni busnes a oedd yn sail i fenter y Gegin, a daeth y pedwar aelod at ei gilydd i drafod y ffordd ymlaen. Dyfeisiwyd cynllun busnes ganddynt a olygai gyflwyno adloniant amrywiol o leiaf unwaith bob mis yn ystod y gaeaf, a gosod y theatr ar rent dros fisoedd yr haf er mwyn cynnal arddangosfeydd celfyddydol, nifer ohonynt dan ofal Elis Gwyn. Fel y nododd Wil Sam, roedd llwyfan yn Theatr y Gegin 'i bawb a oedd yn awyddus i gyfrannu' o'u talentau, boed hynny fel actor, adroddwr, cantor neu arlunydd. Diddorol pwysleisio yn y fan hon mai *cwmni busnes* oedd yn sail i fenter y Gegin, ac nid Cymdeithas Ddrama, a hynny er gwaetha'r ffaith fod ambell Gymdeithas Ddrama wedi llwyddo'n rhyfeddol yn ystod y cyfnod hwn, yn enwedig honno yn Llangefni dan ofal F. G. Fisher. Ond fe wrthodwyd y syniad o sefydlu Cymdeithas Ddrama yng Nghricieth, am fod y Cwmni'n mynnu rheoli'r gweithgarwch yn uniongyrchol ac annibynnol. Cynigiodd Wil Sam y sylwadau canlynol ar y mater yn ei hunangofiant:

> Roedd ambell un yn teimlo y dylen ni fod wedi ffurfio cymdeithas yn hytrach na chwmni. Does dim dwy waith nad oes llawer i'w ddweud dros gymdeithas ond, yn fy marn i, go brin y buasai'r Gegin wedi cadw ei drysau'n agored am ddeuddeng mlynedd tasai hi'n Gymdeithas y Gegin yn hytrach na Chwmni'r Gegin. Wrth reswm, roedd y Gegin yn dibynnu ar bobl yr ardal am gefnogaeth ond, eto i gyd, plan reit dda a chall oedd gwneud nifer bychan yn gyfrifol am redeg pethau.[23]

Ofnai Wil Sam y byddai ffurfio Cymdeithas Ddrama yn arwain at bwyllgora di-ben-draw, ac y trôi'r fenter yn y pen draw yn 'ddim byd ond siop siarad'.[24] Ei nod ef oedd sicrhau canolfan fyrlymus i'r ardal leol – canolfan a fyddai ar y naill law yn cynnig gwasanaeth i'r ardal, ond a fyddai ar y llaw arall yn herio'r gynulleidfa ac yn cynnig arweiniad a gwreiddioldeb o ran ei weledigaeth ddiwylliannol. Wrth ymwrthod â'r syniad o ffurfio Cymdeithas Ddrama, felly, creodd y Cwmni berthynas ddeublyg rhyngddo a'r gymdeithas leol yng Nghricieth. Ar un olwg, gweithredai'r Gegin yn uniongyrchol ar ran y gymdogaeth leol, gan ddibynnu'n llwyr arni am ei chefnogaeth a'i chynhaliaeth ariannol; fodd bynnag, ar yr olwg arall, fe gadwai'r Cwmni gryn bellter rhyngddo ef ei hun a'r gymdogaeth leol – y Cwmni a benderfynai arlwy'r Theatr, a'r Cwmni a drefnai ac a lywiai'r holl weithgarwch yno. O safbwynt ymarferol, wrth gwrs, Wil Sam ac Elis Gwyn oedd 'y Cwmni' i raddau helaeth, a hwy oedd yn gyfrifol am redeg y Gegin yn feunyddiol, gan fod Emyr Humphreys a Wyn Thomas yn treulio cryn dipyn o'u hamser yng Nghaerdydd wrth eu gwaith. Chwaeth y ddau frawd a'u hymdeimlad hwy tuag at eu pobl eu hunain oedd yr elfen ganolog yng ngwaith a gweledigaeth y Cwmni, a'u cyfraniadau hwy a osododd farc unigryw ar y fenter yng Nghricieth.

Wedi sefydlu'r Cwmni a sicrhau'r les ar y neuadd, aed ati i'w thrwsio a'i haddasu'n theatr fach. Yn ystod hydref 1963, fe ailosodwyd drysau'r neuadd, ehangwyd y llwyfan, gosodwyd llenni, ac atgyfnerthwyd y llawr. Gwnaed y cyfan gan wirfoddolwyr, a hynny'n ddi-dâl, a cheisiwyd arbed cymaint o arian â phosibl wrth hel y deunyddiau angenrheidiol. Yn ei hunangofiant, noda Wil Sam bod rhywfaint o drafod ymhlith aelodau'r Cwmni cyn iddynt benderfynu mynd ati i ehangu'r llwyfan bach: 'Mi fuom ni'n ystyried peidio potsian efo hwn a'i adael yn lle i bobl eistedd a chyflwyno ein dramâu a'n sioeau ar ganol y llawr . . .'[25] Pe baent wedi penderfynu dilyn y drefn honno, buasai naws a golwg y cynyrchiadau yn Theatr y Gegin wedi bod yn dra gwahanol, wrth gwrs, a hwyrach y buasai hynny'n her i'r actorion a'r gynulleidfa fel ei gilydd. Ond, pe gosodid y gynulleidfa i eistedd ar yr hen lwyfan bach, mae'n bosibl y buasai'r drefn anghyffredin hon wedi bod yn drech na gallu rhai o'r actorion llai profiadol i ddygymod â hi, ac y codasai problemau hefyd o ran goleuo a mynediad yr actorion. Glynu at y drefn draddodiadol a wnaed yn y pen draw, felly, a gwario cryn dipyn o arian ar ehangu'r llwyfan:

cwynai Wil Sam bod yna 'fawr fwy o goed [a hwnnw'n ddrud] yn Fforest Ddu yr Almaen nag sydd yn llwyfan y Gegin'.[26] Er hynny, bu'r Cwmni'n dra ffodus wrth ddod o hyd i lenni a goleuadau i'r Theatr. O wersyll gwyliau Butlins y cafwyd y llenni, ac un o'r actoresau lleol a fu'n gyfrifol am eu haddasu a'u gosod yn eu lle; gan Richard Rees, sgweiar Plas Dinefwr, Sir Gaerfyrddin, y cafwyd y goleuadau, a hynny am bris gostyngol. Adeiladwyd 'Cwt yr Injan', sef y gyfnewidfa oleuadau yng nghefn y neuadd, gan Ifan Gwyn Jones, diweddar fab Elis Gwyn, a dichon fod y system oleuo honno'n un o hynodion pennaf Theatr y Gegin, os nad theatr Gymraeg Cymru gyfan! Yn ôl sawl un o gyn-aelodau a chyn-actorion y Gegin, ni fedrai neb ond Ifan drin y goleuadau gan iddynt gael eu weirio mewn ffordd a oedd y tu hwnt i grebwyll unrhyw enaid meidrol arall, a dywed rhai mai ychydig iawn o amynedd a fyddai gan Ifan wrth geisio hyfforddi unrhyw un i'w trin ychwaith!

Yn ystod hydref 1963 a gwanwyn 1964, cynhaliwyd nifer o fân-ddigwyddiadau dan enw'r Gegin er mwyn codi arian i dalu am atgyweirio'r Theatr. Y noson gyntaf i'w chynnwys yng nghofnodion Cwmni'r Gegin[27] yw darlith gan y dramodydd a'r awdur o Fôn, Ifan Gruffydd. Wedi hynny, tua adeg y Calan, 1963, cynhaliwyd Noson Lawen. Soniwyd am honno yn *Yr Herald Cymraeg*, ac yn yr adroddiad hwnnw manteisiwyd ar y cyfle i hysbysu'r cyhoedd ynglŷn â natur a bwriad y fenter newydd:

> CRICIETH: *Theatr Fach Newydd* – Gwelir rhagolygon y sefydlir Theatr Fach yn y dref yn y dyfodol agos pan gwblheir y gwaith o gyfaddasu Hen Neuadd y dref i fod yn ganolfan addas i hyrwyddo celfyddyd y ddrama, ac i wneud arbrofion mewn dulliau newydd o berfformio a llwyfannu dramâu Cymraeg. Cynhaliwyd Noson Lawen y nos Wener o'r blaen er chwyddo cronfa ar gyfer y bwriad, a daeth cynulleidfa dda ynghyd. Gwasanaethwyd gan ddoniau o Fangor yn cael eu cynorthwyo gan efrydwyr y colegau a chaed gwledd o adloniant yn eu cwmni a than arweiniad Mr. Guto E. Roberts, Rhoslan.[28]

Cynhaliwyd y noson gyntaf o ddramâu yn y Gegin ym mis Ebrill 1964, pan berfformiwyd pedair drama fer gan Gymdeithas Ddrama Prifysgol Bangor. Rhyw bythefnos yn ddiweddarach, ar nos Wener, 8 Mai 1964, cyflwynwyd y noson gyntaf o ddramâu dan ofal Cwmni'r Gegin ei hun, pan berfformiwyd *Dalar Deg* gan Wil Sam; cafwyd yn ogystal raglen o ganu penillion gan ddau a fu'n enillwyr yn yr Eisteddfod Genedlaethol, sef D. G. Jones, Garndolbenmaen, a'i wraig, Vera.[29] Ar ddiwedd y mis, cyflwynwyd ail gynhyrchiad gan Gwmni'r Gegin, un cwbl newydd y tro hwn, ac un a fu'n allweddol bwysig wrth ddenu sylw at gamp y Cwmni, sef *Y Gofalwr*, cyfieithiad meistraidd Elis Gwyn o ddrama Harold Pinter, *The Caretaker*. Cast y cynhyrchiad oedd W. D. Jones, siopwr lleol (ef a chwaraeodd ran Aston), Stewart Jones (Mick) a Guto Roberts (Davies). Ffolwyd ar *Y Gofalwr* gan gynulleidfaoedd, sylwebyddion a beirniaid fel ei gilydd, ac aed â'r cynhyrchiad ar daith i sawl man yn ystod y misoedd canlynol, gan gynnwys yr Ŵyl Ddrama Genedlaethol yn Llangefni yn 1964, a'r Eisteddfod Genedlaethol yn y Drenewydd yn 1965. Wedi gwylio'r ddrama yn Llangefni, fe gyhoeddodd Bedwyr Lewis Jones fod cynhyrchiad Elis Gwyn yn 'un o'r pethau gorau a welwyd yng Ngŵyl Ddrama Môn mewn deng mlynedd':

> Yn y ddrama Saesneg, daliodd Pinter sigl sgwrs gyffredin bob dydd gyda'i hail-adrodd dibwys a'i mân amherthnasau gwrthun. Yn ei gyfieithiad trosodd Elis Gwyn Jones hyn oll i'r Gymraeg yn rhyfeddol o lwyddiannus . . .
>
> Guto Roberts a chwaraeai ran y tramp ac yr oedd yn hollol ardderchog. Yn sicr, dyma un o'r perfformiadau cyflawnaf a welais i ar lwyfan yn Gymraeg. Yr oedd ei amseru wrth symud a sgwrsio yn batrwm; oedai'r union ddigon cyn ychwanegu sylw twp at sylw un o'r brodyr . . .
>
> Y tu ôl i'r chwerthin a ogleisia, mae braw. Fe gawsom y braw hefyd gan Gwmni Cricieth. Fe'i cawsom yn ymson Aston, y brawd di-afael, am ysbyty'r meddwl a gefail drydan y doctor, ymson a gyflwynwyd yn effeithiol gan W. D. Jones.
>
> Fe'i cawsom hefyd yn nhramp Guto Roberts, yn ei ystrywio wrth iddo geisio cymryd mantais ar Aston a phluo nyth iddo ef ei hyn yng nghynlluniau'r brawd bywiog. Pobun ydoedd, Adda yn Eden, yn rhy hunanol, yn rhy ddall i'w wendidau ei hun, i fedru derbyn trugaredd heb drio cymryd mantais.[30]

Ategwyd nifer o'r sylwadau hyn gan gan Dewi Llwyd Jones yn y *Faner*:

> . . . cafwyd tri actor a oedd nid yn unig yn llanw'r cymeriadau, ond hefyd yn llenwi'r llwyfan ac weithiau'n ei orlenwi.

> . . . erys rhai eiliadau yn hir yn y cof – y boneddigeiddrwydd confensiynol a geid hyd yn oed yn y bywyd hwnnw, munudau eirias pob un o'r cymeriadau wrth ddatgan ei weledigaeth, yr hwyl reiol, afreolus ar brydiau, ac Aston yn methu â rhoi geiriau am ei freuddwyd ac, ar yr un pryd, ei ddwylo yn ddatguddiad o'i enaid. Yr oedd y cyflwyniad o'r 'Gofalwr' yn ogymaint llwyddiant a fu yn y gorffennol yn yr ŵyl.[31]

Rhoddodd Dewi Llwyd Jones ganmoliaeth arbennig hefyd i gyfieithiad Elis Gwyn:

> . . . Roedd y trosiad yn gampus. Ni honnir ei fod yn gyfieithiad academaidd o'r gwreiddiol . . . ond yr oedd y ddrama'n ymdrin â bywyd tri chymeriad Cymraeg, a'r iaith honno yn iaith naturiol iddynt.

Hwyrach mai 'Cymreigiad' o'r ddrama ac nid cyfieithiad yn unig ydoedd gwaith Elis Gwyn. Yn wir, pan holwyd ef gan Christopher C. Somerville yn 1965 ynglŷn â'r busnes o gyfieithu dramâu cyfoes Seisnig ac Ewropeaidd i'r Gymraeg, rhoddodd Elis Gwyn ateb tra chofiadwy a adlewyrchai hyder aelodau'r Gegin wrth iddynt roi gwedd Gymreig i ddramâu estron: 'I asked Elis Gwyn Jones . . . whether he felt that plays lost much in translation,' meddai Somerville. 'No,' atebodd Elis Gwyn, 'any play will translate into Welsh. Sometimes translation improves the original.'[32]

Flwyddyn yn ddiweddarach, a'r *Gofalwr* yn cael ei chyflwyno yn Eisteddfod Genedlaethol y Drenewydd, nododd Emyr Edwards fod yr un cryfderau a'r un ffresni yn dal i'w gweld yn amlwg yng nghyflwyniad Cwmni'r Gegin, ac yn ei adroddiad yntau ar y ddrama, rhoddodd glod arbennig i ddehongliad Guto Roberts o rôl y cardotyn, Davies:

> . . . yr oedd y cyfanwaith ymhlith y pethau gorau sydd wedi ymddangos ar ein llwyfan cenedlaethol ers blynyddoedd.
>
> . . . ni welais erioed ar lwyfan amatur berfformiad mor gryno a meistrolgar ag eiddo Guto Roberts fel Davies y cardotyn – dyma i chi oedd uchafbwynt dramatig yr wythnos hon.[33] Rwy'n credu ei bod hi'n deg dweud mai trosiad Elis Gwyn Jones ei hun o'r ddrama a roddodd sylfaen i'r sglein a'r gamp theatrig yma.[34]

Un arall a ffolodd ar *Y Gofalwr* oedd y dramodydd Gwenlyn Parry, a oedd newydd gwblhau ei ddrama fer arobryn yntau, *Hwyr a Bore*, ac a oedd wrthi'n paratoi ei ddrama hir gyntaf, sef *Saer Doliau*. Mae'n debyg fod Parry wedi'i ysbrydoli gan berfformiad Guto Roberts yn *Y Gofalwr* i'r fath raddau nes iddo greu rôl y Saer ar ei gyfer, gan fwriadu cynnig y ddrama i Gwmni'r Gegin i'w chynhyrchu.[35]

Yn fuan ar ôl llwyddiant *Y Gofalwr*, cyflwynwyd prosiect pwysig arall yn y Gegin, sef darllediad teledu gan y BBC o ddrama fer Wil Sam, *Y Dyn Swllt*.[36] Cymerwyd y brif ran, sef Crysmas Huws, 'y dyn swllt' ei hun, gan Charles Williams, a gwelwyd nifer o actorion sefydlog o'r Gegin yn y rhannau cynorthwyol, gan gynnwys Guto Roberts, Stewart Jones a Menai Owen. Diddorol nodi hefyd bod Wyn Thomas – un o'r pedwar a redai'r cwmni busnes – ymysg aelodau'r cast, yn chwarae dwy ran, sef Ned Llongwr a John Huws. Newidiwyd y drefn arferol o lwyfannu dramâu yn y Gegin wrth gyflwyno'r darllediad hwn. Gosodwyd set Donald Homfray yng nghanol yr awditoriwm, a rhoddwyd y gynulleidfa i eistedd o'i chwmpas, yn gymysg oll i gyd â'r camerâu a'r offer recordio. Roedd hyn yn dipyn o ryfeddod i un sylwebydd, sef 'Perspex', beirniad teledu y *Caernarvonshire and Denbigh Herald*:

> The theatre itself is a converted Town Hall no bigger than a barn, but it boasts a new stage [sef set y cynhyrchiad teledu], like a spiral staircase with many landings. The auditorium – what there is of it – is all around this axis; and there is a raised platform as well [at] one side of the stage.[37]

Dymunai Emyr Humphreys gynnwys chwerthin naturiol y gynulleidfa yn awyrgylch y cyflwyniad, ac felly fe benderfynodd leoli cynulleidfa go iawn o gylch y set yn hytrach nag ychwanegu 'sŵn chwerthin-gwneud' ar ôl ffilmio'r ddrama.[38] Roedd hwn yn gam anarferol ar y pryd, a denwyd sylw at y cynhyrchiad o'r herwydd. Mewn erthygl yn y *Radio Times* ar adeg darlledu'r ddrama, nododd Humphreys mai ei fwriad oedd cynnwys yn ei gynhyrchiad '[yr] elfen holl-bwysig honno a gynrychiolir yn fras gan ymateb cynulleidfa – y chwerthin a'r gwenu sy'n cynhesu'r actorion wrth eu gwaith':

> Pan deledir ffars, fel y gwneir o Lundain ar adegau gŵyl, cewch glywed y gynulleidfa, ond yn dâl am hyn clywch hefyd actio wedi'i anelu at glust a llygad y mwyaf byddar o'r rhai sy'n eistedd yn y seddau cefn. Cais yw'r telediad heno o'r Gegin yng Nghricieth i gyflwyno comedi o

> le bychan gyda chynulleidfa fach, mewn dull a allai fod yn dderbyniol i'r teulu sy'n eistedd o flaen ei set.[39]

Wrth gwrs, a'r dechneg hon o gynnwys y gynulleidfa yn y darllediad yn un arbrofol, fe gafwyd ambell dro trwstan: bu'n rhaid recordio'r ddrama am yr eildro ar y noson oherwydd diffyg ymateb ar ran y gynulleidfa fyw. Mewn cyfweliad, nododd Humphreys mai diffyg hyder ar ran y gynulleidfa, a hwythau mor agos at ddigwyddiadau'r ddrama a'r recordiad, oedd yn gyfrifol am hynny.[40] Cytunai 'Perspex' â'r farn hon:

> The spectators had . . . been struck dumb by the audacity of mounting a play in a space better suited for familiar discussion or for vocal performance by groups no bigger than three; and flabbergast at the very outset by some highly dangerous cycle-riding round the stage . . .[41]

Er mwyn hybu ymateb y gynulleidfa yn yr ail recordiad, felly, cafwyd gair yng nghlust un aelod o'r gynulleidfa – un y gwyddai Humphreys a allai chwerthin 'fel ceffyl'[42] – ac annog y gynulleidfa i ymuno ag ef. Huw Wheldon oedd y person hwn; yr oedd ar y pryd yn un o benaethiaid rhwydwaith Prydeinig y BBC, ac yr oedd ganddo hefyd berthynas agos iawn ag ardal Cricieth. O ganlyniad i'w gyfraniad arbennig ef, bu'r ail recordiad yn llawer mwy hwyliog o ran ymateb y gynulleidfa.

Trafodwyd cynhyrchiad Emyr Humphreys gan aelodau'r wasg. Credai 'Meic', beirniad radio a theledu *Y Cymro*, nad oedd adeilad y Gegin yn addas ar gyfer y fath arbrawf, a bu'n eithaf llym ei feirniadaeth o'r penderfyniad i drawsnewid y Theatr yn stiwdio deledu dros dro:

> . . . antur fentrus a theilwng iawn yw'r 'Gegin' yng Nghricieth . . .
>
> Ond y mae i'r adeilad hwn ei gyfyngiadau, ac yn sicr ddigon, nid yw'n briodol i'w ddefnyddio'n stiwdio deledu . . .
>
> . . . ni ddylai defnyddiau o safon y ddrama hon, na pherfformiad yr actorion a gwaith y cynhyrchydd, ddioddef dan amgylchiadau mor rhwystrol ag a geid yn 'Y Gegin'.
>
> Ar brydiau, roedd yn anodd clywed yr actorion, a thrwy'r rhaglen yr oedd y goleuo'n ddychrynllyd o sâl ac, yn amlwg, ni ellid symud yn ôl a blaen fel y gallesid mewn stiwdio go iawn.[43]

Nid pawb, felly, a werthfawrogai ymdrech Emyr Humphreys i ddefnyddio'r Gegin fel stiwdio ranbarthol ar gyfer cynhyrchu dramâu teledu. Mae'n annhebygol y gwrthwynebai'r beirniaid bolisi Humphreys o ran egwyddor – roedd hwnnw'n glodwiw ac yn bell o flaen ei oes i raddau helaeth – ond mae'n amlwg bod rhai ohonynt o'r farn nad oedd adnoddau materol digonol mewn canolfan fel y Gegin i weithredu'r arbrawf. Fodd bynnag, yn ei golofn yntau, a gyhoeddwyd rhyw fis cyn y darllediad, roedd 'Perspex' yn y *Caernarvonshire & Denbigh Herald* fel pe bai wedi rhag-weld y fath ddadl eisoes ac wedi ceisio'i hateb:

> The TV technicians' skill in introducing and deploying their unwieldy apparatus in 'The Kitchen' simply beggars all description. Was the entire effort justified? Why not put the play on in a Cardiff studio?
>
> Answer: All the talents involved belong to Gwynedd, and it is efforts like these which best lend support to the clamour for a TV studio in the North.
>
> Why not telerecord 'Y Dyn Swllt' from an ordinary Cricieth stage . . .?
>
> Answer: 'Y Gegin' was explicitly founded as a training-centre for the arts, and at present it can use all the publicity it can muster. And besides, there is all the difference between a piece specifically rehearsed for TV from the start, and a stage production merely photographed by TV cameras. At Cricieth I saw an able and courageous experiment.[44]

Er gwaetha'r beirniadu a'r dadlau ynglŷn â chymhwyster y Gegin fel stiwdio drama deledu, roedd y sylwebyddion yn unfarn ynglŷn â safon uchel yr actio a'r cynhyrchu yn *Y Dyn Swllt*. Er enghraifft, nododd 'Meic' iddo fwynhau perfformiadau'r actorion yn fawr iawn, a gwerthfawrogi crefft Wil Sam hefyd. Credai fod y cynhyrchiad yn 'rhoi cyfle gwych i ddawn ddisglair y dramodydd dyfeisgar hwn':

> Rhydd y ddrama gyfle rhagorol i'r actiwr Charles Williams roi dehongliad byw o'r cymeriad diddan a chymhleth, gyda'i gymysgedd o ddoniolwch a dycnwch, sy'n hoffus ac yn atgas yn ôl yr amgylchiadau.
>
> Y mae cyfle hefyd yn yr ambell gameo bychan, i actorion eraill ymestyn ei galluoedd i argraffu eu cymeriadau ar y gwyliwr mewn cwmpas bychan iawn o amser ac o ddeialog.
>
> Cafodd y cyfan gynhyrchiad ffansïol a dyfeisgar gan Emyr Humphreys . . . Yr oedd y set onglog ynddi ei hun yn awgrymog, a'r defnydd a wnaed o'r gofod cyfyng yn rhyfeddol o lwyddiannus.[45]

Bu'r ddau gynhyrchiad hyn yn hwb mawr i Gwmni'r Gegin wrth iddo geisio cael ei draed tano yn y cyfnod cynnar. Profodd *Y Gofalwr* a *Y Dyn Swllt* bod cryn fenter a hyder yn perthyn i'r Cwmni, a'i fod yn barod i ymroi o ddifri i gelfyddyd y theatr. Wedi dweud hynny, lle digon plaen – os nad aflêr – yr olwg oedd y Gegin o hyd (awgrymwyd hynny i ryw raddau gan feirniadaeth 'Meic' yn *Y Cymro*). Er gwaetha'r gwelliannau a'r addasiadau a wnaed ar ddiwedd 1963, go brin y câi cynulleidfa ei denu i'r Gegin er mwyn ymhyfrydu yn y *décor*! Roedd amodau gwaith actorion y Gegin yn anodd iawn o bryd i'w gilydd. Mewn cyfweliad, bu Wil Sam a Stewart Jones yn sgwrsio ynglŷn â chyflwr cyffredinol Theatr y Gegin:

Stewart Jones:	Roedd rhyw flerwch yn perthyn i'r lle . . . Dipyn o'r '*make-do's*' ynde. Doedd 'na ddim lle, ddim lle i ddim byd ar lwyfan 'na . . .
Wil Sam:	Prin oeddat ti'n medru newid dy grys yno 'de . . .
Stewart Jones:	Prin fod 'na le i ti newid crys. Doedd 'na ddim lle yn y '*wings*' . . . Aetha ti ddim y tu ôl i set, neu i'r naill ochr na dim, roedd rhaid mynd allan . . . neu rownd y ffrynt . . . roedd hi dipyn yn 'crŵd' yno 'de.[46]

Ond er gwaethaf problemau ymarferol o'r fath, cafwyd nifer o gynyrchiadau diddorol iawn o waith Wil Sam yn Theatr y Gegin yn ystod y blynyddoedd canlynol, a theg yw honni mai cynyrchiadau Cwmni'r Gegin o waith y dramodydd preswyl oedd asgwrn cefn y fenter yng Nghricieth ar ôl llwyddiant *Y Gofalwr*. Rhwng 1965 ac 1976, cyflwynwyd *Dafydd y Garreg*, *Tŷ Clap*, *Dau Frawd*, *Y Fainc*, *Y Chwilotwyr*, *Dinas Barhaus* (ddwywaith), *Y Wraig*, *Seimon y Swynwr* a *Mae Rhywbeth Bach*. At hynny, fe gyflwynodd Cwmni'r Gegin ambell ddrama a gyfieithwyd gan Wil Sam, fel *Bore Fory Ddaw* (cyfieithiad o *Philadelphia Here I Come!* gan Brian Friel), a *Pyrsi Rygarug* (cyfieithiad o *The Rattle of a Simple Man* gan Charles Dyer).[47] Cafwyd hefyd ambell gynhyrchiad o waith Wil Sam gan gwmnïau ar ymweliad â'r Gegin, gan gynnwys *Dydd Gŵyl* (cwmni o athrawon a myfyrwyr, 1966), *Y Gŵr Diarth* (cwmni Gareth Miles, 1966), *Seimon y Swynwr* (Cwmni Porthmadog, 1968) a *Tro Crwn* (Cwmni Pentrefoelas, 1969, a Chwmni Coleg Prifysgol Bangor, 1971).

Mae'n amlwg na lesteiriwyd creadigrwydd Wil Sam gan gyfyngiadau ymarferol Theatr y Gegin! Yn wir, mae lle i ddadlau bod y cyfyngiadau hynny wedi bod yn fantais o fath iddo, a'i fod wedi cymhwyso ei arddull ddramataidd er mwyn ceisio manteisio ar foelni'r gofod hwnnw. Wrth gymharu rhai o'r dramâu a gyfansoddodd cyn 1963 â'r dramâu hynny a gyfansoddodd yn ystod oes y Gegin, gwelwn fod tuedd yn y dramâu diweddarach i osgoi realaeth ddomestig fel cefndir i'r gweithredu ac i osod y cyfan mewn rhyw fath o 'dir neb' artiffisial yn lle hynny. Nid oes dwywaith fod y newid hwn o amgylchfyd domestig y dramâu cynnar (fel *Y Dyn Codi Pwysau*, er enghraifft) i'r amgylchfyd amwys, amhenodol a geir yn rhai o'i ddramâu diweddarach wedi bod yn gaffaeliad mawr iddo, ac ni allaf lai na chredu bod a wnelo'r cyfle a gafodd yn y Gegin i gynhyrchu ei ddramâu ei hun gryn dipyn â hynny. Yn ei ddrama fer, *Y Fainc*, er enghraifft, y mae'r dramodydd yn gosod ei gymeriadau mewn byd sydd ar un olwg yn ddigon tebyg i'r byd cyfoes, ond sydd, ar olwg arall, yn gwbl annaturiol:[48]

Mrs Jones:	(*Yn gynhyrfus*) Ylwch, yli hogan. Bag.
Mrs Roberts:	Ar y fainc?
Mrs Jones:	Ein mainc ni.
Mrs Jones:	Ar ôl yr holl flynyddoedd, dyna chi ddiffyg parch.
Mrs Roberts:	Digwyleidd-dra.
Mrs Jones:	Rhyfyg dwi'n ddeud.
Mrs Roberts:	Rhoi bag ar y fainc, ein mainc ni.
Mrs Jones:	A mainc John Jôs yr Eco, mi fasa'n troi tu chwithig.[49]

Cloriannodd Bob Roberts ddefnydd Wil Sam o ddyfeisiau llwyfan yn *Y Fainc* ar ôl iddo wylio perfformiad Cwmni'r Gegin o'r ddrama yn Eisteddfod Genedlaethol y Barri yn 1968:

> Mae ganddo glust nodedig i drosiad ac ymadrodd llafar cwbl nodweddiadol o'i gefndir. Ar ben hyn, gall, fel cartwnydd medrus, greu hanfodion cymeriad gyda brawddeg neu ddwy, ac nid cymeriadau swrealaidd mohonynt, ond cymeriadau realistig wedi eu gosod mewn sefyllfaoedd swrealaidd yn aml. Tybia llawer o bobl y dylai drama dda redeg yn llyfn a di-dramgwydd fel olwyn ar echel union. Y mae Wil Sam yn rhoi tafliad bwriadol yn yr olwyn, ac oherwydd hynny, gall droi sefyllfa neu sumbol cwbl gartrefol yn brofiad theatrig diddorol.[50]

Gellid priodoli'r adeiladwaith herciog hwn – i ryw raddau o leiaf – i'r ffaith syml fod diffyg adnoddau a chyfleusterau technegol, ynghyd â phrinder gofod, yn rhwystro Cwmni'r Gegin rhag symud yn gyflym o'r naill olygfa i'r llall; yn ogystal, byddai'n gochel rhag creu unrhyw effeithiau gweledol cymhleth. O ganlyniad, fe wnâi Wil Sam yn fawr o hyblygrwydd y llwyfan a natur awgrymog y ddeialog, gan osod yr actorion ar lwyfan di-gefndir, di-addurn yn aml, a chymell y gynulleidfa i ddychmygu'r cefndir o ganlyniad i leferydd y cymeriadau a gweithredoedd yr actorion:

Mrs Roberts:	Ydach chi'n cofio 'Padi Rysia Bêr'?
Mrs Jones:	Cofio. Ydw. Curo drysa' a gollwng yr arth i'r tŷ.
Mrs Roberts:	'V' wen ar ei brest hi.
Mrs Jones:	Mi aeth yn syth i wasiws ni ychi.
Mrs Roberts:	A byta'r mangl mawr hyd at cocos.
Mrs Jones:	Rysia Bêr, math gwaetha' me' nhw. [51]

Cyflwynwyd *Y Fainc* am y tro cyntaf gan Gwmni'r Gegin ym mis Chwefror 1966, dan gyfarwyddyd Guto Roberts, a chan gwmni a gynhwysai nifer o actorion newydd. Yn eu mysg roedd Alun Jones, a ddaeth yn un o selogion y Cwmni, a Michael Povey, a aeth wedi hynny yn actor a dramodydd proffesiynol nodedig.[52] Yng nghynhyrchiad Cwmni'r Gegin o'r *Fainc* y troediodd Povey fyrddau'r llwyfan am y tro cyntaf, gan chwarae rhan yr Hogyn, a'i linell gyntaf oedd 'Am uffar o het'.[53] Perfformiwyd *Y Fainc* eto yn 1968 yn Eisteddfod Genedlaethol y Barri, fel rhan o'r gystadleuaeth ddrama un-act. Dyfarnwyd Cwmni'r Gegin yn gyd-fuddugol ac, fel yn Eisteddfod Llanelli yn 1962, gwahoddwyd y buddugwyr i gyflwyno'u gwaith yn ystod wythnos yr Eisteddfod ei hun. Cymysg, fodd bynnag, fu llwyddiant y cynhyrchiad hwn yn y Barri mewn gwirionedd. Ychydig iawn o gynulleidfa a ddenwyd i weld y gystadleuaeth, am iddi gael ei chynnal yn Ysgol San Catwg, gryn bellter o faes yr Eisteddfod ei hun (lle ceid Pabell Ddrama swyddogol am y tro cyntaf). Yn ôl Bob Roberts, 'bwriad y Pwyllgor Drama oedd cael rhyw fath ar theatr yr ymylon' yno, ond cafwyd 'fod yr ysgol braidd yn ormodol ar yr ymylon a siarad yn ddaearyddol . . .'![54]

Rhyw fis cyn Eisteddfod Genedlaethol y Barri, gwelwyd Cwmni'r Gegin ar lwyfan Theatr Fach Garthewin, Sir Ddinbych, ar adeg yr Ŵyl

Ddrama Genedlaethol a gynhelid yno bob yn ail flwyddyn. Teimlai aelodau Cwmni'r Gegin yn ddigon cartrefol ar lwyfan bychan Theatr Garthewin, a hwythau eisoes wedi bod wrthi ers blynyddoedd ar lwyfan a oedd yn llai na hwnnw hyd yn oed! Yn yr Ŵyl, cyflwynwyd y ddrama *Bore Fory Ddaw*, sef cyfieithiad Wil Sam o ddrama Brian Friel, *Philadelphia Here I Come!* Yng Ngarthewin, fel yn yr Eisteddfod Genedlaethol, canmolwyd ffraethineb a theimladrwydd deialog Wil Sam, ynghyd â chyfarwyddo deallus a chastio medrus Elis Gwyn:

> Er bod i'r ddrama thema ddofn a dwys, y mae'r cyfoeth ymadroddion gwreiddiol gwerinol, amrwd ar adegau, sydd ynddi, yn ddoniol tu hwnt i eiriau . . .
>
> O'r ochr arall, fe gafwyd cyffyrddiadau dwys, cynnil, a gyffyrddai â'r galon, mewn ambell sefyllfa . . .[55]

Diddorol yw nodi sylwadau caredig y beirniad hwn ynglŷn â deialog *Bore Fory Ddaw*. Rhaid cofio nad drama wreiddiol gan Wil Sam oedd hon, ond trosiad o ddrama Wyddelig; fodd bynnag, ceir cyfeiriadau amlwg yn yr adroddiad at leoliadau Cymreig yn fersiwn Wil Sam, ynghyd â chlod i'w feistrolaeth arferol ar 'ymadroddion gwreiddiol gwerinol'.[56] Fel *Y Gofalwr* gynt, mae'n debyg mai 'Cymreigiad' o'r ddrama wreiddiol, ac nid cyfieithiad yn unig, a gafwyd gan Wil Sam yn yr achos hwn – cyfaddasiad ag iddo'r un blas lleol â'i ddramâu gwreiddiol. Un agwedd yn unig oedd y cyfaddasu lleol hwn ar ymdrech ehangach i 'Gymreigio' holl gynnyrch llwyfan y Gegin, ac i osod esiampl i theatrau ledled Cymru wrth wneud hynny. Roedd prif gefnogwyr y Gegin oll yn unfryd eu barn mai dyletswydd y Cwmni oedd sicrhau cynnyrch a oedd, o ran ei ansawdd a'i awyrgylch, yn wirioneddol Gymreig ei naws, yn hytrach na chyflwyno'r hyn a elwid gan Wil Sam yn '[dd]ifyrrwch Seisnig yn yr iaith Gymraeg.'[57] Fel a nodwyd eisoes, y gwahaniaeth mawr i Wil Sam rhwng y naill safbwynt a'r llall oedd y ffaith syml fod artist a gynhyrchai ddifyrrwch 'Cymreig' yn ymfalchïo yn ei berthynas â'i blwyf ei hun, ac yn ystyried y berthynas honno'n gam hanfodol bwysig tuag at frogarwch – a chenedlgarwch yn y pen draw. Nid felly'r artist a gynhyrchai '[dd]ifyrrwch Seisnig yn yr iaith Gymraeg': tueddai hwnnw i ddilorni'r ddrama a'r theatr Gymraeg am nad oedd mor 'broffesiynol' o ran ei diwyg gweledol â'r theatr Seisnig, ac am nad oedd yn trin y pynciau llosg hynny a boenai gynulleidfaoedd dinesig yn Lloegr. Yn 'rhythma' sgwrs' yr actorion y ceid gogoniant y theatr Gymraeg ym marn Wil Sam, yn y siarad egnïol, plwyfol hwnnw a glywid trwy Gymru Gymraeg benbaladr, ar y stryd mewn tref a phentref ac yn y wlad rhwng llwyn a pherth – yr iaith y ceisiodd yntau, drwy gydol ei yrfa, ei chymhwyso ar gyfer y llwyfan. Erbyn canol y saithdegau, teimlai fod yr iaith honno wedi'i hesgeuluso'n ddifrifol gan actorion a dramodwyr 'ein cwmnïau mawr a'n teledu bocs':

> Ma nhw reit dda, chwara teg, am roi drws sy'n gweddu i gegin a charpad sy'n siwtio'r parlwr, ond pur anaml cyman nhw'r draffarth i ddynwarad rhythm neu rediad sgwrs y cymeriad ma nhw'n ei bortreadu.[58]

Yn ei ddramâu ei hun, wrth gwrs, ceisiodd Wil Sam sicrhau bod lle anrhydeddus i ddeinameg yr iaith lafar ar wefus pob un o'i gymeriadau, boed fawr neu fân, ac yn actorion y Gegin sefydlodd gwmni a oedd, ar sawl cyfrif, yn feistri ar y ddawn o drin geiriau. Er enghraifft, roedd Guto Roberts yn fardd ac yn llenor brwd, ac yn enillydd cystadlaethau barddoni'r Eisteddfod Genedlaethol; roedd W. D. Jones (a chwaraeodd ran Aston yn *Y Gofalwr*) yntau'n gynganeddwr ac yn awdur medrus;[59] cyhoeddwyd nifer o nofelau o waith Alun Jones, gan gynnwys y gyfrol arobryn, *Ac Yna Clywodd Sŵn y Môr*;[60] enillodd Stewart Jones brif wobr adrodd yr Eisteddfod Genedlaethol fwy nag unwaith ac, fel a nodwyd eisoes, daeth Michael Povey yn un o ddramodwyr amlycaf ei oes. Ac yntau'n meddu ar y fath sensitifrwydd at yr iaith lafar, nid rhyfedd fod awen Wil Sam wedi ffynnu yn y Gegin. Nid rhyfedd ychwaith na fu'n rhaid iddo ef nac Elis Gwyn ymlafnio i hyfforddi'r actorion hyn i lefaru'r iaith yn gywir a naturiol: awyrgylch ymlaciol oedd yn yr ymarferion a gynhelid gan y naill a'r llall, yn ôl pob tebyg, ond bod Elis Gwyn yn fwy awdurdodol, efallai, fel a weddai i un a oedd yn 'athro naturiol'.[61] Yn ei ffordd ymostyngol, ddiymhongar ei hun, ychydig iawn o gyfarwyddyd a roddai Wil Sam i'w actorion, a chred rhai ohonynt ei fod wedi bod 'yn rhy garedig o lawer' wrthynt. Serch hynny, mae pob un o'r rhai y bûm yn eu cyf-weld ar gyfer yr ysgrif hon yn gryf o'r farn ei fod yn gwybod yn union pa fath o ymateb a fynnai oddi wrthynt. Noda Alun Jones, er enghraifft, fod Ifan Gwyn wedi'i gynghori'n swta cyn ei ymarfer cyntaf â'r Cwmni i 'beidio â gwneud rhyw hen acen efo Wil'.[62] Ystyr hynny (er nad oedd Alun yn rhy siŵr ar y pryd, a'i fod yn rhy bryderus o lid Ifan i ofyn am eglurhad!) oedd fod Wil Sam yn mynnu bod ei actorion yn defnyddio'u hacenion beunyddiol naturiol, ac yn osgoi unrhyw argoel o 'Gymraeg llwyfan'.

Dim ond ar ôl iddo feistroli'r gamp o lefaru'n naturiol ar lwyfan y gallai actor drin triciau a ffwlbri ieithyddol Wil Sam yn ddeheuig, a dim ond trwy gydbwyso'r elfen dafodieithol, blwyfol â'r asbri dychmygus a geid yn ei ddramâu y gellid cyflwyno'i gymeriadau'n llwyddiannus. Ynghlwm wrth y cyfuniad hwnnw, cymysgid hiwmor a direidi'r theatr amatur werinol ag arlliw o ddryswch dirfodol a chreulondeb theatr yr Abswrd, gan greu perthynas gref a chymhleth rhwng y digwyddiadau ar y llwyfan ac ymwybod y gynulleidfa. Gwelir hyn yn araith gyntaf y Tramp yn *Tro Crwn*:

Tramp: *(Rhwbio ei wegil a thynnu ceiliog gwynt o'r sach, a'i archwilio)* Celiog reit dda. *(Rhoi tro iddo)* Mae o'n troi, mae o'n troi efo bob gwynt. North, Sowth, mi fydd yn *chap* handi i mi . . . Ah, mi gwela i hi. Setlo sy'n bwysig; mae'r haul yn codi yn dwyrain ac yn machlud yn gorllewin. Dacia, be 'di dwyrain ydi peth? *West* debyg.[63]

Sylwai Wil Sam yn arbennig ar rai o drawiadau unigryw tafodiaith Eifionydd,[64] a chynhwysai nifer ohonynt wrth greu deialog. Un o'i hoff ddulliau o gasglu deunydd at ei ddramâu oedd cofnodi'r sgyrsiau hynny a glywai yn ei fro ei hun. Yn wir, cymaint oedd ei hoffter o'r dechneg hon nes iddo wadu mai 'awdur' ydoedd o gwbl, am nad oedd yn dyfeisio'i ddeunydd ar ei ben ei hun: 'Diffiniad o awdur i mi yw dyfeisiwr . . . tydw i ddim yn awdur am na fedra i ddim dyfeisio. Mwy o sgwennwr nag o awdur, copïwr (a chopiwr hefyd weithia).'[65] Ond, wrth gwrs, nid cofnodion syml neu 'gopïau' o sgwrs brodorion Eifionydd a geid yn nramâu Wil Sam ond, yn hytrach, tystiolaeth o'i allu i ymgolli yn rhythmau cynhenid y sgyrsiau a glywai o'i gwmpas, ac i'w cymhwyso wedyn yn ei ddychymyg at bwrpas drama. Ac wrth wneud hynny, fe ddewisai weithiau gymhlethu profiad y gynulleidfa trwy osod lleferydd cyfarwydd y fro ar wefusau cymeriadau rhyfeddol o egsotig:

Dyn: Wyt ti'n licio'r piga 'ma? (*Ar ei fwstas*) Mi fydda Yncl Roderic

’run fath yn union. Trwy rhain, trwy’r ddau yma bydda i’n sugno fy noethinab.

Dai: Baw yn jet.
Dyn: Be?
Dai: Rydw i’n licio nhw.
Dyn: Rhaid i mi fod yn ofalus, felly buo Yncl Roderic farw.
Henri: Sut?
Dyn: Hogan forwyn yn cau drws llofft ar ei big o . . .[66]

Wrth wylio golygfa o’r fath, câi’r gynulleidfa ei thaflu i ddau gyfeiriad cwbl wahanol, y naill yn ysgogi’r teimlad cartrefol o wrando ar lais un o’r fro, a’r llall yn ysgogi ansicrwydd a dieithrwch oherwydd dychymyg mympwyol y dramodydd. Yn wir, ni fyddai’n ormod honni bod y symudiad disymwth o’r naill i’r llall, o’r cyfarwydd i’r anghyfarwydd, wrth wraidd techneg lenyddol a dramataidd Wil Sam drwyddi draw. Fe roddai gryn bwyslais yn ei waith ar fwytho geiriau, ac ar y pleser o ymgolli yn eu sŵn, hyd yn oed pe collid holl ystyr y dweud wrth wneud hynny. Yn *Y Toblarôn*, er enghraifft, noda mai ‘[g]êm ddifyr wrth y tân gyda’r nos ydi chwara lol efo’r geiria ma a’u cymysgu nhw’:

Dowch, cymwch sglisan bach o ysgrif.
Ddim diolch, rydw i newydd godi o rownd o gyngor plwy.
Mae Twm Trans Plow wedi prynu nefoedd fach i dri. I Romani a Riwth a fi.
Ydach chi wedi clywad y ddesgil newydd Ffosils Ffrom Ffrans?
Oes plîs, rhowch ar gogor i mi gal i gweld hi.[67]

Ym mwynhad amlwg Wil Sam wrth ddangos ei gymeriadau’n cloffi dros eiriau, neu’n troi at Saesneg clogyrnaidd o bryd i’w gilydd, ceir adlais o’r ymosodiad hwnnw ar ystyr geiriol a glywid yng ngwaith rhai o gefnogwyr y mudiad Dada yn negawdau cynnar yr ugeinfed ganrif – artistiaid megis y Ffrancwr, Tristan Tzara, a’r Almaenwr, Max Ernst. Ac yn rhediad anwastad, chwareus ei ddeialog, ceid arlliw weithiau o dechneg rhai dramodwyr Abswrd, megis Eugène Ionesco. Er enghraifft, cymharer y darnau hynny a ddyfynnwyd uchod o ddrama Wil Sam, *Y Fainc*, â’r darn isod o ‘*anti-play*’ Ionesco, *The Bald Prima Donna*:

Mary:	I am the maid. I have just spent a very pleasant afternoon. I went to the pictures with a man and saw a film with some women. When we came out of the cinema we went and drank some brandy and some milk, and afterwards we read the newspaper.
Mrs Smith:	I hope you spent a pleasant afternoon. I hope you went to the pictures with a man and drank some brandy and some milk.
Mr Smith:	And the newspaper!
Mary:	Your guests, Mr and Mrs Martin, are waiting at the door. They were waiting for me. They were afraid to come in on their own. They were meant to be dining with you this evening.
Mrs Smith:	Ah yes. We were expecting them. And we were hungry. As they showed no sign of coming, we went and dined without them. We'd had nothing to eat all day long. You shouldn't have gone off like that, Mary.
Mary:	But you gave me your permission!
Mr Smith:	We didn't do that on purpose!
Mary:	[*bursts into laughter, then into tears. Smiling.*] I've bought myself a chamber-pot.[68]

Ond fel y noda Bobi Jones yn ei gyfrol *Llenyddiaeth Gymraeg 1936–72*, nid ar chwarae bach y gosodir gwaith Wil Sam yn yr un gorlan â chynnyrch y Dadawyr a'r Abswrdwyr, gan fod eu gweledigaeth hwythau, gyda'i 'Hurtni' creulon, yn fwy chwerw ac ymosodol o dipyn na'r hyn a geir gan y Cymro:

> Trasiedi'r Hurt go iawn yw ei fod o ddifri; fod yr hyn a ymddengys yn ffars yn argyfwng mewn gwirionedd. Rywsut, y mae W. S. Jones yntau yn ymatal rywfaint rhag hyn; ac yr wyf yn gweld yn ei waith ef gyfuniad fel petai o dechnegau Theatr yr Hurt a smaldod braf gwerinol 'hwyl yr hogiau'.[69]

Gwell gan Bobi Jones gymharu gweledigaeth ddramataidd Wil Sam â'r math hwnnw o ddigrifwch gwledig a elwid at ei gilydd yn 'gelwydd golau', ac a feistrolwyd gan ddoniau idiosyncratig megis Idwal Jones. Diau fod Bobi Jones yn llygad ei le wrth gyffelybu Wil Sam ac Idwal, ac yn sicr y mae cryn debygrwydd rhyngddynt o ran eu parodrwydd i lunio delweddau dwl ar sail sŵn geiriau. Yn y dyfyniad isod o eiddo Idwal Jones, er enghraifft, fe reolir ystyr y gerdd yn llwyr gan odli mympwyol y rhigymwr, yn union fel y tywyswyd y gynulleidfa i dir neb gan fympwy geiriol Wil Sam yn yr enghraifft a ddyfynnwyd uchod o *Y Toblarôn*:

O am fyw yn glyd a diddan
Tan ymbrelo newydd sidan;
Yna hwylio'n ara', ara',
Lawr yr afon mewn tun bara.

Teimlo'n ddedwydd anghyffredin
Am na roddir gwlân mewn pwdin;
Am fod modd i smwddio coler
Drwy ei osod dan stîm roler . . .[70]

Ond, medd Bobi Jones, ni ellir cymharu ffwlbri'r celwyddwyr golau Cymreig â sinigiaeth a mileindra'r Dadawyr neu'r Abswrdwyr modern, gan fod gwerthoedd cymdeithasol y naill a'r llall yn dra gwahanol yn y bôn. Deil y celwyddwyr golau i gredu bod y byd yn lle trefnus a bod y berthynas rhwng pobl a'i gilydd yn dra gwerthfawr: arwynebol yw'r dryswch a heuant drwy gymysgu geiriau. Nid felly'r Dadawyr a dramodwyr theatr yr Abswrd: ni choleddent hwy y fath gred mewn trefn. Gwell ganddynt ymosod ar ymdrechion dyn i ddeall y byd a chyfathrebu'n ystyrlon â'i gyd-ddyn, hyd yn oed i darfu ar eu dramâu eu hunain drwy danseilio'r weithred o'u cyflwyno ar lwyfan theatr. Yn *The Bald Prima Donna*, er enghraifft, gwelir y cyfarwyddyd llwyfan canlynol: [*The following dialogue should be spoken in a drawling monotonous voice, rather sing-song, without light and shade.*][71] Anodd iawn dychmygu Wil Sam yn cynnwys cyfarwyddyd cyffelyb yn ei ddramâu!

Fodd bynnag, er iddo wahaniaethu'n glir rhwng gweledigaeth Wil Sam a gweledigaeth theatr yr Abswrd, y mae Bobi Jones yn cyfaddef hefyd fod rhywbeth amgenach na digrifwch syml yng ngwaith y Cymro, a hwnnw'n rhywbeth sy'n cysylltu ei waith ef â nihilistiaeth yr Abswrdwyr i ryw raddau. Noda fod Wil Sam yn cydio'r ddau draddodiad – sef y gwerinol a'r 'Hurt' – at ei gilydd trwy ddyrchafu archdeipiau cymeriadol y ddrama Gymreig draddodiadol yn 'arwyr' theatraidd cyfoes:

> . . . yn yr hen gomedïau a lwyfennid yng Nghymru ddechrau'r ganrif yr oedd yna gynddelw, archdeip, o dwpsyn annwyl a fyddai'n brin ei synnwyr ond yn hoff gan y gynulleidfa . . . Cyfuniad ydoedd o'r gwladwr simpil a'r ynfytyn craff. Yn nramâu W. S. Jones . . . y mae wedi dod yn ôl ac wedi cadw'i anghyfrifoldeb cynhenid; eithr yn lle bod ei wallgofrwydd yn addurn ar ymylon bywyd, ef biau'r cwbl. Y mae'n unbennaeth, a'i ddylni'n dotalitaraidd.[72]

Hanfod dadl Bobi Jones yw fod gwaith Wil Sam yn frith o'r themâu a'r technegau hynny a welir droeon yng ngwaith yr Abswrdwyr – y modernwyr mwyaf eithafol eu gweledigaeth – ond bod ynddo ef ei hun reddf creu hwyl a'i cadwodd rhag cyflwyno'r un genadwri negyddol a chras â hwy. Cytunaf fod ei ddramâu ar y cyfan yn ymgadw rhag y mileindra hwnnw a'r difaterwch ynghylch teimladrwydd dyn sy'n nodwedd amlwg o waith yr Abswrdwyr, ond credaf fod mwy o lawer yn ei dechneg theatraidd na hwyl gorawenus yr 'hen gomedïau'. Mynnodd gydbwyso'r elfen draddodiadol Gymreig a'r elfen fodern yn ei waith: er enghraifft, trwy ddyrchafu'r dafodiaith a'r fratiaith frodorol yn ddeialog ddramataidd, creai ieithwedd a oedd yn dra hyblyg ond eto'n ddarostyngedig, yn ddrych perffaith o 'drwstaneiddiwch' y Gymraeg mewn sawl ardal wledig erbyn diwedd y chwedegau, ac yn ddrych hefyd o weledigaeth yr Abswrd.[73] At hynny, yn adeilad moel a di-lun Theatr y Gegin, a'i blerwch a'i hawyrgylch gartrefol, ceid adlais o'r hen neuaddau a'r festrïoedd a fu'n gartref i'r traddodiad amatur Cymraeg ers cenedlaethau; ceid adlais hefyd o'r llwyfan moel a blêr a ddisgrifid mewn llawer o ddramâu mudiad yr Abswrd, megis *Wrth Aros Godot*,[74] Samuel Beckett, a'r *Act Heb Eiriau*[75] sy'n gymar i'w ddrama *Diweddgan*.[76] Yng ngwaith Beckett, roedd blerwch y gofod yn elfen hanfodol yn ystyr y gweithredu, gan iddo greu lefel o ystyr *metatheatraidd* a wawdiai ymgais yr actorion a'r gynulleidfa i godi rhyw fath o ystyr neu foeswers o'r cyflwyniad. Diau fod dewis Wil Sam i ddefnyddio gofod moel y Gegin hefyd yn ymgais i *ddynwared* hen ddulliau'r theatr amatur Gymraeg, yn union fel y dynwaredid campau'r theatr *Vaudeville* gan Beckett. Nid pawb, wrth gwrs, a fynnai gydnabod bod y fath astrusi semiolegol yn perthyn i dechneg theatraidd Wil Sam, a nododd y dramodydd iddo dderbyn sawl beirniadaeth ddigon cryno (ond ffraeth) gan ei gynulleidfa ar risiau Theatr y Gegin:

> . . . roeddan ni'n gwneud pwynt o fod yn fanno hefyd, 'waeth . . . roeddwn i eisia cael gwbod beth oedd pobl yn feddwl . . . Ac, ew, mi fyddwn i'n cael rhyw betha rhyfedd ichi. Rwy'n cofio sylw un hen foi, boi clên iawn oedd o hefyd . . . oedd o yno'n rheolaidd 'de: 'Ew,' medda fo, 'mi fasa honna' – am ryw ddrama fer, ynde – 'mi fasa honna'n gwneud act ganol ardderchog . . .'[77]

Ni siomid y dramodydd gan ymatebion o'r fath, gan y gwyddai fod digon eto yn ei ddramâu i ddenu'r gynulleidfa drachefn i'r Gegin. A hwyrach mai dyma'r rheswm pennaf pam nad estynnai ei dechneg theatraidd yntau i gwmpasu chwerwedd a dicter yr Abswrdwyr. Mynnai ddenu cynulleidfa leol, am mai felly y dyrchefid Cymreictod plwyfol y theatr amatur leol, y Cymreictod hwnnw a esgeuluswyd, yn ei farn ef, gan 'gwmnïau mawr' y theatr broffesiynol. Ofnai Wil Sam na fedrai'r theatr broffesiynol feithrin unrhyw fath ar berthynas â'r gymdeithas Gymraeg mewn gwirionedd; yn waeth fyth, ofnai fod twf y theatr honno'n cymell y Cymry i gefnu ar weringarwch a brogarwch ac i droi at Gymreictod o fath sefydliadol a oedd, yn ei farn ef, ac ym marn Elis Gwyn ei frawd hefyd, yn wasaidd a diwreiddiau. Daeth y cyfan i'r amlwg yn 1969, pan oedd y theatr broffesiynol a'r cyfryngau darlledu ar gynnydd, ac Arwisgiad Tywysog Cymru'n achosi dadleuon tanbaid ynglŷn â hynt y Dywysogaeth. Yn y Gegin, ym mis Chwefror, llwyfannwyd drama ddychanol Wil Sam ynglŷn â chenedlaetholdeb a Chymdeithas yr Iaith, sef *Mae Rhywbeth Bach*; pan gyhoeddwyd y ddrama yn ystod yr un flwyddyn, ychwanegwyd 'Gair i Gychwyn' gan Elis Gwyn a grisialai ei ddicter a'i anfodlonrwydd ef a'i frawd ynglŷn â'r duedd i ymwrthod â Chymreictod ar ei ffurf hanesyddol. Mae'n werth dyfynnu'n helaeth ohoni:

> 1969. Croeso i Fwlgaria . . . yn y flwyddyn fwyaf eithafol o fwlgar a welodd Cymru erioed . . .
>
> Buom yn ein canmol ein hunain am golli'r ddrama gegin, ac er bod lle i'n llongyfarch mae'n siŵr am osgoi'r ffenest-ffreinig mor ddeheuig, aethom ar ein pennau i ryw ystafelloedd rhyfedd sy'n plesio'r fwlgarwyr yn iawn. Nid wyf yn gweld bai ar y dramodwyr: diolch am bob drama a ysgrifennir, ond onid oes rhyw ddiffyg mawr mewn theatr sydd mor dderbyniol â'r theatr yng Nghymru heddiw? Oni bydd llaweroedd yn ei gasáu am ei ddramâu a'i neges, mi fydd y llwyfan mor dderbyniol ac mor farw ag unrhyw gymdeithas hanes.

> . . . Mae'r ddrama hon yn cymryd yn ganiataol mai un teulu ydym, yr ychydig Gymry Cymraeg sydd ohonom. Sut mae deall rhai o'r holwyr teledu yn cymryd arnynt agwedd ymwelydd o'r lleuad sy'n digwydd bod yn medru Cymraeg, ac yn defnyddio'r gallu hwnnw i geisio rhannu a chwalu'r teulu? Buasech yn meddwl ar rai o'r holwyr fod o leiaf yr holl fyd yn deall Cymraeg a'u bod hwythau ynddo i roi trefn ar y Cymry gerbron y 'byd' dychmygol hwn. Unwaith eto, beth sy'n bod arnom ni? Onid rhaglenni i'r Cymry Cymraeg ydyw'r rhaglenni Cymraeg? Sut y medrant fod o ddiddordeb i neb arall?
>
> Ac eto mae yna wahaniaeth anian y tu mewn i gylch siaradwyr y Gymraeg. Gofynnwyd i un o swyddogion Cymdeithas yr Iaith ar ôl y rali yng Nghaernarfon pam fod y Gymdeithas yn gwrthwynebu'r arwisgo. Nid wyf yn cofio'i ateb, ond byddai'n iawn iddo fod wedi atgoffa'r holwr o'r hen slogan, 'Nid Cymru heb Gymraeg', a'i atgoffa fod y gwrthwyneb yr un mor wir: nid Cymraeg heb Gymru. Os na fydd y Gymraeg yn cynhyrchu meddwl gwahanol, fydd hi ddim byd ond geiriau. Felly yr hoffai rhai iddi aros, mae'n siŵr, ond y mae hi'n fyw ac am feddwl drosti'i hun yn ei geiriau ei hun. Fydd hynny byth yn boblogaidd.
>
> Yn rhyfedd iawn, dydi'r synhwyrol, na hyd yn oed synnwyr cyffredin, byth yn boblogaidd. Yr hyn sy'n boblogaidd ydi'r eithriadol a'r egsotig – dienyddiad cyhoeddus ddoe, llygoden fawr a dau ben iddi yn y ffair, Sais yn siarad Cymraeg am bum munud.[78]

Cythruddwyd ambell aelod o'r gymuned leol gan weithgarwch y cwmni yn ystod y cyfnod hwn, a chan safiad cadarn y ddau frawd yn erbyn yr Arwisgiad. Cyhuddwyd y Gegin o fod yn or-bleidiol i achos cenedlaetholdeb, a chrëwyd cryn stŵr yn y wasg leol pan losgwyd baner Jac yr Undeb mewn cyfarfod o Gymdeithas yr Iaith a gynhaliwyd yn y Gegin. Daeth ymateb croyw i'r digwyddiad hwn gan '[r]yw Gymro teyrngar',[79] pan ddifwynwyd drws y Theatr drwy chwistrellu'r geiriau '*God Bless The Prince Of Wales*' arno. 'Y gwir ydi,' meddai Wil Sam, 'bod llawer o bobl ar y pryd yn ystyried popeth oedd yn cael ei goginio yn y lle bach plaen a blêr yma yn "Welsh Mash" a doedd y bwyd hwnnw ddim at ddant pawb.'[80] Ond ni flinwyd criw'r Gegin yn ormodol gan y fath wrthwynebiad – yn wir, roedd ymateb Wil Sam i'r helyntion hyn yn ddigon ymosodol: 'Mi leciwn i feddwl [ein] bod ni, wrth eu styrbio nhw, wedi hybu rhyw gymaint ar yr achos.'[81] Roedd ymateb o'r fath yn nodweddiadol o farn Cwmni'r Gegin yn y pen draw. Pe câi ei herio gan broblemau ymarferol neu wrthwynebiad ideolegol, fe syrthiai'n ôl ar ei egwyddorion sylfaenol, sef sicrhau gwasanaeth i'r gymuned leol, parchu anian y gymuned honno, a herio'r gynulleidfa leol drwy gyflwyno dramâu o sylwedd.

Gresyn gorfod nodi bod gweithgarwch Cwmni'r Gegin wedi lleihau'n raddol yn ystod y saithdegau. Roedd y Theatr yn llawn bwrlwm o hyd, yn cyflwyno nosweithiau drama, nosweithiau llawen ac arddangosfeydd yn gyson, ond prinhau a wnaeth cynyrchiadau o ddramâu newydd gan y Cwmni ei hun. I ryw raddau, mae'n debyg y gellid honni bod y Cwmni wedi dioddef o ganlyniad i'w lwyddiant ei hun, gan fod rhai o'r actorion ffyddlonaf a mwyaf dawnus wedi troi at y theatr broffesiynol ac erbyn hynny'n ennill eu bywoliaeth ar y llwyfan cenedlaethol a'r sgrin deledu. Er enghraifft, ar ôl tua 1970, cynyddodd y galwadau proffesiynol ar Stewart Jones, ac er iddo ddychwelyd i'r Gegin pan fyddai ganddo amser i wneud hynny, cymharol brin fu ei berfformiadau ar lwyfan Theatr y Gegin o'r flwyddyn honno ymlaen. Ond, er gwaethaf prysurdeb aelodau Cwmni'r Gegin mewn meysydd eraill, ac er mor brin y gweithiau newydd a gynhyrchwyd gan y Cwmni yn ystod y saithdegau, tipyn o ergyd i bawb a fu'n gysylltiedig â'r fenter yng Nghricieth oedd clywed, ar ddechrau mis Chwefror 1976, fod Cyngor y Dref yn dymuno ailafael yn yr hen neuadd a'i defnyddio i'w dibenion ei hun. Fe'i haddaswyd maes o law yn fynedfa i'r castell. Aeth y cwmni yn ei flaen yn ysbeidiol am rai blynyddoedd o dan yr un enw, a than ofal cnewyllyn o actorion ifainc, gan gynnwys Dewi Davies, Ieuan Parry ac Emyr Lloyd Evans, y tri actor a gyflwynodd gynhyrchiad olaf Theatr y Gegin ym mis Chwefror 1976, sef *Dinas Barhaus* gan Wil Sam. Er gwaethaf eu hymdrechion hwythau, dyma oedd y diwedd ar waith rheolaidd y Gegin, ac ar weithdy theatraidd Wil Sam. Yn ei hunangofiant, fe grisialodd ef ei ymateb i dranc sydyn Theatr y Gegin:

> . . . yn fuan yn 1976, mi gawsom lythyr oddi wrth Gyngor Tref Cricieth yn gofyn inni glirio'n pethau o fewn y mis am fod pensaer yn dwad draw ar eu cais i gael golwg ar yr adeilad gan eu bod yn bwriadu ei ddefnyddio i'w pwrpas eu hunain . . . Os cawsom y wefr o agor drws y Gegin am y tro cynta yn 1963, torcalon oedd gorfod ei gloi am y tro olaf yn 1976.[82]

Bu diffyg arian yn rhwystr i ddatblygiad y Gegin ar hyd y

blynyddoedd. Bu'r Cwmni'n byw ar ei gythlwng am flynyddoedd lawer, gan ddibynnu ar ymroddiad personol yr actorion a'r criw technegol, ac ar ewyllys da a chyfraniadau gwirfoddol oddi wrth y gymdogaeth leol. Mae Wil Sam yn dal i ryfeddu at ymroddiad rhai o'i actorion: '. . . llafur cariad oedd o o ochr yr actorion . . . Roeddan nhw'n dŵad o bell, lot ohonyn nhw . . . [ac] yn cael dim dime am ddod . . .'.[83] Yn yr un modd, fe noda yn ei hunangofiant fod cyfaill iddo, y diweddar Wil Vaughan,[84] wedi talu rhent Theatr y Gegin am flynyddoedd, a thrwy hynny wedi ysgwyddo rhyw gymaint ar faich ariannol y Cwmni. Ond cymaint fu'r baich hwnnw weithiau, a chymaint yr angen i ddenu cynulleidfa, fel y bu'n rhaid cymhwyso arlwy'r Theatr o bryd i'w gilydd, a gostwng rhyw ychydig ar y safonau artistig er mwyn denu torf go dda. Yn ôl Wil Sam:

> roedden ni'n gorfod cymryd rhyw betha weithia nad oeddwn i'n rhy hapus yn eu cylch nhw . . . ond dyna fo, rhywbeth cymunedol oedd o'n diwadd ynde, doedd dim byd o'i le ynddo fo ond bod dim byd fawr ynddo fo, felly . . .[85]

Ar y cyfan, ceisiai Cwmni'r Gegin gyflwyno gwaith o'r safon uchaf: er gwaethaf blerwch y neuadd, roedd y Cwmni o ddifrif calon ynglŷn â'r theatr. Safai'n gadarn yn erbyn yr hwyl bras, disylwedd hwnnw a oedd yn nodweddiadol o nifer o gwmnïau amatur a'u 'dramâu "Ha Ha" heb na chic na chenadwri ynddyn nhw',[86] chwedl Wil Sam, gan ymfalchïo'n dawel wrth fod 'dipyn bach, bach yn barticlar'.

Cryfhawyd y berthynas rhwng y Cwmni a'r cyhoedd wrth i'r naill gydnabod a derbyn chwaeth arbennig y llall, a thyfodd rhyw ddealltwriaeth rhyngddynt. Dysgodd y Gegin yn raddol sut i feithrin chwaeth y gynulleidfa, a sut i ddenu torf heb ostwng ei safonau artistig ei hun, ond heb ddieithrio'r gynulleidfa honno. Roedd yr hen arfer amatur o fenthyg propiau a chelfi yn 'ddigon gwerth chweil' yn hynny o beth yn ôl Wil Sam:

> . . . gofynnwch chi am fenthyg cwpwrdd gan rhywun [ar gyfer llwyfannu drama], mi fedrwch fentro y bydd y teulu tan y nawfed ach yno yn gweld y cwpwrdd, er na fedr hwnnw ddweud yr un gair wrthyn nhw! . . .[87]

Amaturiaid wrth reddf, a hynny yn yr ystyr orau, oedd Cwmni'r Gegin. Er gwaethaf problemau ariannol y Cwmni, nododd nifer o'r cyn-aelodau mai amharod fu'r Cwmni i geisio nawdd Cyngor y Celfyddydau. Cafwyd rhyw ychydig o nawdd gan y Cyngor am fod y Gegin wedi cyflwyno cyfres o ddarlithoedd gan siaradwyr megis Dyfnallt Morgan, Dafydd Glyn Jones, Emyr Humphreys, John Gwilym Jones, Aled Lloyd Davies, Mably Owen, Bedwyr Lewis Jones a Gwilym R. Jones. Cred Stewart Jones fod aelodau'r Cwmni wedi sôn am ddanfon cais at Ymddiriedolaeth Gulbenkian er mwyn adnewyddu adeilad y Gegin, ond na wnaed unrhyw gais ganddynt erioed. Mewn cyfweliad, nododd Wil Sam – yn ei ddull hunanfeirniadol dihafal – mai da o beth fyddai fod wedi brwydro i ennill mwy o nawdd gan sefydliadau cyhoeddus: '. . . mi fydda i'n meddwl y buo ninnau'n wirion . . . doeddan ni ddim yn gofyn am ryw lawar o betha, am ein bod ni'n meddwl mai plesar oedd o . . .'[88] Ond dramodydd â'i weledigaeth wedi'i gwreiddio yn ei adnabyddiaeth ef o'i bobl ei hun oedd Wil Sam, a golygai hynny ei fod yn rhoi pwys mawr ar yr hen arfer o 'sgwennu i ordor', neu 'at iws' y gymdogaeth leol. Yn ei hunangofiant yn 1985, nododd iddo fwrw'i brentisiaeth yn ysgrifennu darnau o'r fath: 'At ei gilydd pethau at iws y byddwn i'n eu sgwennu ar y dechrau. Doedd 'na fawr neb yn eu gweld nhw: eu clywed nhw fyddai pawb. Ac erbyn meddwl, tebyg ydi fy mhethau hyd heddiw.'[89] Er iddo weithio'n broffesiynol fel awdur/'copïwr' wedi 1963, gan dderbyn ambell wobr gan Gyngor y Celfyddydau, artist a fynnai wasanaethu ei bobl ei hun yn uniongyrchol ydoedd, ac nid oedd derbyn nawdd gan sefydliad cyhoeddus bob amser yn gyson â'r bwriad hwnnw. Mynegwyd barn gref ar y mater hwn gan Emyr Humphreys yn 1977 mewn erthygl bolemaidd, 'Ffigys Oddiar Ysgall'. Fe gofir ei fod ef, yn ei araith yn Eisteddfod Llandudno yn 1963, wedi awgrymu sefydlu nifer o ganolfannau diwylliant Cymraeg ar hyd a lled y wlad, a'i fod wedi pwysleisio y dylid cynnal y canolfannau hynny drwy gyfraniadau gwirfoddol er mwyn sicrhau eu hannibyniaeth. Yn 1977, wrth edrych yn ôl ar y gwaith a gyflawnwyd yn y Gegin, mynnodd mai da o beth ydoedd fod y cwmni wedi gwrthod unrhyw nawdd canolog:

> Yn sicr fe fu 'Y Gegin' yn llwyddiant fel canolfan . . . Nid wyf yn cofio i'r Gegin dderbyn nawdd ariannol Cyngor y Celfyddydau. Efallai ei bod

> hi'n rhy falch 'i fynd ar ofyn neb'. Ac yn sicr dyma nodwedd glodwiw o'n traddodiad gwerin. Ac i'm tyb i y mae cysylltiad byw rhwng yr agwedd hon at nawdd a'r ateb syml a chanolog i'n problemau theatrig sydd yn ymddangos ar yr wyneb mor hwylus o gymhleth ac sy'n rhoi esgus bob amser i'r galw am arbenigwyr Llundeinaidd i drafod y claf diglefyd.[90]

Er gwaethaf ymroddiad Theatr y Gegin i'w hardal leol, fe ddioddefodd yr un ffawd â'r rhan fwyaf o theatrau bychain a welwyd wedi'r rhyfel, a chau ei drysau am y tro olaf. Ni werthfawrogid rôl a difrifoldeb theatrau o'r fath erbyn y saithdegau, am fod theatrau rhanbarthol newydd sbon wedi'u hadeiladu ar hyd a lled Cymru; roedd gobaith mawr ar droed fod theatr broffesiynol safonol a chyfforddus i ddod a fyddai'n hyrwyddo a diwallu'r awydd cynyddol i weld y theatr Gymraeg yn hawlio lle teilwng iddi ei hun yn y byd cyfoes. Dagrau pethau yw fod y rhai a grochlefai am weld theatr broffesiynol wedi anwybyddu cyfoesedd digamsyniol a chrefft arbennig cwmnïau megis Cwmni'r Gegin yng Nghricieth.

CYFEIRIADAU

1 W. S. Jones, *Wil Sam* (Caernarfon: Gwasg Gwynedd, 1985), 150.

2 Geiriau Dai Williams, trefnydd Gŵyl Ddrama Clybiau Ieuenctid Ceredigion: codwyd o J. Ellis Williams, *Inc yn fy Ngwaed* (Llandybïe: Llyfrau'r Dryw, 1963), 138.

3 Dafydd Glyn Jones, 'Saunders Lewis a Thraddodiad y Ddrama Gymraeg', *Llwyfan* 9, Gaeaf 1973, 8.

4 Gweler amcangyfrif J. Ellis Williams yn *Inc yn fy Ngwaed*, 113. Gweler hefyd sylwadau George Davies, Treorci, ynglŷn â dirywiad y theatr Gymraeg yn y Rhondda: 'Deugain mlynedd yn ôl daeth bri mawr ar y Ddrama yn y cwm a nemor le yn ein gwlad yn debyg iddo am gynulleidfaoedd llawn. Ceid o'r bron, pob Capel yn sychedu i chwarae drama a'r actor a'r gynulleidfa heb hidio'n fawr pa mor amrwd y perfformid hi. Yr hyn a brisid yn fwyaf oedd y ffaith y gallai actor a chynulleidfa ymgolli yn rhith y theatr a gweld drych o fywyd dyn yng nghefndir eu cenedl eu hunain. Daeth yn ffasiwn i gynnal Wythnosau Drama yn Neuaddau'r Gweithiwr – hyd yn oed matinïau ar brynhawniau'r wythnos er cwrdd â gofyn cynulleidfaoedd. Bob nos yr oedd y neuaddau dan eu sang ac ofer i neb ddisgwyl gweld perfformiad oni fachodd mewn tocyn fisoedd cyn yr wythnos honno . . .

'Yr hyn sy'n bwysig i'w gofio yw'r ffaith y bu cynulleidfa i'n Drama yn y cwm – bu yno sêl, brwdfrydedd, disgwyl, ymdrech i fod yn artistig, a bodloni'n foddhaus i dderbyn rhith y theatr Gymraeg. A'r cyfan erbyn 1960 wedi mynd i ddifancoll . . . Ni bu ond tri pherfformiad o ddramâu Cymraeg yn y cwm yn ystod y deng mlynedd diwethaf.' George Davies, 'Drama'r Ymylon', *Drama* (gol. Emyr Edwards: Gwanwyn 1960), 24.

5 W. S. Jones, *Y Toblarôn* (Talybont: Y Lolfa, 1975), 27. At hynny, mewn cyfweliad fideo gyda Gwilym Pritchard Hughes, nododd Wil Sam mai sail ehangder gweledigaeth yw sylw manwl i bobl a phethau lleol: 'I fod yn eang mae'n rhaid bod yn gyfyng.' *Awduron ar fideo: W. S. Jones* (Bangor: Cymdeithas Gelfyddydau Gogledd Cymru Yr Wyddgrug: Awdurdod Addysg Clwyd, 1990).

6 Yn ôl Emyr Humphreys: cyfweliad, Mawrth 2000.

7 Noda Wil Sam mai dod ato er mwyn cael trwsio'i gar a wnaeth Emyr Humphreys yn wreiddiol: 'Noson braf ym mis Mehefin oedd hi pan ddaeth y dramodydd [sef Humphreys] acw ac mi fuon ni hanner awr wrth y gwaith ac awr a hanner yn sgwrsio.' Jones, *Wil Sam*, 149.

8 W. S. Jones, *Pum Drama Fer* (Aberystwyth: Gwasg y Glêr, 1963). Y ddrama arall yn y gyfrol yw *Y Gŵr Diarth*, a ddarlledwyd dan gyfarwyddyd Wilbert Lloyd Roberts.

9 Gyda John R. Evans a'i ddrama *Y Crwydryn* a Gwilym T. Hughes a'i ddrama yntau, *Omar Khayyâm*.

10 Emyr Humphreys, beirniadaeth ar y Ddrama Wreiddiol Fer, *Cyfansoddiadau a Beirniadaethau Eisteddfod Genedlaethol Frenhinol Cymru 1960–2* (Llandysul: Gwasg Gomer), 213.

11 Yn raddol bach yr adeiladwyd y cnewyllyn actorion mewn gwirionedd: bu Stewart

Jones, er enghraifft, yn actio yng nghynhyrchiad Elis Gwyn o gomedi Saunders Lewis, *Eisteddfod Bodran*, yn 1959, ac yn ymwneud yn ysbeidiol wedi hynny â chynyrchiadau'r brawd hŷn; ond *Dalar Deg* oedd y ddrama gyntaf o eiddo Wil Sam iddo berfformio ynddi.

[12] Erthygl ddienw, 'Mwy Niweidiol na Chestyll y Normaniaid', *Baner ac Amserau Cymru*, 22 Awst 1963, 6.

[13] Roedd y mwyafrif llethol o oriau teledu yn rhai Saesneg, ac fe gyfyngid hynny o raglenni Cymraeg a ddarlledid i'r oriau lleiaf poblogaidd – yn ystod y prynhawn, ar y Sul, neu yn hwyr iawn yn y nos.

[14] 'Mwy Niweidiol na Chestyll y Normaniaid', *ibid.*

[15] *Ibid.* Ychwanegodd Humphreys y canlynol: 'Yn ogystal dylasid ceisio cefnogaeth ariannol oddi wrth y Cynghorau Sir a'r Cyngor Celfyddyd.'

[16] Emyr Humphreys, 'Ffigys Oddiar Ysgall', *Barn,* Mai 1977, 150.

[17] Jones, *Wil Sam*, 149.

[18] Stewart Jones, cyfweliad Chwefror 2000: 'Pan own i'n hogyn ysgol yn Cricieth, mi fasa nhw'n dysgu *Woodwork* yno, fel rhyw fath o ryw adran o'r ysgol adag hynny. A mi fyddan ni'n mynd yno i gael cinio – pawb â'i fwyd ei hun adag hynny, fatha'r chwarelwr 'de. Roeddan ni'n mynd fanno i gael paned o de gynnyn nhw, ac yn byta yn fanno, yn y neuadd honno, pan own i'n hogyn ysgol. Be ddigwyddodd iddi wedyn, dw i ddim yn gwybod, mi roddodd y Pwyllgor Addysg hi i fyny mae'n siŵr gen i, ac wn i ddim pwy gymrodd hi i fyny os na chymrodd y W.I. hi i fyny i gyfarfod 'de. Rhy oer oedd hi, dybiwn i.'

[19] Stewart Jones, *ibid*: 'Yn ein herbyn oeddan, y dre'n ein herbyn ni. Roeddan nhw am i bob dim ddigwydd yn y "Memorial Hall", ac mi oeddan nhw i ryw radda yn erbyn y Gegin; rhyw weithgareddau amal, bychan . . . wedyn roedd o'n rhwyddach iddyn nhw fod pob dim yn digwydd yn y "Memorial Hall".'

[20] Yn ôl y ddogfen les ym meddiant Wil Sam ei hun.

[21] Jones, *Wil Sam*, 151. Nododd Humphreys mewn cyfweliad, Mawrth 2000, fod enw'r Gegin hefyd yn cyfeirio at y *genre* realaidd gyfoes a ffynnai yn ystod y pumdegau a'r chwedegau, sef y '*kitchen-sink drama*' a gynhyrchid gan ddramodwyr fel Arnold Wesker. Ychwanegodd hefyd iddo ddewis 'Y Gegin' am nad oedd yn credu mai priodol oedd galw'r neuadd fach yn 'theatr' fel y cyfryw. 'Doeddwn i ddim yn hoffi'r enw "theatr" ar gyfer yr adeilad . . . am ei bod hi mor fach, ac mor an-theatrig . . .'

[22] Jones, *Wil Sam*, 150.

[23] *Ibid*, 151.

[24] Wil Sam, cyfweliad, Chwefror 2000.

[25] Jones, *Wil Sam*, 152.

[26] *Ibid.*

[27] Ym meddiant Wil Sam.

[28] *Yr Herald Cymraeg*, 6 Ionawr 1964, 3.

[29] Yn ôl y llyfr cofnodion, cafwyd eitemau hefyd gan eu plant, Gerallt ac Alun.

[30] 'Mewn Deng Mlynedd Dyma Un o'r Pethau Gorau a Welwyd', *Y Cymro*, 24 Medi 1964, 4.

[31] *Baner ac Amserau Cymru*, 8 Hydref 1964, 3.

[32] Christopher C. Somerville, 'Drama on the Welsh Stage', *Caernarvonshire Life and North Wales Journal*, Ebrill 1965, 21.

[33] Cofier bod yr wythnos yn cynnwys cynhyrchiad ysblennydd a theimladwy gan Gwmni Theatr Cymru, sef 'Pasiant Patagonia'.

[34] Emyr Edwards, 'Dramâu'r Eisteddfod', *Baner ac Amserau Cymru*, 26 Awst 1965, 7.

[35] Dyma a ddywedodd nifer o gyn-aelodau'r Gegin yn y cyfweliadau a gynhaliais i wrth baratoi'r ysgrif hon. Nododd nifer ohonynt hefyd mai yn sgil awgrym gan Elis Gwyn Jones y dyfeisiwyd diweddglo trawiadol y ddrama, pan glywir y ffôn ddatgysylltiedig yn canu.

[36] Mae sawl fersiwn cyhoeddedig o'r *Dyn Swllt*. Fe'i cyhoeddwyd fel stori fer yn wreiddiol; cynhwysir y fersiwn radio yn y gyfrol *Pum Drama Fer, op. cit*, ac fe geir detholiad o'r fersiwn llwyfan yn y gyfrol *Wil Sam: Deg Drama* (Llanrwst: Gwasg Carreg Gwalch, 1995). Mae'n debyg fod y sgript deledu'n agosach at y fersiwn radio nag yr oedd y ddrama lwyfan.

[37] 'Perspex', 'Northern Barn-Play' yn *Caernarvonshire and Denbigh Herald and North Wales Observer*, 28 Awst 1964, 8. Mae'n dra thebyg mai'r 'raised platform' hwn oedd llwyfan cyffredin Theatr y Gegin.

[38] *Radio Times*, 22 Medi 1964, 33.

[39] *Ibid.*

[40] 'Roedd pawb yn swil ofnadwy ar y diwrnod, [mewn ffordd a oedd yn nodweddiadol] o bobl Llŷn ac Eifionydd . . . roedd gynnon nhw ormod o barch i'r hyn oedd yn mynd ymlaen . . . yn meddwl nad oedden nhw i fod i chwerthin . . .': Emyr Humphreys, cyfweliad.

[41] 'Northern Barn-Play', *Caernarvonshire and Denbigh Herald, art. cit.*

[42] Emyr Humphreys, cyfweliad.

[43] 'Meic', 'Tarfwyd ar Ddoniolwch y Ddrama gan Ddiffyg Lle', *Y Cymro*, 1 Hydref 1964, 13. Aeth 'Meic' yn ei flaen fel a ganlyn: 'Pe bai'r gomedi hon yn cael ei chynhyrchu gyda holl gymhorthau dynion y teledu – stiwdio eang, goleuo modern, ambell bwt o ffilm ac amlder setiau – gallasai fod mor llyfn a boddhaol ag unrhyw bennod yn hanes *Steptoe and Son* . . .' Ond diddorol cymharu'r farn hon ag ymateb 'Perspex' yn 'Eifionydd Play', *Caernarvonshire and Denbigh Herald and North Wales Observer*, 22 Gorffennaf 1966, 9, i gynhyrchiad y BBC o *Dalar Deg*. Credai bod setiau Donald Homfray y tro hwn yn rhy annaturiol wrth ddynodi golygfeydd allanol: 'The overall effect was of an unreal plot glossed over by capable acting and robust dialogue . . . In his next production of a W. S. Jones drama, Emyr Humphreys might well consider incorporating some film sequences of the picturesque scenery around Criccieth. Filmed TV plays are all the rage.'

[44] 'Northern Barn-Play', *Caernarvonshire and Denbigh Herald, art. cit.*

[45] 'Tarfwyd ar Ddoniolwch y Ddrama gan Ddiffyg Lle', *Y Cymro, art. cit.*

[46] Stewart Jones a Wil Sam, cyfweliad, Chwefror 2000.

[47] Cyflwynwyd y ddrama hon wedi hynny yn 1976 gan Gwmni Theatr Cymru.

[48] '. . . co-co-co-contrived', ys nododd un holwr anhysbys: gweler Jones, *Wil Sam*, 144.

[49] W. S. Jones, *Y Fainc* yn *Deg Drama*, *loc. cit*, 157.

[50] Bob Roberts, 'Dramâu'r Eisteddfod', *Baner ac Amserau Cymru*, 29 Awst 1968, 3.

[51] Jones, *Y Fainc*, 156.

[52] *Caernarvonshire and Denbigh Herald*, 18 Chwefror 1966, 3: 'On February 25, a new comedy by W. S. Jones, will be presented. Produced by Guto Roberts, *Y Fainc* will contain several new members from outside Criccieth. Also in the same will be presented a selection from the work of William Jones, Tremadoc.'

[53] Jones, *Y Fainc* yn *Deg Drama, loc. cit*, 169.

[54] Bob Roberts, 'Dramâu'r Eisteddfod', *Baner ac Amserau Cymru*, 29 Awst 1968, 3.

[55] 'M.H.', 'Drama Ffraeth yng Ngarthewin', *Baner ac Amserau Cymru*, 18 Gorffennaf 1968, 8.

[56] Cyfeiria'r beirniad at 'sgwrs rhwng Gar a'i dad am y cwch glas ac Abersoch yn yr act olaf, pan oedd yr hen ddyn . . . yn dechrau toddi.' *Ibid.*

[57] Jones, *Y Toblarôn*, 28.

[58] *Ibid.*

[59] Yn ôl Wil Sam ei hun; cyfweliad.

[60] Alun Jones, *Ac Yna Clywodd Sŵn y Môr* (Llandysul: Gomer, 1979).

[61] Yn ôl Alun Jones, cyfweliad, Mawrth 2000.

[62] *Ibid.*

[63] W. S. Jones, *Tro Crwn* yn *Dinas Barhaus a Thair Drama Arall* (Talybont, 1968), 52–3.

[64] 'Pobol a phetha Eifionydd ydi neunydd i': Jones, *Y Toblarôn*, 5.

[65] *Ibid*, 6.

[66] Jones, *Dinas Barhaus* yn *Dinas Barhaus*, *loc. cit*, 18–9.

[67] Jones, *Y Toblarôn*, 17.

[68] Eugene Ionesco, *The Bald Prima Donna* yn *Plays: Volume I* (cyf. Donald Watson), (Llundain: John Calder, 1963 [adargraffiad]), 91–2.

[69] R. M. Jones: *Llenyddiaeth Gymraeg 1936–1972* (Llandybïe, 1975), 423. Ategir y farn hon yn Meic Stephens gol., *Y Cydymaith i Lenyddiaeth Cymru* (Caerdydd: Gwasg Prifysgol Cymru, [Ail Argraffiad] 1997), 425. Disgrifir Wil Sam fel awdur a fedd y ddawn i 'ddefnyddio dyfeisiau symbolig sy'n awgrymu dulliau Theatr yr Afreswm; ond comedïol yn hytrach na thrasiedïol yw ei osgo'.

[70] Idwal Jones, 'Dyhead': dyfynnir gan R. M. Jones, *Llenyddiaeth Gymraeg 1936–1972*, 422.

[71] Ionesco, *The Bald Prima Donna*, 92.

[72] R. M. Jones: *Llenyddiaeth Gymraeg 1936–1972*, 423.

[73] *Ibid*, 424: 'Mewn gwirionedd tramps ieithyddol ydyn nhw i gyd [sef cymeriadau Wil Sam]. A chwestiwn ynghylch ein defodaeth feddyliol yw'r her a gynigiant, gan ei chynnig mewn modd ffwrdd-â-hi a thrwsgl: yn wir, y trwstaneiddiwch yw'r delfryd.'

[74] Samuel Beckett, *Wrth Aros Godot* (Caerdydd, 1970), sef cyfieithiad Saunders Lewis o *En Attendant Godot* (1955).

[75] Samuel Beckett, *Acte Sans Paroles* (1957).

[76] Samuel Beckett, *Diweddgan* (Caerdydd, 1969), sef cyfieithiad Gwyn Thomas o *Fin de Partie* (1957).

[77] Wil Sam, cyfweliad.

[78] Elis Gwyn Jones, 'Gair i Gychwyn' yn W. S. Jones, *Mae Rhywbeth Bach* (Talybont: Y Lolfa, 1969), 4–5.

[79] 'Loyal Wêls', *Tafod y Ddraig*, Gorffennaf, 1969, 10.

[80] Jones, *Wil Sam*, 155.

[81] *Ibid.*

[82] *Ibid*, 158.

[83] Wil Sam, cyfweliad.

[84] 'Wil Vaughan, Y Bontnewydd a'r Alban': Jones, *Wil Sam*, 150.

[85] Wil Sam, cyfweliad.

[86] 'Tydyn nhw ddim yn werth rhech dafad, chwedl Nain.': *ibid*, 155.

[87] *Ibid.*

[88] *Ibid.* Noder hefyd y dyfyniad hwn o *Y Toblarôn*, 9.

Dobsn:	Wyt ti'n cael dy naddu, naci, dy noddi?
Myfi:	Bedachi'n feddwl ddyn?
Barcyr:	Ydi Cyngor y Clefyddyda yn rhoi amball i gant – i grant i ti?
Myfi:	Dydw i ddim yn siwr. Mi anghofis i yrru stamp adres i'r Cyngor.
Dobsn:	Dwyt ti'n derbyn dim am dy draffarth felly?
Myfi:	Nagoes thenciw.

Jones, *Y Toblarôn*, 9.

[89] Jones, *Wil Sam*, 132.

[90] Humphreys, 'Ffigys Oddiar Ysgall', 151.

Wil Sam wrth ei waith, 1971.
[*Llyfrgell Genedlaethol Cymru.*]

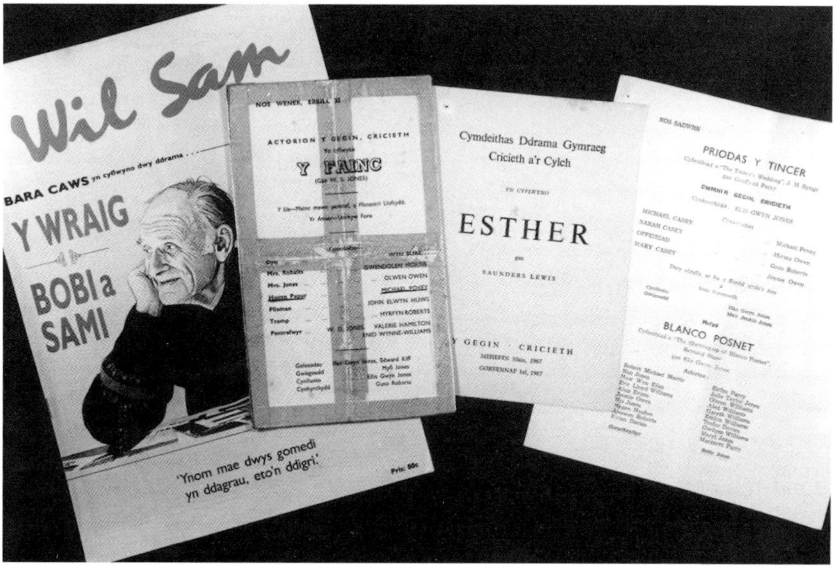

Rhaglenni'r Gegin. [*Llun: Brian Tarr.*]

Ymarfer *Y Gofalwr* yn y Gegin yn 1964. [*Llyfrgell Genedlaethol Cymru.*]

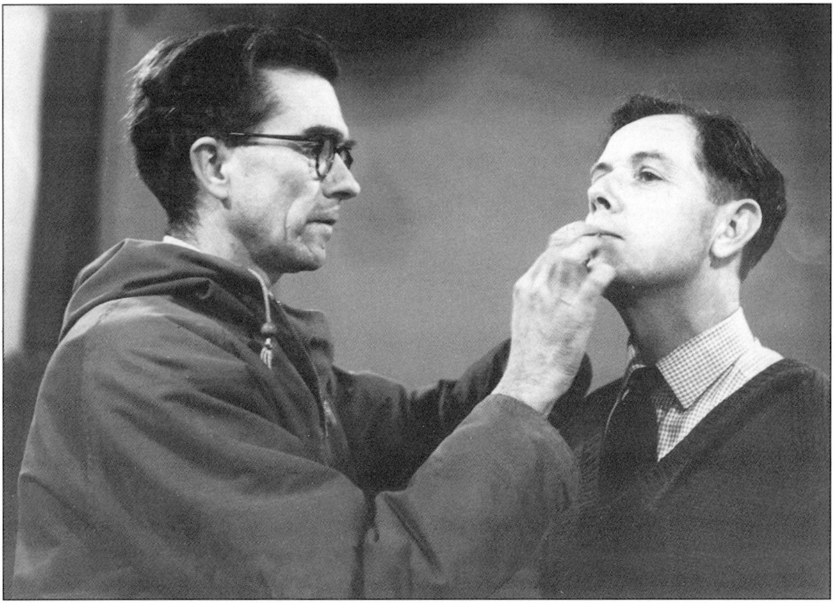

Elis Gwyn yn coluro W. D. Jones (Wil Dafydd) yn Theatr y Gegin.

Stewart Jones a Meic Povey ar lwyfan y Gegin yn 1972.
[*Llyfrgell Genedlaethol Cymru.*]

Wil Sam gyda'r echel a ddefnyddiwyd yn ei ddrama *Tro Crwn*.

Drych y Gymuned: Theatr Felin-fach

Hazel Walford Davies

Saif pentref Felin-fach ar y briffordd rhwng Aberaeron a Llanbedr Pont Steffan ar ffin uchaf gwrthglawdd y 'Smotyn Du', sef cadarnle'r Undodiaid yng Ngheredigion. Bedyddiwyd yr ardal yn 'Smotyn Du' gan y Methodistiaid Calfinaidd yn y bedwaredd ganrif ar bymtheg am iddynt fethu cael unrhyw ddylanwad arni, er nad yw'r Smotyn ond ychydig filltiroedd o Langeitho, canolfan bwysig gweithgarwch Daniel Rowland. Hyd heddiw, dyma ardal ddiwylliedig sy'n parchu annibyniaeth barn ac ymlyniad wrth fro a theulu. Gellir dadlau bod yr holl nodweddion hyn yn rhan annatod o ffyniant theatr flaengar Felin-fach.

Mae i ddiwylliant y pentref a'r cylch ei nodweddion unigryw ei hun. Dyma'r ardal a ysbrydolodd y dramodydd a'r digrifwr Idwal Jones, ac yn ei ysgrif 'Cymeriadau'r Felin-fach', fe'i ceir yn canu clodydd Dyffryn Aeron ac yn cydnabod ei ddylanwad arno. Bu ei dad, Teifi Jones, yn ysgolfeistr Felin-fach am flynyddoedd, ond yn 1891 symudodd i Lanbedr Pont Steffan ac yno y ganed Idwal Jones. Ond diwylliant, ffraethineb a chwedlau'r Felin-fach a gyfoethogai aelwyd y teulu. Llenwai ei fam y cartref newydd ag 'ysbrydion Dyffryn Aeron. Ddydd ar ôl dydd y siaradai amdano, a hanes y fro o Demple Bar i Dalsarn, ac o'r fan honno i Ystrad, yn myned ymlaen fel math o chwedl para-byth o fewn muriau ein cartref yn y dref.'[1]

Ymhlith y cymeriadau y soniai ei fam amdanynt yr oedd y bardd gwlad a'r Undodwr John Jenkins, neu 'Cerngoch' (1820–1894), a chwaraeodd ran allweddol yn niwylliant Dyffryn Aeron. Rhydd ei gerddi ddarlun lliwgar o hen arferion a phobl y fro, ac yn eu cyfuniad o ddwyster a hiwmor maent yn ymgorfforiad o ysbryd y Dyffryn. Pur barchus yw cerddi cyhoeddedig Cerngoch, ond erys nifer o'i gerddi 'coch' ar lafar gwlad. Cerddi hwyliog a masweddus yw'r rhain wedi eu cyfansoddi yn nhafodiaith liwgar Felin-fach a'r cylch. Ceir ynddynt nifer o gyfeiriadau at firi'r tafarnau lleol ar ddyddiau gŵyl. Ymddengys na wnaeth parchusrwydd a difrifoldeb crefyddol y cyfnod ladd yr hwyl a'r rhialtwch a oedd yn nodweddion mor amlwg o Ddyffryn Aeron yn ail hanner y bedwaredd ganrif ar bymtheg. Cyfeirir at gyfoeth diwylliant y Dyffryn yn y cyfnod hwnnw gan Gwenallt yn *Cofiant Idwal Jones*:

> Ar wahân i Eisteddfodau, cyfarfodydd cystadleuol a beirdd gwlad ceid yn y Felin-fach a'r cylch rasus ceffylau, ymrysonfeydd aredig, hela'r cadno a neithiorau. Enwog oedd Dyffryn Aeron yn y cyfnod hwn am ei geffylau rasus . . . a'r enwocaf ohonynt oedd poni Jenkins Blaen Plwyf, Nans o'r Glyn. Cawn sôn yn y cylchoedd hyn hefyd am y seindyrf pres a chyfarfodydd dysgu Solffa; a phoblogaidd iawn oedd y cyfarfod cystadleuol . . .[2]

Yr oedd ardal Felin-fach yn nodedig hefyd am ei chaneuon gwerin, yn ogystal â cherddi. Lluniwyd casgliad helaeth o'r caneuon traddodiadol hyn gan un o ysgolfeistri'r pentref, sef J. Ffos Davies, a'r mwyaf adnabyddus o'r rhain, wrth gwrs, yw 'Lisa Dal-y-Sarn'. Yr etifeddiaeth ddiwylliannol gyfoethog hon a ysbrydolodd gyfres Idwal Jones o ganeuon digrif, ac yn 1935 sefydlodd yr awdur hwn y grŵp poblogaidd 'Adar Tregaron', grŵp a fu'n perfformio y flwyddyn honno yn neuadd bentref Felin-fach ar 29 Mai. Yn ôl Gwenallt, 'Llawen gan Idwal Jones oedd gweld cyngerdd o'i waith yn cael ei chynnal yn y Felin-fach, cynefin ei fam, a'i gynefin ysbrydol yntau: a da oedd gan y brodorion weled ffrwyth athrylith ddigri mab a fu yn un ohonynt hwy.'[3]

Yn ddiamau, fe fu i fywiogrwydd traddodiad y ddrama yn yr ardal hefyd wneud argraff ddofn ar Idwal Jones. Yn hanner cyntaf yr ugeinfed ganrif yr oedd nifer o gwmnïau drama yn Nyffryn Aeron yn perfformio'n gyson yn y capeli a'r ysgolion. Yn 1916, ffurfiwyd Cwmni Dyffryn Aeron yn arbennig ar gyfer perfformio *Twm-Siôn-Cati* yn ysgol Felin-fach. Cwmni digon amrwd oedd hwn a darllen eu llinellau a wnâi'r actorion dibrofiad. Prif ddifyrrwch y gynulleidfa wledig yn ystod yr act gyntaf oedd dyfalu pa gymydog neu ffrind a lechai y tu ôl i'r barfau a'r mwstashys ffug ac o dan yr hetiau a'r wigiau helaeth. Dair blynedd wedi'r perfformiad o *Twm-Siôn-Cati* ffurfiwyd Cwmni Drama Tynygwndwn gan aelodau'r capel o'r un enw nid nepell o Felin-fach. Y ddrama gyntaf i'w pherfformio oedd *Beddau'r Proffwydi*, W. J. Gruffydd, ac fe'i dilynwyd gan nifer o ddramâu dwys y cyfnod megis *Llwybrau Anrhydedd* a *Jack Martin*. Ond yn y bôn ardal y gomedi oedd Felin-fach, a buan y sylweddolodd y cwmni mai ffars a chomedïau poblogaidd oedd at ddant y gynulleidfa. Bu Cwmni Tynygwndwn yn diddanu pobl y Dyffryn am dros hanner canrif â pherfformiadau o ffefrynnau megis *Maesymeillion*, D. J. Davies, *Pobl yr Ymylon*, Idwal Jones, *Llwyn Brain*, Huw Edwards, a *Modryb Angelina*, Meirion Powell. Y ffefryn yn ddiau oedd *Glo Caled*, Gwynne W. Evans, drama a berfformiwyd gan y cwmni ddeg ar hugain o weithiau, gan gynnwys un perfformiad gerbron Cymry Llundain yn eu neuadd yn Gray's Inn Road. Byddai Neuadd Goffa Felin-fach dan ei sang yn flynyddol ar Ddydd Nadolig a Gŵyl San Steffan, a gwyddys fod cyfran helaeth o'r gynulleidfa yn teithio yno o bell i fwynhau'r perfformiadau. Ond yn y chwedegau daeth oes aur y cwmni i ben, ac yn gynnar yn y saithdegau chwalwyd Cwmni Tynygwndwn.

Er hynny, yr oedd y ddrama yn dal yn gelfyddyd rymus yng Ngheredigion am fod iddi rôl bwysig o fewn y gyfundrefn addysg. Er mwyn deall sut y daeth drama yn rhan allweddol o bolisi addysg Sir Aberteifi rhaid dychwelyd i'r pedwardegau cynnar pan sefydlwyd Panel Drama dan nawdd y Cyngor Gwlad. Y Llywydd cyntaf oedd Mary Lewis, cynhyrchydd amryddawn Cwmni Drama Llandysul. Prif waith y Panel oedd trefnu gwyliau drama mewn gwahanol ganolfannau yn y sir, a sefydlu cyrsiau preswyl blynyddol. Ond yr oedd Mary Lewis yn awyddus hefyd i ffurfio cwmni drama o safon a fyddai'n perfformio'n gyson yng Ngheredigion ac mewn gwahanol ganolfannau ledled Cymru. O dan ei harweiniad hi, ac Ithel Jones yn ddiweddarach, daeth 'Cwmni Ceredigion' yn bur adnabyddus drwy Gymru, a gwahoddwyd hwy i berfformio yng Ngwyliau Drama Llangefni a Garthewin yn ogystal ag mewn Eisteddfodau Cenedlaethol. Un o brif actorion y cwmni oedd Alwyn Jones, a oedd ar y pryd yn Swyddog Addysg Bellach Sir Aberteifi. Yr oedd yn ŵr a chanddo ddiddordeb byw yn y theatr ac ef a olynodd Mary Lewis fel Llywydd y Panel Drama wedi ei marwolaeth yn 1960.

Fel Swyddog Addysg Bellach yr oedd ganddo gryn ddylanwad ar bolisi addysg y sir, a chyda chydweithrediad parod Dr John Henry Jones, y Cyfarwyddwr Addysg, buan y sefydlwyd swydd Trefnydd

Drama yng Ngheredigion. Disgwylid i'r Trefnydd ddarparu hyfforddiant i ddisgyblion ac athrawon yn yr ysgolion, ac i oedolion a phobl ifainc yn y neuaddau pentref. Yr oedd yn ofynnol iddo yn ogystal lwyfannu dramâu o fewn y sir. Drwy danlinellu pwysigrwydd drama fel cyfrwng addysg yn y modd hwn, cychwynnwyd ar y daith a arweiniodd ymhen naw mlynedd at agor drysau Theatr Felin-fach. Gwynn Hughes Jones a benodwyd yn Drefnydd Drama, a'i gam cyntaf oedd sicrhau bod hen Ysgol Gynradd Aberaeron yn cael ei haddasu'n Ganolfan Ddrama. Darparwyd yn y Ganolfan ystafell ymarfer eang, ystafell gymdeithasu, stordy ar gyfer dillad, setiau a goleuadau, ynghyd â gweithdy ar gyfer saer setiau.

Yn y Ganolfan hon y byddai Gwynn Hughes Jones yn hyfforddi plant ac oedolion yn y grefft o lwyfannu drama. Diau fod ei dechneg o hyfforddi actorion yn ymddangos yn bur estron i'r bobl ifainc a'r oedolion hynny a oedd yn gyfarwydd â dulliau mwy amrwd y cwmnïau amatur. Dyma sut y disgrifia Gwynn Hughes Jones drefn yr ymarfer:

> Credaf fod y dechneg o hyfforddi yn hollbwysig, a'r dull a gymeraf yw cychwyn drwy symudiadau gyda miwsig yn gefndir. Yna eir ymlaen i'r ddawns-ddrama er mwyn datblygu symudiadau rhwydd a chreu perthynas naturiol rhwng y cymeriadau . . . bydd ymarferiadau ar ddechrau pob sesiwn i gyfeiliant miwsig er mwyn llacio'r cyhyrau ar gyfer gweithgarwch y noson. Yna dewisir un sefyllfa arbennig i'w hactio. Wedi ymdrin â hi'n ofalus, gofynnir i'r grŵp roi portread ohoni gan eu cyfyngu eu hunain ar y dechrau i ddarlunio'r teimlad sydd ynddi. Gwneir hyn gyda miwsig yn gefndir. Y cam nesaf yw cymell yr actorion i ddefnyddio deialog bwrpasol, a dyma gyfle i bwysleisio llefaru cywir . . . Y peth olaf a wneir yw dysgu geiriau'r awdur.[4]

Dyma hyfforddi a oedd yn dilyn canllawiau'r theatr broffesiynol.

Gan nad oedd modd perfformio dramâu yn y Ganolfan yn Aberaeron, penderfynwyd llwyfannu cynyrchiadau Gwynn Hughes Jones yng Nghanolfan Addysg y Ffermwyr ar gampws Coleg Bro Aeron yn Felin-fach, lle'r addaswyd y ffreutur yn theatr fechan. Ar lwyfan y theatr hon y dechreuodd Gwynn Hughes Jones ailgynnau fflam y ddrama yn ardal Felin-fach. Penderfynodd fod yn rhaid trefnu agoriad swyddogol a llwyddodd i ddwyn perswâd ar Bwyllgor Addysg y sir i ariannu'r achlysur lansio. Yng nghofnodion yr Is-bwyllgor Drama,

30 Medi 1965, ceir amlinelliad o'r trefniadau ar gyfer 'Agoriad Swyddogol Theatr Fach, Canolfan Addysg y Ffermwyr, Felin-fach'.' Yr Henadur M. Ll. G. Williams a agorodd y theatr yn swyddogol, a'r gŵr gwadd oedd Alun Oldfield Davies; Wilbert Lloyd Roberts (BBC Bangor ar y pryd) a Raymond Edwards (Pennaeth Coleg Cerdd a Drama, Caerdydd) a ddewiswyd i annerch y gynulleidfa ddethol. Yn ogystal, gwahoddwyd i'r seremoni gynrychiolaeth o Urdd Gobaith Cymru, Undeb Ffermwyr Ifainc Sir Aberteifi, prif swyddogion y Swyddfa Addysg yn Aberystwyth ac aelodau o Banel Drama Cyngor Gwlad Ceredigion. Gwahoddedigion yn unig oedd yno ar y noson agoriadol, ond ar y ddwy noson ganlynol rhoddwyd cyfle i'r cyhoedd weld y ddrama gomisiwn a ysgrifennwyd gan J. R. Evans, Llanilar, a'r Parchedig D. Jacob Davies, Alltyblaca.

Un o'r prif westeion ar y noson agoriadol oedd brodor o'r fro, Simon Davies, Greengrove. Yn wir, gellid dadlau na fyddai theatr yn Felin-fach o gwbl oni bai am haelioni'r gŵr hwn. Bu Simon Davies yn cynrychioli ei ardal ar y Cyngor Sir am bedair blynedd a thrigain, ac, yn ôl yr hanes, blinodd gymaint ar y trafodaethau diddiwedd ac aneffeithiol mewn pwyllgorau ynglŷn â'r lleoliadau posibl ar gyfer sefydlu Coleg ar gyfer ffermwyr fel y bu iddo gynnig acer o dir ar ystad Greengrove yn rhad ac am ddim i'r Awdurdod Addysg er mwyn datrys y broblem. Cafodd y pleser o agor Coleg Bro Aeron yn swyddogol ar 3 Mehefin 1955. Ar lawer ystyr yr oedd Simon Davies yn arloeswr amaethyddol. Ef a ddaeth â buchod Ffrisia i'r fro am y tro cyntaf, a'i freuddwyd fawr oedd sefydlu ffatri laeth yn Felin-fach. Er mwyn gwireddu'i freuddwyd, gwerthodd ddeuddeg erw o dir ffrwythlon Greengrove i'r Bwrdd Marchnata Llaeth am £350, ac yn 1951 agorwyd Ffatri Laeth Felin-fach. (Wrth yrru drwy'r fynedfa tuag at y theatr bresennol heddiw gellir gweld y gofeb a godwyd yn 1996 fel teyrnged i Simon Davies. Cynlluniwyd hi gan David Lloyd, Artist Preswyl y Theatr ar y pryd, mewn cydweithrediad â phlant, pobl ifainc ac oedolion Dyffryn Aeron. Ar y gofeb cynrychiolir Addysg gan lyfr agored, Diwydiant gan gasgen laeth, a'r Theatr gan fasgiau Comedi a Thrasiedi. Canolbwynt y gofeb yw 'Fflam Cefn Gwlad'.)

Yn y Theatr Fach, ar y tir a roddwyd gan Simon Davies i'r sir, llwyfannwyd ar ddiwedd y chwedegau rai o'r perfformiadau mwyaf poblogaidd a welodd pobl y Dyffryn er oes aur y cwmnïau amatur lleol. Yn ôl Gwynn Hughes Jones yr oedd awyrgylch arbennig yn perthyn i'r theatr hon. Gan mai seddau i gant ac ugain o bobl yn unig oedd ynddi fe'i nodweddid gan deimlad o agosatrwydd ac anffurfioldeb. Yn ogystal, dylid nodi bod yr actorion yn wynebau cyfarwydd i'r gynulleidfa gan mai pobl y fro oeddynt, ac yr oedd nifer o'r dramâu a berfformiwyd yn y theatr wedi eu hysgrifennu gan awduron lleol. Diddorol yw nodi na fyddai'r gynulleidfa'n troi tua thre yn union wedi'r perfformiadau. Deuai Gwynn Hughes Jones i'r llwyfan wedi i'r llen ddisgyn i arwain trafodaeth ar gryfderau a gwendidau'r cyflwyniad. Yr oedd yn addysgwr wrth reddf ac yn awyddus i feithrin chwaeth ei gynulleidfa. O'r cychwyn, felly, yr oedd y theatr yn Felin-fach, drwy gyfrwng y fath drafodaethau, yn cynnig addysg yn ogystal â difyrrwch – traddodiad sy'n parhau hyd heddiw.

Rhaid cofio nad oedd cynnal trafodaeth wedi perfformiad yn rhywbeth newydd yng Nghymru, wrth gwrs. Ddiwedd y pedwardegau mabwysiadodd Morris Jones, cyfarwyddwr Chwaraewyr Garthewin, yr arfer o roi cyfle i'r gynulleidfa drafod perfformiadau yn ysgubor plas Garthewin ar ystad R. O. F. Wynne yn Nyffryn Clwyd. Diddorol nodi fod Gwynn Hughes Jones wedi mynychu Gŵyl Ddrama Garthewin yn 1964. Aeth yno i gefnogi Cwmni Ceredigion pan oedd yn perfformio *Tartwff*, cyfieithiad D. J. Thomas o ddrama Molière, a hefyd i wrando ar John Gwilym Jones yn traddodi darlith ar 'Ysgrifennu Drama'. Yn y ddarlith honno, canmolodd John Gwilym Jones yn frwdfrydig ddramâu Ionesco, Pirandello a Beckett. Ysbrydolwyd Gwynn Hughes Jones gan afiaith y darlithydd a gofynnodd iddo am gyngor ynglŷn â pha ddramâu y gellid eu llwyfannu yn Felin-fach. Y cyngor a roddwyd iddo oedd y dylid llwyfannu'n gyntaf weithiau gan ddramodwyr o'r fro yn ymwneud â materion y medrai'r gynulleidfa uniaethu â hwy. Ond pwysleisiodd ar yr un pryd mai hanfodol hefyd fyddai cyflwyno i drigolion Dyffryn Aeron ac i blant ysgolion Ceredigion ddramâu clasurol a chyfieithiadau o ddramâu Ewropeaidd. Mabwysiadwyd y cynllun hwn gan Gwynn Hughes Jones, ac wrth drafod rhaglen Felin-fach ychydig flynyddoedd yn ddiweddarach, dywedodd nad 'dramâu a ysgrifennwyd neu a gyfieithwyd gan awduron lleol a berfformir yn unig',[5] gan ychwanegu: 'Amcenir at gadw'r dafal yn wastad rhwng y ddrama draddodiadol a'r ddrama fodern. Teimlir ei bod yn ddyletswydd arnom dorri tir newydd ar dro a meithrin chwaeth mewn celfyddyd.'[6]

'Meithrin chwaeth' oedd amcan y Cyfarwyddwr pan gyflwynodd yn

Felin-fach ei gynhyrchiad o gyfieithiad o ddrama Lorca, *The House of Bernarda Alba*. Aelodau o ganghennau Sefydliad y Merched Sir Aberteifi oedd yr actorion, a daethant at ei gilydd o ganlyniad i'r dosbarthiadau drama a gynhelid dan arweiniad Gwynn Hughes Jones. Heb os, yr oedd drama Lorca yn dipyn o sialens i'r actorion dibrofiad, a gofynnwyd i'r cyfarwyddwr dro ar ôl tro pam na ddewiswyd drama lai dyrys ar gyfer y cwmni amatur hwn. Ei ateb bob tro oedd mai drama Lorca oedd yr unig ddrama safonol ac ynddi rannau cryfion ar gyfer cynifer o ferched, a'i bod yn rhoi cyfle ardderchog i ddysgu hanfodion crefft y theatr i actorion a chynulleidfa. Ar noson y perfformiad yn y Theatr Fach yr oedd y neuadd yn orlawn ac ymateb y gynulleidfa wledig yn gynnes a deallus. Y mae'n werth cofnodi'r sylw a wnaed gan bostfeistres leol yn y drafodaeth wedi'r cynhyrchiad: 'Mae'n ddrama mor Gymreig!'

Erbyn 1968, yr oedd y Theatr Fach wedi hen ennill ei phlwyf, ac yn y flwyddyn honno cafwyd caniatâd i gynyddu nifer y perfformiadau o ddeuddeg i hanner cant y flwyddyn. Er mwyn sicrhau na fyddai'r theatr yn amddifadu neuaddau pentrefi lleol o'r arlwy, penderfynodd Pwyllgor Drama, Pwyllgor Addysg Sir Aberteifi mai'r unig berfformiadau cyhoeddus a ganiateid yn y Theatr Fach fyddai'r rheiny a oedd yn gysylltiedig â sefydliadau sirol ac addysgol. Ond yr oedd yn rhy hwyr yn 1968 i geisio diogelu'r neuaddau pentref, gan fod y cwmnïau amatur i bob pwrpas wedi peidio â bod. Yr oedd cyfnod yr 'arbrofi' wedi cyrraedd, a dengys cofnodion y Pwyllgor Drama, 21 Tachwedd 1967, fod Gwynn Hughes Jones ar flaen y gad wrth hyfforddi pobl ifainc Ceredigion. Penderfynwyd 'that the Drama Organizer, in consultation with the Principal, Coleg Bro Aeron, be permitted to use the stage for experimental work in Drama'. Yng nghofnodion yr un pwyllgor sonnir am y tro cyntaf am bantomeim y theatr, 'Pantomeim Siôn Cwilt', pwnc y dychwelir ato yn y man.

Fodd bynnag, ar ddiwedd y chwedegau, dechreuodd poblogrwydd y Theatr Fach esgor ar nifer o broblemau. Bellach nid oedd digon o le ar gyfer y cynulleidfaoedd niferus a dyrrai yno. Problem sylfaenol arall oedd y pellter rhwng y Ganolfan yn Aberaeron a'r theatr yn Felin-fach. Gwaith pur drafferthus oedd trosglwyddo'r setiau, y gwisgoedd a'r offer goleuo o'r naill le i'r llall. Yn Ionawr 1968 aeth Gwynn Hughes Jones, ynghyd â dwy athrawes (a oedd yn gyfrifol am weithdy ar gyfer plant a gynhelid bob bore Sadwrn yn Aberaeron), at y Cyfarwyddwr

Addysg i ofyn am theatr newydd sbon yn Felin-fach, lle y gellid rhoi cyfle i blant ac oedolion fel ei gilydd ymgydnabod â gofynion llwyfan proffesiynol o ran maint a chydweithio â thechnegwyr ac adeiladwyr-setiau profiadol. Dadleuwyd bod yn rhaid cael theatr fodern os oedd y ddrama i fod yn 'gyfrwng byw' yng Ngheredigion.

Er mawr glod i'r Cyfarwyddwr ac i'r Pwyllgor Addysg, aethpwyd ati ar unwaith i drafod sefydlu 'Canolfan Celfyddydau Felin-fach', a chafwyd trafodaethau rhwng y Cyngor Sir a 'Messrs C. A. Davies and Co.' ynglŷn â phrynu darn o dir ychwanegol ger Coleg Bro Aeron. Erbyn Mehefin 1968 yr oedd cynlluniau drafft y pensaer William G. Davies yn barod, ond ni chychwynnwyd ar y gwaith adeiladu oherwydd anghytundeb rhwng y Cyngor a pherchnogion y tir. Dengys un o gofnodion Cyd-bwyllgor Adeiladau'r Cyngor Sir, 20 Tachwedd 1969, fod amynedd yr aelodau'n dirwyn i ben a bod adeiladu'r Ganolfan yn un o'u blaenoriaethau:

> Proposed Acquisition of land. The Deputy Clerk of the County Council reported in a letter received from the Solicitors acting on behalf of Messrs C. A. Davies & Co reiterating their willingness to sell the site required by the Authority but offering an alternative site. It was *Resolved* to authorise the Clerk to issue a Compulsory Purchase Order on the site required by the Local Education Authority and to inform the family that the alternative site was of no interest for the purpose the Authority had in mind.[7]

Cyn hir yr oedd y safle a ddewiswyd gan yr awdurdod wedi ei brynu, ac aeth Gwynn Hughes Jones a William G. Davies ati'n ddi-oed i greu cynlluniau pellach ar gyfer y Ganolfan a'r theatr yn arbennig. Yr oedd y safle cyn cychwyn ar y gwaith adeiladu yn 'ddrych o dristwch', yn ôl un o drigolion yr ardal.[8] Ceid ar y safle siediau adfeiliedig lle'r arferid cadw a thrwsio peiriannau amaethyddol a logid gan ffermwyr yn ystod yr Ail Ryfel Byd – golygfa a ddisgrifiwyd fel 'dolur i'r llygad' gan yr un sylwebydd. Dyhead Gwynn Hughes Jones oedd trawsnewid y safle a chael arno theatr a fedrai gystadlu â'r theatrau bychain yn Lloegr ac Ewrop. Ymwelodd ef a William G. Davies â rhai o theatrau Lloegr, yr Alban ac Iwerddon er mwyn casglu syniadau ar gyfer y cynllun arfaethedig. Yn 1970, rhoddodd Gwynn Hughes Jones amlinelliad clir o'r math o adeilad oedd ganddo mewn golwg:

> Golygir adeiladu Canolfan Ddrama newydd yno, yn cynnwys llwyfan 2,500 o droedfeddi sgwâr a fedr gael ei ddefnyddio fel Stiwdio lle gellir cynhyrchu drama neu opera o unrhyw faint. Bydd goleuadau o'r nenfwd i oleuo'r oll o'r llawr a gellir rheoli pob un o'r goleuadau yn hwylus yn ystod perfformiad o ystafell arbennig tu ôl i'r gynulleidfa. Fe fydd Seiclorama symudol ar y muriau a bydd yr offer clyweled nid yn unig at bwrpas drama ond hefyd i'w defnyddio fel labordy iaith. Adeiladir yn Felinfach hefyd ystafelloedd arbennig i'r gwisgoedd, gwaith coed, paentio a choluro. Fe fydd seddau esmwyth ar lefelau i tua 280 o bobl.[9]

Ym mis Mawrth 1970, awgrymodd Gwynn Hughes Jones, yn llawn brwdfrydedd a hyder, i Bwyllgor Cerdd, Drama a Llyfrau Cymraeg y Sir y dylid gwneud cais i Gyngor Celfyddydau Cymru am nawdd tuag at greu pwll ar gyfer cerddorfa yn y theatr. Er mawr siom i gefnogwyr y fenter gwrthodwyd y cais, a rhaid oedd rhoi'r gorau i'r syniad. Yn yr un flwyddyn, fodd bynnag, cafwyd grant o £12,000 gan y sir i'w wario'n benodol ar gyfer y theatr arfaethedig. Ym mis Mawrth 1970, dechreuwyd ar y gwaith o baratoi'r safle ar gyfer yr adeiladu. Dymchwelwyd yr hen siediau blêr ond defnyddiwyd eu fframwaith dur fel cragen i'r Ganolfan newydd. Gwnaethpwyd hyn ar gyngor William G. Davies, a thrwy ddilyn ei gynllun ef arbedwyd miloedd o bunnau, a llwyddwyd i gyfyngu'r gost derfynol i oddeutu £70,000. Araf iawn fu'r gwaith, ond wedi dros ddwy flynedd o lafur agorwyd 'Canolfan Celfyddydau Felin-fach' ar nos Lun, 15 Mai, 1972.

Agorwyd y Ganolfan gan Dr J. Henry Jones, a chyn iddo ddadorchuddio'r llechfaen a gofnodai'r achlysur hollbwysig bendithiwyd yr adeilad gan y Parchedig Idris Evans, Henllan. Cyfarwyddwr gweithgareddau'r lansio oedd Gwynn Hughes Jones, a pharatowyd y sgript gan John R. Evans. Tystia cynnwys y rhaglen agoriadol i'r ffaith fod hon yn ganolfan ddiwylliannol i'r gymuned gyfan. Nid gwahoddedigion o bell oedd ar lwyfan Theatr Felin-fach ar y noson agoriadol, ond artistiaid y fro: Dai Jones Llanilar, Doreen Lewis, Alwyn Jones, Dafydd Edwards, Mari Vaughan Jones, David Harries, Ronnie Rees, Percy Moore, Ivor Lloyd, Dennis Birch, Clive Webber, Angela Rogers Lewis, Ethel Jones, Siân Williams, Maggie Davies, Merched Ysgol Tregaron a Theatr Blant y Ganolfan. Cofia Dafydd Aeron, Technegydd Golau a Swyddog Marchnata'r theatr, yr achlysur yn dda. Ef oedd yn gyfrifol am y llenni y noson honno, a'i argraff, fel bachgen ifanc, oedd fod y gynulleidfa yn ymdebygu i gynulleidfa'r 'West End', Llundain. Gwisgai Gwynn Hughes Jones a'r rheolwr llwyfan, Hywel Evans, eu dici-bôs, a pharhaodd yr arfer hwn am ychydig ymhlith swyddogion y theatr. Rhoddwyd y gorau iddo pan sylweddolwyd fod perygl iddynt ddieithrio cynulleidfa Dyffryn Aeron drwy wisgo mor ffurfiol!

Dilynwyd yr agoriad swyddogol gan bythefnos o berfformiadau a digwyddiadau amrywiol. Darparwyd rhywbeth at ddant pawb: perfformiad o *Blodeuwedd* gan Theatr Bypedau'r Sir, noson o ddramâu gan Gwmnïau Ieuenctid y Sir a Chlybiau Ffermwyr Ifanc Llanddewi-brefi a Thal-y-bont a Chwmni Theatr Blant y Ganolfan. Cyflwynwyd *Cofio Waldo* gan Gwmni Theatr Cymru a chafwyd cyngherddau gan Gerddorfa Ieuenctid y Sir a'r Gerddorfa Philharmonig Gymreig (gydag unawdwyr o'r Cwmni Opera Cenedlaethol). Aeth y si ar led fod yr arlwy yn Theatr Felin-fach yn dra danteithiol, ac yn ystod y bythefnos gyntaf fe fu i lu o bobl leol ymweld â'r lle. Un fantais fawr, wrth gwrs, oedd fod y theatr newydd mewn man lle'r arferai pobl y fro ymgynnull. Yr oedd y ffermwyr lleol a'u teuluoedd wedi hen arfer cwrdd yn y 'War Ag', fel y gelwid y stordai offer fferm, ac, wrth gwrs, buasai pobl yr ardal ers blynyddoedd yn frwd eu cefnogaeth i'r hen Theatr Fach, a oedd o fewn tafliad carreg i'r theatr newydd. Yr oedd Gwynn Hughes Jones a'i olynydd, Dafydd Price, yn ymwybodol o'r dechrau o'r perygl mewn ardal wledig o greu'r argraff mai canolfan addysgol a chelfyddydol yn unig oedd y theatr. O'r herwydd, estynnid gwahoddiad yn rheolaidd i drigolion y fro i lolfa'r theatr 'am baned o goffi a bisgedi – ac am dipyn o glonc hefyd'.[10] Hysbysebid y sesiynau coffi hyn yn y papurau lleol yn Gymraeg ac yn Saesneg ac adlewyrchid cynhesrwydd y croeso yn y gwahoddiad: 'Dewch am bum munud, neu awr, neu ddwy awr. Dewch â'ch ffrindiau am brynhawn allan o'r tŷ.'[11] Erbyn diwedd Mai 1972 ystyrid y Ganolfan yn aelwyd groesawgar ar gyfer pobl Dyffryn Aeron.

Dengys disgrifiad Lyn Ebenezer o'r theatr fel yr oedd hi yn 1972 ei bod yn bur flaengar yn ei chyfnod, yn enwedig o ystyried mor wledig yw'r ardal:

> Cynlluniwyd yr adeilad fel theatr yn cynnwys yr holl gyfarpar angenrheidiol, gyda llwyfan eang a man gweithgarwch a chadeiriau cysurus i 263 o bobl wedi eu gosod ar esgynlawr fel y gall pawb weld yn ddi-rwystr.

> Yng nghefn y llwyfan sy'n hanner can troedfedd gyda chwech a deugain troedfedd, ceir dwy ystafell werdd, dwy ystafell newid a choluro, toiledau, cawodydd – a lolfa, a gynlluniwyd fel canolfan athrawon a swyddfa i warden y gweithgareddau hyn. Adeg y perfformiadau bydd y lolfa at wasanaeth yr artistiaid.
>
> Ym mhen arall yr adeilad ceir cyntedd a swyddfa archebion, lolfa eang, cegin gryno, a swyddfa i'r Trefnydd Sir. Yn yr ystafell reoli ceir y cyfarpar mwyaf modern, gyda bwrdd pylu golau ar gyfer rheoli goleuadau'r llwyfan, dau ddec ar gyfer chwarae recordiau a thrawsyrru sain stereoffonig, dau daflunydd ffilm ac un ar gyfer sleidiau, recordiwr tâp a labordy iaith bychan. Uwchben y brif lolfa mae ystafell ffotograffig.[12]

Yn yr ysgrif hon nodir hefyd fod staff o bump yn gweithio yn y Ganolfan newydd, a bod cynifer â thair mil o ddisgyblion ysgol wedi ymweld â'r theatr – a hynny yn ystod y ddau fis cyn yr agoriad swyddogol! Yn wir, yn ystod haf a hydref 1972 gwnaeth swyddogion y Ganolfan ymdrech arbennig i ddenu ieuenctid y fro i'r theatr. Yr oedd y lle yn orlawn ar achlysur cyngerdd a roddwyd gan Peqeños Cantores de Valencia – côr plant o Sbaen a wahoddwyd i Gymru i fod yn rhan o ddathliadau hanner canmlwyddiant Urdd Gobaith Cymru. Gwerthwyd hefyd yr holl docynnau ar gyfer perfformiad y Theatr Ifanc (adain o Gwmni Theatr Cymru) o *Y Rhai a Lwydda*, Bernard Evans.

Y tu ôl i lawer o lwyddiant cynnar y theatr yr oedd cymdeithasau'r Ganolfan. Ar 17 Tachwedd cyfarfu Cymdeithas Llên Cymru yn y Ganolfan, gyda'r beirniad Dafydd Glyn Jones yn traddodi darlith ar Gwenallt, a chyn diwedd y flwyddyn sefydlwyd Clwb Ffilmiau llewyrchus. Byddai'r Gymdeithas Ddrama Gymraeg, y Gymdeithas Gerddorfaol, y Gymdeithas Canu Gwerin, y Gymdeithas Cerddoriaeth Glasurol, Grŵp Theatr y Plant ynghyd â Chwmni Ieuenctid y Sir a'r Clwb Ffilmiau yn cyfarfod yno'n gyson. Yr un mis, perfformiwyd *Pethau Brau*, cyfieithiad Nesta Harris o *The Glass Menagerie*, Tennessee Williams, ac i gloi'r flwyddyn gyntaf lewyrchus hon daeth y gymuned ynghyd i 'Hwyl y Nadolig', noson ddifyr o gyflwyniadau amrywiol. Yn ystod y noson perfformiwyd 'Stori'r Bugeiliaid' gan theatr Plant y Ganolfan, a diddorol yw nodi'r datganiad a gynhwyswyd yn y rhaglen ynglŷn â pholisi hyfforddi ieuenctid y theatr, polisi sy'n dal yn gyfredol. Pwysleisir yn y 'Gair o Eglurhad' fod holl waith Theatr y Plant yn deillio o syniadau'r plant eu hunain. Ni fyddid yn cyflwyno unrhyw sgript iddynt ac ni fyddent yn cael eu cyfarwyddo'n haearnaidd. Yr hyn a wneid oedd cyflwyno iddynt fframwaith y gallent wau eu syniadau o'i amgylch. Ymhellach, apeliai'r 'Gair o Eglurhad' a gynhwyswyd yn y rhaglen at y gynulleidfa fel hyn:

> Gobeithiwn felly na fyddwch chi, y gynulleidfa, yn gwylio'r perfformiad o safbwynt safonau gwrthrychol oedolion. Nid pypedau yw plant. Fel y dywedodd Peter Slade (un o sylfaenwyr y mudiad 'Drama i Blant'), 'Prif bechod athro drama yw CYNHYRCHU perfformiad plant er mwyn clod allanol i oedolion.'[13]

Y Gymraeg oedd iaith naturiol rheolwyr Felin-fach, ond gan eu bod yn ymwybodol iawn o'u rôl yn y gymuned nid anwybyddid y di-Gymraeg. Yn ystod y misoedd cyntaf, sefydlwyd cymdeithas lenyddol Saesneg yn ogystal â chymdeithas ddrama Saesneg a lwyfannodd dair drama yn Nhachwedd 1972. Ymunai rhai o aelodau'r cymdeithasau hyn yng ngweithgareddau cymdeithasol Cymraeg y Ganolfan, a buan y trodd ambell sesiwn yn ddosbarth iaith anffurfiol. Yn 1972, fel heddiw, rhaid oedd wrth y Gymraeg os am fwynhau'n llawn gyfoeth a bwrlwm Theatr Felin-fach.

Cymaint oedd cefnogaeth yr holl gymuned i'r theatr, a chymaint oedd llwyddiant y fenter addysgol, nes i Bwyllgor Addysg Sir Dyfed benderfynu yn 1973 greu dwy swydd arall yn y Ganolfan. Penodwyd yn rhan-amser ddwy athrawes ddrama deithiol i hyfforddi plant ac athrawon yn ysgolion y sir. Yn ogystal, deuai grwpiau o blant o ysgolion dalgylch Aberaeron i'r theatr yn wythnosol i dderbyn hyfforddiant mewn drama a cherddoriaeth. Ar gyfer ysgolion uwchradd Tregaron, Llanbedr Pont Steffan ac Aberaeron, trefnid cyrsiau sain, goleuo, adeiladu setiau a chynllunio gwisgoedd, masgiau a phypedau. Yr oedd traddodiad y theatr bypedau eisoes yn gryf yn Felin-fach cyn i'r theatr newydd gael ei hadeiladu. Buasai Cwmni Theatr Bypedau Caricature yn perfformio'n gyson yn y Theatr Fach er 1970 pan gyflwynwyd yno *Blodeuwedd a'r Dewiniaid*, cyfieithiad Rhydwen Williams o gyfaddasiad Jane Phillips o ran o'r Bedwaredd Gainc. Yn y cyfnod 1970–73 daeth dwy fil o blant o ddeg a thrigain o ysgolion i Felin-fach i weld y cwmni hwn yn perfformio. Yn wir, tyrrai ysgolion cynradd y sir i'r theatr yn gyson gan fod y rhaglen mor gyffrous. Er enghraifft, yn 1973 rhoddwyd tri pherfformiad gan Gwmni Pimlico

Llundain gerbron saith cant o blant ysgol, ac yn yr un flwyddyn gwahoddwyd cwmni bywiog ac arloesol o Leeds yno i gynnal gweithdai ar gyfer rhai o ysgolion cynradd y fro. Darparwyd yn ogystal raglenni atyniadol ar gyfer ysgolion uwchradd a cholegau addysg bellach.

Yr oedd amrywiaeth fentrus ei harlwy wrth wraidd llwyddiant Theatr Felin-fach o'r dyddiau cynnar. Llwyddodd i gyfuno'n ddeheuig y lleol, y cenedlaethol a'r rhyngwladol. Bu 1973–74, er enghraifft, yn flwyddyn lewyrchus, fel y gwelir oddi wrth yr enghreifftiau canlynol: perfformiad o *Y Chwyldro*, Edna Bonnell, gan Gwmni Ciliau Aeron, noson o gerddoriaeth bop yng nghwmni Huw Jones, Edward H. Dafis ac Eirlys Parry, cyngherddau gan y Bournemouth Sinfonietta a'r London Gabreli Brass Ensemble, noson o farddoniaeth goncrit gan Peter Finch a Bob Cobbin, ffilmiau Cymraeg ac Americanaidd, sioe undyn gan yr actor a'r dramodydd David Kossof a chynhyrchiad o *Hedda Gabler* gan Gwmni Theatr Norcott o Gaer-wysg. Cafwyd hefyd noson gofiadwy yng nghwmni Cassie Davies, Tregaron. Y tro hwnnw, daeth hi i'r theatr gan ddisgwyl bod yn un o dîm y cwis BBC poblogaidd *Penigamp*. Ond, er mawr syndod iddi hi a'r gynulleidfa, fersiwn Gymraeg o'r rhaglen *This is Your Life* a recordiwyd y noson honno, gydag Alun Creunant Davies yn olrhain gyrfa ddiddorol Cassie Davies. Yn yr un cyfnod, seliodd cymdeithas ddrama Saesneg Felin-fach ei pherthynas â'r theatr ac â'r fro drwy fabwysiadu'r teitl 'The Little Mill Players'.

Denodd amrywiol weithgareddau'r theatr sylw bron yn syth. Lai na blwyddyn wedi iddi gael ei sefydlu, cyflwynodd Ednyfed Hudson Davies bortread bywiog o'r Ganolfan yn y gyfres radio *Cywain*. Yn 1974, dewiswyd y theatr ar gyfer telediad o *Dim ond Fory Tan y Ffair*, telediad o un o'r dramâu buddugol yng Nghystadleuaeth Ddrama'r BBC y flwyddyn honno. Yn wir, bu'r theatr dros y blynyddoedd yn ganolfan bwysig ar gyfer darlledu rhaglenni radio a theledu, agwedd ar y gwaith y cawn ddychwelyd ati maes o law.

Uchafbwynt theatrig y flwyddyn, er y dyddiau cynnar, yw pantomeim Felin-fach. Ysgrifennwyd y pantomeim cyntaf oll, *Twm Siôn Cati*, gan J. R. Evans, Llanilar, ac fe'i perfformiwyd yn y Theatr Fach yn 1968 gan Gwmni Ieuenctid y sir. Bwriad Gwynn Hughes Jones wrth gyflwyno pantomeim yn Felin-fach oedd rhoi am y tro cyntaf i blant ardaloedd gwledig gyfle i fwynhau adloniant ysgafn y

Nadolig – profiad a oedd, wrth gwrs, yn dra chyfarwydd i blant y trefi mawrion. Ond yr oedd un gwahaniaeth pwysig rhwng arlwy Felin-fach a'r hyn a geid yn y trefi hynny. Yn Gymraeg y cyflwynid pantomeimiau Felin-fach, ac ar straeon Cymraeg y'u seiliwyd yn ddieithriad. Gwnaeth J. R. Evans yn siŵr fod cyfeiriadau lleol yn britho'i sgript, a lleolwyd yr Act Gyntaf yn ysgol mam yr arwr yn Nhregaron. Chwaraewyd rhan y fam gan Dulcie (Richards) James, a fu'n gyfrifol hefyd am lunio geiriau Cymraeg i'r caneuon o'r ffilm boblogaidd *The Sound of Music* a ddefnyddiwyd yn y pantomeim llwyddiannus hwn. Fe'i dilynwyd yn 1969 gan gynhyrchiad caboledig arall, *Siôn Cwilt a'r Smyglwyr*, a sgriptiwyd gan Gwilym Thomas. Oherwydd poblogrwydd y cynhyrchiad, bu'n rhaid cynnal perfformiadau dros gyfnod o fis gyda thri pherfformiad ar y Sadwrn, a thystia'r ffaith fod 3,500 o docynnau wedi eu gwerthu y flwyddyn honno fod y fenter wedi esgor ar ymwybyddiaeth newydd o bosibiliadau'r theatr yng nghefn gwlad Cymru. Wrth gyflwyno pantomeim yn y Theatr Fach, poblogeiddio'r theatr oedd un o bennaf amcanion Gwynn Hughes Jones, ac yn 1970 haerodd:

> Efallai yn y gorffennol fod gormod o bwyslais wedi ei roddi ar ddramâu a apeliai at ddeallusion a gwybodusion y Ddrama, ac mae'r Theatr wedi dod yn rhywbeth academaidd yng Nghymru. Wrth gwrs, mae lle i hyn wrth astudio Drama mewn ysgol neu goleg, ond mae Theatr yn rhywbeth ehangach na hyn. Rhaid i'r Ddrama beidio ag apelio gormod at un rhan fach o gymdeithas . . .[14]

I'r cyfarwyddwr hwn, yr oedd pantomeimiau Felin-fach yn fodd i argyhoeddi cyfran helaeth o Gymry Cymraeg Ceredigion o bwysigrwydd adloniant yn eu mamiaith.

Menter gymunedol oedd y pantomeim blynyddol, a phobl leol oedd yn gyfrifol am bob agwedd ar y cynhyrchiad. Erbyn 1970, pan berfformiwyd *Cawl Ceri*, enillasai pantomeim Felin-fach fri ymhell y tu hwnt i ffiniau Ceredigion. Yng ngoleuni hyn oll, go brin fod beirniadaeth ffraeth Idwal Jones nad oedd y Cymry'n cymryd 'eu digrifwch o ddifrif' yn berthnasol i gynulleidfa'r pantomeim yn y theatr hon. Y mae llwyddiant ysgubol y pantomeim yn yr hen Theatr Fach rhwng 1968 ac 1970 yn tystio'n huawdl i allu'r actorion, y technegwyr a'r cyfarwyddwr i oresgyn anawsterau megis diffyg offer a bychander y llwyfan (nid oedd fawr mwy na phymtheg troedfedd sgwâr). Ymhellach, gan fod cymaint o alw am seddau, nid oedd lle i'r cerddorion yn yr awditoriwm o gwbl, a rhaid oedd iddynt (Band y Gwerinwyr), ynghyd â'r organydd Lyn Jenkins, berfformio orau y medrent o'r golwg yn ystafell gyfagos y Prif Weithredwr. Nid oes amheuaeth nad oedd sgiliau cyfarwyddo Gwynn Hughes Jones yn rhan annatod o lwyddiant y cynyrchiadau cyntaf. Y mae Ann Jones, Ffos-y-ffin, a Non Evans, Mydroilyn, a fu'n actio yn *Siôn Cwilt* a *Cawl Ceri* yn tystio bod y cyfarwyddwr yn berffeithydd, a chofiant yn dda y cerydd llym a gafodd dau o'r smyglwyr yn *Siôn Cwilt* am wisgo'u watshys yn un o'r golygfeydd.

Yn anffodus, wedi'r perfformiad o *Cawl Ceri* yn Ionawr 1970, bu'n rhaid rhoi'r gorau i gynnal pantomeimiau am gyfnod o bedair blynedd. Mae'n wir i'r cwmni o bobl y fro ddechrau ar y gwaith o gynhyrchu'r pantomeim *Ma Ni Te* ym mis Medi 1971 gyda golwg ar ei berfformio yn y theatr newydd adeg y Nadolig, ond rhaid oedd gohirio'r cyfan oherwydd arafwch yr adeiladu. Atgyfodwyd *Ma Ni Te* yn 1974 yn y theatr newydd gyda Hywel Evans yn cyfarwyddo, a dyna gychwyn ar gyfres nodedig arall o bantomeimiau yn Felin-fach. Yn sgil llwyddiant ysgubol cynyrchiadau 1974–5 (*Ma Ni Te*, fersiwn o stori Cantre'r Gwaelod, a *Ma Ni To Te*, addasiad o chwedl Lludd a Llefelys), cynyddwyd y nifer o berfformiadau dros wyliau'r Nadolig, ac erbyn 1977 yr oedd oddeutu 2,630 o bobl yn gweld y pantomeim yn flynyddol. Am gyfnod yn y saithdegau yr arfer oedd seilio'r pantomeimiau ar y Pedair Cainc. Yn 1976, perfformiwyd *Jiw, Co Wedjen Culhwch* ac yn 1977 *Och! Och! a Chan Och!*, y naill, fel yr awgryma'r enw, yn fersiwn o chwedl *Culhwch ac Olwen*, a'r llall wedi'i seilio ar hanes Pwyll a Rhiannon. Agwedd bwysig ar atyniad y fath addasiadau yn Felin-fach oedd y modd y llwyddent i adlewyrchu diddordebau a sefyllfaoedd lleol, a chadw ar yr un pryd yn driw i ysbryd y straeon gwreiddiol.

Sgriptiwyd *Och! Och! a Chan Och!* gan Hywel Evans ac Euros Lewis, a benodwyd yn 1976 i ofalu am ddatblygiadau cymunedol. O 1976 ymlaen, o dan arweiniad y sgriptiwr a adwaenid fel Bryn O'Dalent, daeth cyfeiriadau at wleidyddiaeth a materion cyfoes yn elfennau anochel o'r pantomeim blynyddol. Yn 1984, er enghraifft, gwelwyd llwyfannu *SOS – Galw Tegi Wegi*, pantomeim a seiliwyd ar hanes Rhyfel y Sais Bach. Y 'Sais Bach' oedd Augustus Brackenbury a aeth ati, yn fuan wedi iddo brynu 850 cyfer o dir ar y Mynydd Bach, ger Llangwyryfon, yn 1820, i gau tir comin, a thrwy hynny amddifadu trigolion y fro o hawliau a fu'n rhan o'u hetifeddiaeth ers canrifoedd. Cododd tyddynwyr y Mynydd Bach yn erbyn Brackenbury a llosgwyd ei dai, a chiliodd y Sais Bach o'r ardal yn 1830 wedi ei orchfygu. Dyna, felly, sylfaen hanesyddol y pantomeim, ond drwy gyfrwng rhialtwch a ffraethineb y llwyfannu llwyddwyd i addysgu heb ddiflasu. Yr oedd trosglwyddo neges gymdeithasol gyfoes yn rhan allweddol o fwriad Bryn O'Dalent, awdur y pantomeim. Yng ngeiriau Euros Lewis:

> Yn achos Brackenbury mae'r werin yn trechu'r dyn drwg a hynny am nad yw'r mewnfudwr yn medru deall iaith na chalonnau'r bobl. Mae mewnfudwyr yn broblem i ninnau, a'r neges yw mai drwy ein Cymreictod yr enillwn ninnau. Mae her yn y pantomeim i ni ddal at ein Cymreictod er gwaethaf yr olwg dywyll sydd i bethau.[15]

Erbyn yr wythdegau, yr oedd cymeriadau megis y Ficer, y Sgweier, Tegwen y Dylwythen Deg, Deina Dafis, P. C. Penwag (a chwaraewyd am gyfnod gan Ifan Jones, Tregaron), Ianto Ffwl Pelt a'r dihirod Sleibyn a Ben Ake, yn hen ffefrynnau yn Felin-fach. Heidiai pobl yr ardal i archebu tocynnau ym Mehefin, ymhell cyn i'r sgript gael ei hysgrifennu. Yn 1986, gwerthwyd o fewn un diwrnod yr holl docynnau ar gyfer y naw perfformiad o *Yr Hwch, yr Hôm Gard a Herr Hitler*. Seilid y pantomeim yn yr wythdegau ar fân straeon a chymeriadau lleol. Yn *Nans y 'Gee Gee' Gloia Glei* (1982), cyflwynwyd stori'r ferlen enwog Nans o'r Glyn a enillodd tua dau gant o rasys, ac a ddaeth yn chwedl yn y fro. Yn *Wba Dwba Capten Twba* (1983), cafwyd stori am *Y Cadwgan*, y llong olaf i'w lansio o Aberaeron, ac yn *Yr Hwch, yr Hôm Gard a Herr Hitler* (1986) y thema oedd effaith yr Ail Ryfel Byd ar Ddyffryn Aeron. Nodwedd arall ar y pantomeimiau oedd eu bod yn ffrwyth cydweithio cyson rhwng y sgriptiwr a'r actorion lleol eu hunain. Gwaith tîm fu pantomeim Felin-fach o'r dechrau. 'Y peth mawr,' yn ôl Euros Lewis, 'yw nad oes neb yn tynnu sylw ato'i hun ac mae hyn yn goresgyn holl gwestiwn bod yn amatur neu broffesiynol. O ran fy nadansoddiad i does yr un actor amaturaidd ym mhantomeim Felin-fach.'[16]

Teg yw dweud na fedrid diffinio pantomeim Felin-fach yn nhermau'r pantomeim Saesneg traddodiadol. Y mae gwahaniaeth dybryd rhwng y sioe Gymraeg flynyddol a'r pantomeim Saesneg a gyflwynir yn y theatr bob Nadolig gan The Little Mill Players. Yn ôl Cynog Dafis, 'myth y werin Gymraeg a'i hymdrech yn erbyn gormes ac anghyfiawnder'[17] yw thema lywodraethol pantomeimiau Cymraeg Felin-fach, ac mae'n dadlau ymhellach bod 'yr holl gybolfa ryfeddol o ffantasi ac asbri a doniolwch yn tarddu o argyhoeddiadau moesol . . .'[18] Cyfeiria at y ffaith mai cwbl naturiol yw cynnwys emyn a phregeth fel rhan o'r chwarae, ac ychwanega: 'Ac yn y cyd-destun yma, mae hyd yn oed y jôcs mochaidd (ac mae digon o'r rheiny) yn swnio'n chwaethus!'[19] Hawdd deall sut y gall haeru fod pantomeim Felin-fach yn 'un o ryfeddodau diwylliannol Cymru'.

Gwelir bod un o amcanion y theatr, sef addysgu drwy ddifyrru, yn cael lle blaenllaw yn rhaglenni'r pantomeim. Yn aml iawn, cynhwysir yn y rhain, o dan y pennawd 'Mae Hi'n Ffaith', restr o nodiadau yn ymwneud â thema neu blot y sioe. Yn rhaglen *K. O. o Gaeo i'r Doctor Ffyni Speako*, er enghraifft, awgrymir fel darllen pellach gyfrolau megis *The Drovers' Roads of Wales*, Fay Godwin a Shirley Toulson, *Hanes Cymru*, John Davies, *Y Ffordd yng Nghymru*, R. T. Jenkins, a *Llenyddiaeth y Cymry*, T. Gwynn Jones. Yn *'Da'r Hwrdd i'r Rhondda – Haleliwia* nodir y ffynonellau canlynol: *Wales! Wales?*, Dai Smith, *Y Ffynhonnau a Cherddi Eraill*, Rhydwen Williams, ac *Aspects of Mining Folk-lore in Wales*, Lynn Davies. Seilir y pantomeimiau, felly, ar ymchwil solet, a'r rhyfeddod yw na fu, dros gyfnod o drigain mlynedd, un enghraifft o ailadrodd stori neu hanesyn. Ond cam gwag fyddai tybio bod y fath drylwyredd cydwybodol yn amharu ar fywyd theatrig y cynyrchiadau. Mewn erthygl graff, 'Mwy na Phantomeim', a ymddangosodd yn *Y Faner*, 17 Ionawr 1986, cyfeiria Llinos Dafis at 'gymysgedd' anarchaidd a hwyliog y plotiau. Rhydd ei disgrifiad o hanfod pantomeim 1985, *Gee, Man! Jiw, Jiw!* gipolwg dadlennol ar natur swrealaidd y sioe hon. Craidd ei stori oedd yr erlid a fu ar Undodwyr ardal Pont-siân yn y bedwaredd ganrif ar bymtheg gan sgweier ifanc Alltrodyn, a'r modd y diboblogwyd ardaloedd gwledig Ceredigion gan yr ymfudo mawr i'r Unol Daleithiau. Ond go brin fod y cefndir hwn yn ein paratoi ar gyfer ymdriniaeth unigryw y sgriptiwr, D. Bryn O'Dalent Jnr. Yng ngeiriau Llinos Dafis:

> Eleni roedd y ffeirad gosgeiddig ecsentrig, hoffus a meistrolgar ddisglair yn gwneud aerobics yn y goedwig, a'r trueiniaid gorthrymedig

> yn dianc i'r Unol Daleithiau mewn Tardis (do, mi gododd i'r awyr) a glanio ynghanol Hollywood (Llwyncelyn) lle roedd trigolion Dallas a Dynasty yn cael parti gyda rhai o'r gangsters a'r cowbois, ac ynghanol y cawdel yma y traddododd Phillips Horeb ei bregeth ddyngarol!

Â Llinos Dafis rhagddi i ddatgan bod 'holl ffrydiau cymhleth diwylliant Cymru, yn cynnwys y traddodiad anghydffurfiol, cydadrodd, a'r diwylliant roc diweddar, yn dod at ei gilydd yn barsel teidi digywilydd' ym mhantomeim Felin-fach. Y mae'r pantomeim yn gyfrwng sy'n lleisio'n flynyddol bryderon dwysaf y gymuned wledig hon ac, ar yr un pryd, yn dathlu'r elfennau positif, llawen sy'n perthyn iddi. Byddai astudiaeth fanwl o ffenomen pantomeim Felin-fach yn dadlennu llawer iawn ynghylch hanes politicaidd, ieithyddol, addysgol, cymdeithasol a llenyddol y fro hon, a gorau po gyntaf yr ymgymerir â'r fath brosiect.

Ond nid y pantomeim yw'r unig achlysur sy'n angori gwaith y theatr yn ddiogel yn y gymuned. Dilynir y sioe Nadolig gan achlysur hynod boblogaidd, sef Cystadleuaeth Ddrama Ffederasiwn Clybiau Ffermwyr Ifainc Ceredigion. Y mae'r theatr yn gyrchfan naturiol yn y cyswllt hwn, gan mai ynddi hi y cynhelir yr holl bwyllgorau sy'n ymwneud â gweithgareddau Clybiau Ffermwyr Ifainc yr ardal, ynghyd â'u cystadlaethau siarad cyhoeddus. Y mae wythnos y Gystadleuaeth Ddrama flynyddol yn un o uchafbwyntiau diwylliannol yr ardal. Ceir pedair noson o gystadlu brwd, ac ar y pumed perfformir dramâu'r tri chwmni a ddaeth i'r brig. Dyma achlysur arall pryd y gwerthir yr holl docynnau ymhell cyn y noson agoriadol.

Yn sgil ymweliad yr Eisteddfod Genedlaethol â Llanbedr Pont Steffan a'r fro yn 1984, ychwanegwyd dathliad arbennig yr 'Aerwyl' at galendr Theatr Felin-fach. Cynhelir yr ŵyl hon tua diwedd tymor y Pasg, a cheir pythefnos o weithgareddau amrywiol yn cynnwys dramâu, darlithoedd, cyngherddau ac arddangosfeydd, ynghyd ag Eisteddfod Ddwl neu Gocosaidd – sy'n brawf pellach fod hiwmor Dyffryn Aeron yn dal i ffynnu. Rhydd yr Aerwyl gyfle i berfformio gwaith y dramodwyr hynny a ddewiswyd ar gyfer y Cynllun Meithrin Awduron a weithredir gan Euros Lewis, pennaeth presennol y theatr. Eisoes y mae awduron megis Gwilym Tudur, Pam Palmer, Emyr Llewelyn a David Jones, Tal-y-bont, wedi achub ar y cyfle i fod yn rhan o'r cynllun hwn. Rhydd yr Aerwyl hefyd gyfle i'r fro gydnabod cyfraniad llenorion a chymwynaswyr lleol i ddiwylliant yr ardal. Yn 1994, er enghraifft, lansiwyd argraffiad newydd o'r gyfrol *Cerddi Cerngoch* (gol. D. Islwyn Edwards) ac yn 2000 dathlwyd cyfraniad John Ffos Davies o Landysul i fyd canu gwerin Cymru. Efallai mai camp fwyaf pennaeth presennol y theatr wrth drefnu'r Aerwyl yw'r cyfuniad atyniadol a geir yn flynyddol o gyfraniadau lleol a pherfformiadau gan gwmnïau teithiol a darlithwyr gwadd. Yn Aerwyl 2000, y darlithwyr oedd Gareth Miles a Hywel Teifi Edwards. Yn ôl Gareth Miles, camp Theatr Felin-fach yw'r modd y llwydda i sicrhau cydweithio ffrwythlon rhwng y proffesiynol a'r amatur. Pwysleisiodd Hywel Teifi Edwards yr elfen gymunedol: 'Mae'r gynulleidfa sydd yno yn ei harddel hi, ei theatr nhw ydi hi.'[20] Wrth lunio rhaglen y theatr, cymerir i ystyriaeth ddathliadau lleol a gweithgareddau amaethyddol y cylch – ffaith sy'n tystio'n huawdl i wirionedd sylw Hywel Teifi Edwards.

Yn y cyd-destun cymunedol, dylid cyfeirio at y cymorth parod a rydd y theatr i brosiectau theatrig gan unigolion a chymdeithasau Dyffryn Aeron. Enghraifft ardderchog o hyn yw'r cydweithrediad rhwng y theatr a Chwmni'r Gobaith, cwmni o aelodau eglwysi Presbyteraidd cylch Llangeitho. Er 1997, y mae'r cwmni amatur hwn wedi denu cynulleidfaoedd i berfformiadau o ddramâu a sgriptiwyd gan y Parchedig Stephen Morgan. Perthyn y cwmni i draddodiad capelyddol Cwmni Tynygwndwn gynt. Cwmni cwbl ddibrofiad oedd Cwmni'r Gobaith ar y dechrau, ond o ganlyniad i gyfarwyddyd profiadol Euros Lewis a'r gwasanaeth proffesiynol a gafwyd gan dechnegwyr a hyfforddwyr Theatr Felin-fach, llwydda'r cwmni hwn bellach i roi perfformiadau caboledig a thra llwyddiannus. Cafwyd gan Gwmni'r Gobaith ddramâu wedi eu seilio ar bynciau megis bywyd y Parchedig John Evans, y cofiannydd o Abermeurig, a'r ymfudo i ardal Oak Hill, Ohio, rhwng 1830 ac 1850. Ym mis Medi 2000, llwyfannwyd drama'n ymwneud â bywyd a gwaith Cranogwen. Cyfoethogwyd y ddrama sy'n ymdrin â'r ymfudo i Ohio, *Bydd Melys Lanio Draw*, gan ymweliad Côr Prifysgol Rio Grande, Ohio, â Theatr Felin-fach yn 1999, gyda'r côr yn dathlu'n gofiadwy ar gân y cysylltiad rhwng Dyffryn Aeron ac ardal Oak Hill.

Un o brif amcanion y theatr o'r dechrau cynnar fu meithrin talent newydd ymhlith pobl ifainc y fro. Dyma gartref Cwmni Ieuenctid Urdd Gobaith Cymru a Chwmni Ieuenctid Ceredigion. Sefydlwyd yr ail gwmni (CIC) yn Hydref 1991, ac o ganlyniad i lwyddiant y grŵp hwn dros y blynyddoedd agorwyd, ar 23 Tachwedd 1994, ganolfan arbennig yn benodol ar gyfer hybu gwaith y to iau. Ar raglen agoriad swyddogol y ganolfan, nodir bod CIC wedi ei sefydlu yn sgil y galw am gymdeithas greadigol ar gyfer pobl ifainc a fyddai'n gyfrwng iddynt wneud cyfraniad arhosol i ddiwylliant eu hardal drwy ddatblygu gwaith newydd. Cymaint yw ymrwymiad y theatr i waith ieuenctid Ceredigion fel yr aethpwyd ati tua diwedd y nawdegau, gyda chydweithrediad Urdd Gobaith Cymru, i ddenu cefnogaeth ariannol gan S4C, Bwrdd Datblygu Cymru Wledig, a phwyllgor Addysg Cymunedol Dyfed, er mwyn medru penodi Swyddog Cymunedol Celfyddydol a fyddai'n hybu gweithgareddau'r bobl ifainc. Un o ganlyniadau'r datblygiadau cyffrous hyn yw'r ffilm *Hambôns* a gomisiynwyd ar gyfer Eisteddfod yr Urdd yn Llanbedr Pont Steffan, 1999. 'Comedi ddifri' yw *Hambôns* a lluniwyd y ffilm gan y bobl ifainc eu hunain. Ynddi, eir i'r afael â phroblem dyfodiad mewnfudwyr i ardaloedd gwledig Ceredigion. Y mae'r ffilm yn enghraifft dda o'r theatr yn defnyddio adnoddau ffilm a theledu cwmni Wes Glei er mwyn ehangu cwmpas ei gweithgareddau a sicrhau annibyniaeth o ran deunydd a chynnwys. Rhydd y fath gwmni yn ogystal gyfle amhrisiadwy i bobl ifainc ymgydnabod â sgiliau cynhyrchu ffilmiau a chyfresi teledu – a hynny yn eu hardal eu hunain. Dyma Theatr Felin-fach, felly, drwy gyfrwng cwmni Wes Glei yn chwarae rhan allweddol yn natblygiad diwylliannol ac economaidd Ceredigion, ac yn cadw'n driw i'w hymrwymiad i gefnogi achos ieuenctid y fro a chynhyrchu deunydd o safon. Enghraifft dda o hyn yw'r gwaith a ddeilliodd o wahoddiad i gynhyrchu fideo hyfforddi Cymraeg, ar y cyd â'r BBC, ar gyfer Gwobr Ieuenctid Dug Caeredin. Wedi i swyddogion y wobr weld cynnyrch ieuenctid y theatr, *Ewch Amdani!*, penderfynwyd diddymu'r fideo Saesneg a oedd eisoes mewn bod, gan fod ansawdd a chynnwys y fideo Cymraeg o safon mor uchel. *Go For It*, addasiad o'r fideo Cymraeg a gynhyrchwyd yng Ngheredigion, yw fideo Saesneg swyddogol Gwobr Dug Caeredin bellach.

Y mae'r uchod hefyd yn enghraifft dda o'r modd y manteisir ar gyfle masnachol i sicrhau cyllid pellach i'r theatr. Agwedd arall ar waith y theatr yn hyn o beth yw'r gwasanaeth cysylltiadau cyhoeddus a gynigir i gwmnïau lleol megis Red Star, Bio Products, Volac a ffatri gaws yr ardal. Yn eu tro, y mae'r cwmnïau hyn yn noddi prosiectau yn y theatr. (Y mae'r bartneriaeth hon, wrth gwrs, yn allweddol o safbwynt denu arian o Ewrop.) Yn ogystal, comisiynir y theatr o dro i dro gan sefydliadau megis Coleg y Drindod, Caerfyrddin, i ddarparu hyfforddiant technegol i fyfyrwyr, ac mewn cydweithrediad â Chanolfan Adnoddau Ceredigion rhydd y theatr offer, gwisgoedd a chelfi llwyfan ar osod i gwmnïau, ysgolion ac unigolion.

Yn 1995, dyfarnwyd i Theatr Felin-fach £60,000 gan Fwrdd y Loteri er mwyn addasu hen stordy'r theatr yn Ganolfan Ddarlledu. Yr oedd hwn yn brosiect ar y cyd â Radio Ceredigion, a'r amcan oedd cynnig hyfforddiant technegol yn ogystal â hyfforddiant yn y grefft o gyflwyno a pharatoi rhaglenni i bobl yr ardal. Bellach darlledir o'r Ganolfan yn ddyddiol nifer o raglenni megis gwasanaethau boreol, sioeau sgwrsio ac eitemau cerddorol a chymunedol. Llwyddwyd hefyd i sefydlu partneriaeth â'r cwmni Menter a Busnes er mwyn darlledu deirgwaith y dydd y gyfres opera sebon boblogaidd *Bontlwyd*. Prosiect arbrofol oedd *Bontlwyd* ar y dechrau, a'r bwriad oedd cynhyrchu'r gyfres am gyfnod o dri mis yn y lle cyntaf. Ond buan y daeth yn ffefryn gyda'r gwrandawyr, ac y mae wedi parhau felly hyd heddiw, gydag ymchwilwyr, sgriptwyr a thechnegwyr wedi cyfrannu dros y blynyddoedd at lwyddiant y gyfres. Seiliwyd *Bontlwyd* ar hynt a helynt cymdeithas amaethyddol rywle yng ngorllewin Cymru, ac mae felly'n adlewyrchu diddordebau'r gymuned wledig a'i cynhyrchodd. Cynllunnir y plot a'r ddeialog yn gyfan gwbl gan y bobl leol, a thrwy gyfrwng y gyfres hon gwelir Theatr Felin-fach yn cynnig profiad gwerthfawr ym maes y cyfryngau. Cynigia'r gyfres deledu *Marinogion*, drama antur i blant a gynhyrchir ar gyfer S4C, yr un gwasanaeth i ieuenctid Clybiau Drama'r theatr. Fel y gwelir, felly, theatr ac iddi lawer swyddogaeth yw Theatr Felin-fach.

Y tu ôl i'r cyfan, er hynny, y mae'r argyhoeddiad y dylai canolfan o'r fath geisio sicrhau parhad yr iaith Gymraeg yn y cymunedau cefn gwlad. Drwy'r blynyddoedd bu pob pennaeth[21] yn dra ymwybodol o'r bygythiad i'r Gymraeg yn sgil y mewnfudo cyson i'r fro, ac y maent wedi cydweithio'n effeithiol â'r ysgolion hynny yng Ngheredigion sy'n datblygu dwyieithrwydd. Lleolir Canolfan Iaith Ceredigion ar dir y theatr ac y mae pob un o'r cymdeithasau sy'n gysylltiedig â gweithgaredd Theatr Felin-fach yn croesawu 'dysgwyr ymroddgar' i ymuno â hwy. Lluniwyd un cwrs arloesol ar gyfer y dysgwyr, sef 'Cwrs Dysgu Cymraeg drwy gyfrwng Drama'.

Gellid dadlau yng ngoleuni hyn fod i weithgaredd Theatr Felin-fach ddimensiwn gwleidyddol grymus. Tybiai llawer y byddai'r newidiadau yn sgil ad-drefnu llywodraeth leol ddechrau'r saithdegau yn peryglu dyfodol theatr gymunedol Felin-fach, ond sicrhaodd cefnogaeth ddiwyro'r cynghorwyr lleol ei pharhad a'i ffyniant. Erbyn heddiw, teg yw dweud ei bod yn symbol grymus o'r diwylliant brodorol. Ond, wrth reswm, rhaid wrth nawdd sylweddol i sicrhau dyfodol llewyrchus i'r theatr. Cydnabyddir yn gyffredinol bellach fod dirfawr angen adnewyddu ac ehangu'r theatr bresennol yn wyneb y cynnydd yn nifer y cymdeithasau a'r ysgolion sy'n defnyddio ei hadnoddau'n gyson. Da yw medru dweud bod swyddogion y Ganolfan yn ymwybodol o'r anghenion hyn, yn ogystal â'r posibiliadau cyffrous a ddeuai yn sgil y fath ddatblygu a moderneiddio.

Sut, felly, y mae diffinio'r sefydliad pwysig hwn yn Felin-fach? Y mae'n theatr, yn ystorfa adnoddau drama, yn gartref i brosiectau ieuenctid y fro, yn gwmni cynhyrchu, yn orsaf radio, yn ganolfan iaith a chanolfan addysg, ac yn gyrchfan cymdeithasol. Ond dyma sut y disgrifiwyd Theatr Felin-fach ar draws y blynyddoedd gan bobl yr ardal: 'aelwyd y gymuned', 'mam y fro', 'gwarchodle addysg', 'etifedd y traddodiad amatur', 'canolfan y cyfleoedd'. Ond, ar un olwg, dichon mai'r disgrifiad mwyaf ystyrlon a chynhwysfawr yw hwnnw a gafwyd gan fachgen chwe blwydd oed o un o ysgolion Dyffryn Aeron: 'Ein theatr ni'.

CYFEIRIADAU

[1] Idwal Jones, 'Cymeriadau'r Felin-fach', *Y Ford Gron*, cyf. 11, rhif 10, Awst 1932, 235.
[2] D. Gwenallt Jones, *Cofiant Idwal Jones*, Gomer, 1958, 17–18.
[3] *Ibid.*, 235.
[4] Gwynn Hughes Jones, 'Y Ddrama yng Ngheredigion', *Llwyfan* 4 (Haf 1970), 4–5.
[5] *Ibid.*, 5.
[6] *Ibid.*
[7] Cyd-bwyllgor Adeiladau, 13 Tachwedd 1968, agenda cyfarfod chwarterol Pwyllgor Addysg Sir Aberteifi, *Agenda Book*, 29 Ionawr 1970, 998–9.
[8] Elizabeth Evans, 'Fy Ardal I', traethawd buddugol Eisteddfod Felin-fach, 1968.
[9] *Llwyfan* 4 (Haf 1970), 5. Gweler hefyd 'Canolfan y Celfyddydau, Felinfach', *Llwyfan* 8 (Gwanwyn/Haf 1973), 2–4.
[10] Casgliad Dafydd Aeron, Theatr Felin-fach.
[11] *Ibid.*
[12] Lyn Ebenezer, 'Theatr Felinfach', *Y Cymro*, 24 Mai 1972, 8.
[13] Codwyd o *Hwyl y Nadolig*, Theatr Felin-fach, 1972.
[14] *Llwyfan* 4 (Haf 1970), 4.
[15] Lyn Ebenezer, 'Rhyfeddod theatrig', *Y Cymro*, 11 Rhagfyr 1984, 10.
[16] 'Jiw, Jiw – 'Na le Sy'n y Felinfach' [dienw], *Y Cymro*, 11 Rhagfyr 1985, 9.
[17] Cynog Dafis, 'Pantomeim Felin Fach', *Panto*, Theatr Felin-fach, Rhagfyr 1993.
[18] *Ibid.*
[19] *Ibid.*
[20] Lois Eckley, 'Celfyddyd Pwy?', *Golwg*, cyf. 12, rhif 29, 30 Mawrth 2000, 19.
[21] Gwynn Hughes Jones, 1972–3; Dafydd Price, 1973–4; Hywel Evans, 1974–7; Clive Harpwood, 1977–82; John Emrys Jones 1983–93; Euros Lewis, 1994–2001.

Theatr Felin-fach, 1973.

Llwyfan Theatr Felin-fach.

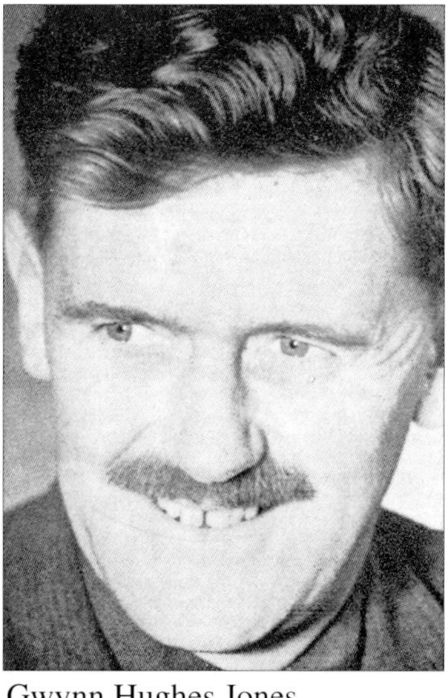

Gwynn Hughes Jones.

Rhai o gymeriadau pantomeim Felin-fach.

Och! Och! a Chan Och!, Pantomeim 1977.

Darlledu o lwyfan Theatr Felin-fach.

Golygfa o *Pobl yr Ymylon*, Idwal Jones, ar lwyfan Theatr Felin-fach.

Sgriptwyr Felin-fach wrth eu gwaith.

Dathlu llwyddiant *Bontlwyd*.

Yr Athro Hywel Teifi Edwards yn agor y Ganolfan Iaith yn Theatr Felin-fach.

Hyfforddi plant yn Theatr Felin-fach.

Enillwyr Gwobr Dug Caeredin.

Cysgodion Enciliedig: Theatr Fach, Llangefni

DAFYDD LLEWELYN

BWRIAD yr erthygl hon yw ceisio cynnig bras gipolwg ar hanes ac esblygiad un o theatrau mwyaf poblogaidd a llwyddiannus gogledd Cymru, sef Theatr Fach Llangefni, cartref Cymdeithas Ddrama Llangefni. Ffurfiwyd y Gymdeithas yn 1949 ond ystyrir 1955 fel y flwyddyn pryd y daeth y Gymdeithas i oed pan agorwyd y Theatr Fach ar stad Pencraig, Llangefni, gyda geiriau o ddrama *Macbeth* yn arwyddair iddi: 'cysgodion ydym: fel cysgodion yr ymadawn'. Dros y blynyddoedd llwyddodd i gynnig addysg, hyfforddiant a phrofiad ym myd y ddrama i nifer o drigolion y sir, a chyplyswyd gwaith y Gymdeithas â safon a graen. Gŵr a fu'n angor i'r Gymdeithas yn ystod y degawdau cynnar oedd Francis George Fisher, un a aned yn y Bargod, yn yr hen sir Forgannwg, ond a ddaeth i Fôn Mam Cymru ar ddechrau'r tridegau gan gymathu i'r gymdeithas ym mhob agwedd ar fywyd.[1] Bu ei farwolaeth ddisyfyd yn 1970 yn ergyd sylweddol i'r Gymdeithas, ac awgrymir yma na lwyddwyd i ailafael yn y bri a'r llwyddiant wedi ei ymadawiad.

Rhaid bod yn ofalus wrth geisio croniclo hanes Theatr Fach Llangefni, oherwydd y mae perygl syrthio i'r fagl o ddiystyru cyfraniad y gweithgarwch a fodolai yn y cyfnod blaenorol. Y gwir amdani yw bod cryn weithgrawch a brwdfrydedd wedi bod ar yr ynys ym myd y ddrama drwy gydol yr ugeinfed ganrif.[2] Yn ei hysgrif yn dwyn i gof ddyddiau'i phlentyndod, cyfeiriodd Awen Mona at y tyndra yn ei bywyd cyn y Rhyfel Mawr rhwng daliadau cul byd crefydd a'i hoffter o fyd y ddrama.[3] Disgrifiwyd y theatr fel 'porth uffern' gan ei hewythr Owen Rolant, ac ystyrid taith criw o'i chyfoedion i weld perfformiad o *Charley's Aunt* gan gwmni o Lundain yn y County

Theatre ym Mangor yn ddigon difrifol i gyfiawnhau trafodaeth ar y mater gerbron aelodau'r Eglwys. Dro arall, yr unig reswm y rhoddwyd sêl bendith i griw ohonynt gael perfformio'r ddrama *Y Ddynes Newydd* oedd mai'r gweinidog, O. Gaianydd Williams, oedd yr awdur, ac fe'i disgrifiwyd fel drama 'addysgiadol'. Roedd crefydd a'r theatr yn croesi cleddyfau'n gyson, a bu cryn rincian dannedd yn Nwyran pan aed ati i lwyfannu *Storm mewn Cwpan De* ar ddydd Gwener y Groglith yn ystod y Rhyfel Mawr. Brwydr barhaus oedd ennyn cefnogaeth selogion byd crefydd i ddigwyddiadau o'r fath, a nododd Cynan mai 'amrwd' a di-lun iawn oedd safon y mwyafrif o'r cynyrchiadau yn y dyddiau cynnar.[4] Er hynny, gyda threigl amser, dechreuodd caredigion y ddrama ennill tir, a gwelwyd mwy o gwmnïau yn dod i'r amlwg. Pan gafwyd cystadleuaeth actio drama fel rhan o weithgarwch yr Eisteddfod Genedlaethol am y tro cyntaf, a hynny ym Mangor yn 1914, un o'r cwmnïau fu'n ymgiprys am y wobr gyntaf oedd y Llandegfan Dramatic Company dan ofal Llew Parry. Er na fu'r cwmni hwnnw'n llwyddiannus, profodd cwmnïau Llangefni, Llannerch-y-medd a Rhoscefnhir fwy o lwyddiant mewn eisteddfodau diweddarach, gyda chwmni Rhoscefnhir yn dod yn fuddugol yn 1943. Gwelwyd cwmnïau llwyddiannus mewn sawl ardal, a chanlyniad brwdfrydedd heintus unigolion carismataidd a thalentog fel Elen Roger Jones[5] yn Amlwch, a John Hughes 'Stamp' yn Llannerch-y-medd, oedd bod arlwy theatrig ar gael fel rhan o weithgarwch pob pentref ac ardal ar draws yr ynys. Yn wir, cafwyd dealltwriaeth rhwng John Hughes a Huw Lloyd Edwards, a olygai fod yr awdur hwnnw'n cyflwyno drama'n flynyddol i'r cwmni.

Er i ddylanwad crefydd bylu ar yr ynys yn ystod yr ugeinfed ganrif, nid pawb oedd yn ymhyfrydu yng nghynnydd y gweithgarwch theatrig. Cyfeiria Charles Williams yn ei hunangofiant at y modd y bu i'w benderfyniad yn 1943 i adael ei ddyletswyddau fel gwas fferm y Frogwy Fawr er mwyn ymuno â Chwmni'r Genhinen ennyn cynddaredd ambell unigolyn. Chwaraeodd ran Gruffydd William y Siop yng nghynhyrchiad Cynan o'r ddrama *Pobl yr Ymylon*, a throdd rhai at golofnau *Yr Herald Gymraeg*, *Y Genedl* a'r *Clorianydd* i fynegi eu dicter.[6] Fodd bynnag, eithriadau oedd y fath anfodlonrwydd, ac aeth y ddrama o nerth i nerth, gyda'r pumdegau yn gyfnod euraid o weithgarwch theatrig ar yr ynys. Yn ôl Emrys Hughes:

> . . . gyda'r pum degau daeth rhyw don ewynnog heibio i'r ddrama a'i chipio ar y brig uchaf o weithgarwch i amlygrwydd eithriadol. Treiddiodd y diddordeb anghyffredin hwn i bob cwr o'r ynys ac fe geir cwmnïau drama bywiog yn y rhan fwyaf o drefi a llannau'r sir.[7]

Roedd nifer o ffactorau'n gyfrifol am y fath fwrlwm, ond ymhlith y rhai mwyaf arwyddocaol oedd cyfraniad Cyngor Gwlad Môn, ac yn arbennig dycnwch yr ysgrifennydd, J. O. Jones. Ef yn anad neb fu'n gyfrifol am oruchwylio ac annog cwmnïau i feithrin y ddawn gelfyddydol. Ar ôl y Rhyfel Byd Cyntaf, penderfynodd Cyngor Gwlad Môn roi model o ddraig arian fel gwobr i'r cwmni a roddai'r perfformiad gorau yn Eisteddfod Môn, a bu cryn gystadlu am y wobr. Yn 1937 bu Sefydliad y Merched yn gyfrifol am sefydlu'r Ŵyl Sir a roddodd gyfle i gwmnïau drama ddod at ei gilydd i gynnig arlwy dramatig i drigolion yr ynys. Llwyddodd J. O. Jones, yn rhinwedd ei swydd fel ysgrifennydd y Cyngor Gwlad, i gryfhau'r Ŵyl, gan fynd ati i ychwanegu adrannau newydd i'r gweithgareddau, megis cystadleuaeth i bobl ifanc, cystadleuaeth i ferched, a chystadleuaeth agored. Cychwynnwyd ar yr Ŵyl ar ei newydd wedd yn 1942, a gwelwyd hi'n mynd o nerth i nerth hyd ganol y pumdegau. Fel rhan o'r arlwy cynigid tair drama fer bob nos, gyda'r dramâu hir yn cael eu llwyfannu ar ddiwedd yr wythnos, a rhwng ugain a phump ar hugain o gwmnïau'n cymryd rhan. Yr oedd bri ac urddas yn perthyn i fyd y ddrama yn ystod y cyfnod hwn, a'r awydd i berfformio a llwyddo ar y llwyfan yn heintus o gryf. Fodd bynnag, er bod camau breision wedi'u cymryd ym myd y ddrama ym Môn ers dyddiau plentyndod Awen Mona, nid oedd Cynan yn fodlon â'r sefyllfa:

> . . . prysuraf i bwysleisio fod gennym lawer iawn o ffordd eto i'w cherdded cyn y down hyd yn oed i olwg y Mynyddoedd Hyfryd . . . Ystyriwn nad oes gennym eto ym Môn gymaint ag un neuadd gyhoeddus gyda llwyfan teilwng, dim un adeilad y gellid hyd yn oed yn ostyngedig ei alw yn theatr, dim un gweithdy na chanolfan na chlwb i garedigion y ddrama . . . Nid oes gennym eto Gwmni Sir, a'r aelodau'n barod i weithio ar ddrama heb fod yr elw ohoni'n myned at unrhyw achos ond y ddrama ei hun.[8]

Mawr oedd y gri am theatr a fyddai'n dod yn ganolfan ac yn gartref i'r ddrama ar yr ynys, ac yn hynny o beth paratowyd y ffordd ar gyfer dyfodiad Theatr Fach Llangefni. Yn ôl cyfaddefiad Fisher ei hun, ni ddylid rhamantu'n ormodol wrth olrhain hanes Cymdeithas Ddrama Llangefni a honni mai gweledigaeth anrhydeddus oedd y rheswm dros ei ffurfio yn 1949.[9] Yn hytrach, aed ati i sefydlu cwmni o'r fath mewn ymgais i geisio codi digon o gyllid i lwyfannu cynhyrchiad o *Catrin*, sef creadigaeth Fisher ei hun a ddaeth yn fuddugol yng nghystadleuaeth y Ddrama Hir Gymraeg yn Eisteddfod Genedlaethol Dolgellau yn 1949. Dwsin a hanner o bobl a fynychodd y cyfarfod gwreiddiol, a phasiwyd y dylid codi tri swllt a chwe cheiniog am y fraint o gael bod yn aelod o'r cwmni. Er i Fisher gredu bod y swm yn rhy uchel ac yn peryglu bodolaeth y cwmni, nid oedd yn bris afresymol ym marn oddeutu deugain a ymaelododd yn ystod y tymor cychwynnol. Etholwyd D. M. Rowlands yn gadeirydd cyntaf y Gymdeithas, gyda George Fisher yn ysgrifennydd cyhoeddusrwydd. Cynhaliwyd nifer o weithgareddau amrywiol yn ystod y flwyddyn gyntaf, megis sgwrs gan Fisher am ei ddrama *Catrin*, ac un arall gan Mr Morris Jones o Fae Colwyn ar y testun 'Pwysigrwydd symudiadau mewn drama'. Ystyrid darlithoedd o'r fath yn rhan allweddol o waith y Gymdeithas, gan mai addysgu am rinweddau byd theatr oedd prif swyddogaeth y Gymdeithas, yn hytrach na llwyfannu cynyrchiadau'n unig. *Catrin* oedd y ddrama gyntaf i'r cwmni roi cynnig arni, ac aed â'r cynhyrchiad i'r Ŵyl Ddrama; yn wir, bu cydweithrediad sylweddol rhwng y Gymdeithas a'r Ŵyl honno dros y blynyddoedd. Gwnaed elw o £39 a thri swllt o berfformiad *Catrin* ar ddechrau mis Mawrth 1950, a phrynwyd lamp spot gyda'r elw. Wrth gloriannu'r tymor cyntaf, pwysleisiodd Beryl Mitchell, yn ei hadroddiad blynyddol yn rhinwedd ei swydd fel ysgrifenyddes, fod y tymor wedi bod yn ddigon llwyddiannus, ond bod un agwedd yn destun pryder:

> Felly gwelwch fod y gymdeithas bellach wedi cael ei thraed odditani. Dyma'r unig gŵyn – bu pawb yn barod i dalu eu cyfraniadau ariannol ond beth am y cyfraniad arall, sef mynychu'r cyfarfodydd? Ni fu'r nifer yn bresennol yn galonnog bob tro, a'r farn yw 'Nid da lle gellir gwell'. Efallai y bydd gwelliant y tro nesaf.[10]

Bu diffyg cefnogaeth yr aelodau yn ddraenen yn ystlys y Gymdeithas yn ystod y cyfnod cynnar. Yng nghyfarfod blynyddol 1951, cyfaddefwyd bod diffyg ystafell neu adeilad priodol yn llesteirio ei gwaith, ond ychwanegwyd hefyd bod diffyg diddordeb ar ran rhai aelodau yn llyffetheirio ymdrechion carfan weithgar o fewn y Gymdeithas.[11] Nid pawb oedd yn frwdfrydig nac yn awyddus i gymryd rhan yn narlleniadau'r Gymdeithas, a bu raid gohirio un cynhyrchiad o ganlyniad i'r diffyg ymateb. Doedd eraill ddim yn fodlon gwerthu tocynnau na mynychu gweithgareddau'n gyson ac, o ganlyniad, y duedd oedd i'r baich ddisgyn ar ysgwyddau criw bychan o unigolion ymroddedig. Ymhen y flwyddyn, daeth llygedyn o obaith am well trefn pan ddatganodd Fisher yn fuddugoliaethus bod y pwyllgor rheoli wedi llwyddo i berswadio Pwyllgor Addysg y Sir i ganiatáu i'r cwmni ddefnyddio neuadd yr Ysgol Ramadeg ar gyfer llwyfannu ei gynyrchiadau, ar y ddealltwriaeth mai aelodau'r Gymdeithas yn unig a gâi fynediad i'r nosweithiau hynny. Dehonglodd Fisher hyn fel hwb sylweddol, ac ym mis Hydref 1951, mewn ymgais i sbarduno'r aelodau i gymryd mwy o ddiddordeb, llwyfannwyd tair drama un act – *The Trick Cyclist*, *Hari Ddewr* a *The Pretty Toys* i ddynodi bod tymor a phennod newydd yn hanes y Gymdeithas ar fin cychwyn. Yn ogystal â chael defnyddio'r hen ysgol sirol i lwyfannu'i gwaith, defnyddiai'r Gymdeithas hefyd adeilad gwag y pwll nofio cyfagos fel stordy i setiau ac eiddo'r cwmni. O ganlyniad, llwyfannwyd pedair neu bump o ddramâu un act bob tymor gerbron cynulleidfa o ddeg ar hugain, gyda phob un ohonynt yn talu swllt a chwech am y fraint bob tro, a phaned o de a bisgedi yn y fargen. Nid paratoi perfformiadau'n unig a wneid yn enw'r Gymdeithas – ceid hefyd nosweithiau o ddarlleniadau a darlithoedd. Ymhlith y darlithwyr gwadd roedd Wilbert Lloyd Roberts, a draddododd ym mis Rhagfyr 1954 ar y testun 'O'r llyfr i'r llwyfan'.[12] Yn ogystal, trefnid teithiau i weld cynyrchiadau dros Glawdd Offa: ym mis Mehefin 1951, nododd yr ysgrifennydd ei fwriad i drefnu taith i Stratford i weld *matinée*, cyn cael cinio yng nghwmni Hugh Griffith,[13] ac ym mis Tachwedd 1952, aed yno am yr eildro i weld cynhyrchiad o *Macbeth*.[14]

Ar y diwrnod cyntaf o fis Hydref 1951, trafodwyd polisi iaith cofnodion y Gymdeithas. Nodwyd bod 'dau neu dri' o aelodau'r Gymdeithas yn uniaith Saesneg, ac o ganlyniad ystyriwyd a ddylid cadw'r cofnodion yn uniaith Gymraeg ai peidio. Penderfynwyd rhoi rhwydd hynt i aelodau fynegi'u hunain mewn cyfarfodydd ym mha iaith bynnag yr oeddynt fwyaf cyfforddus ynddi, ond y dylid parhau gyda'r traddodiad o gadw'r cofnodion yn y Gymraeg. Yr oedd y

Gymdeithas yn awyddus i beidio â thramgwyddo neb ar sail iaith na gwleidyddiaeth, a dyna mae'n debyg oedd y tu ôl i'r penderfyniad i beidio ag anfon cynrychiolydd o'r Gymdeithas i gyfarfod i drafod Deiseb gogyfer â Senedd i Gymru yn niwedd Tachwedd 1952.[15] Bwriad y Gymdeithas oedd hyrwyddo diddordeb ym myd y ddrama drwy ddarllen, astudio a pherfformio dramâu, ac ystyrid unrhyw bwnc arall yn rhwystr i'r amcan hwn.

Maen tramgwydd amlwg wrth geisio gwireddu'r freuddwyd hon, fodd bynnag, oedd diffyg cartref parhaol i'r cwmni, ac fel adlais o eiriau anfoddog Cynan nododd Fisher yn 1952 na welai fawr o ddyfodol i'r cwmni na'r ddrama yn gyffredinol oni ellid gwireddu'r nod.[16] Ni châi'r trefniant ar y pryd ei ystyried fel un derbyniol nac un ymarferol, ac fe hysbyswyd y cwmni ym mis Medi 1953 na fyddai'r ysgol ar gael iddynt yn y tymor hir oherwydd cynlluniau arfaethedig y Pwyllgor Addysg. Yn dilyn hyn, penodwyd is-bwyllgor o saith i ystyried y posibilrwydd o logi ysgubor ar stad Pencraig fel cartref,[17] ond nid aed ymhellach gyda'r cynllun bryd hynny gan i'r Gymdeithas dderbyn caniatâd i ddefnyddio'r labordy ffiseg yn yr ysgol fel gweithdy dros dro.[18] Y flwyddyn ganlynol, 1954, rhoddwyd gwybod i'r cwmni bod yr ysgol i'w dymchwel, a'i bod hi'n ofynnol iddynt geisio lloches newydd, ond digon anffafriol oedd y rhagolygon. Serch hynny, daeth Cyngor Tref Llangefni i'r adwy pan gytunasant i'r cwmni logi'r ysgubor ar stad Pencraig, a oedd ym meddiant y Cyngor, am rent o bum swllt yr wythnos, ar gyfer storio'u deunydd. Buan y sylweddolodd aelodau'r Gymdeithas y gallesid gwneud defnydd helaethach o'r ysgubor, ond er i'r adeilad ymddangos yn ysblennydd o'r tu allan, fe olygodd cryn fenter a thraul i'r criw o wirfoddolwyr i'w addasu, ac nid ar chwarae bach y gweddnewidiwyd ysgubor i fod yn theatr, fel y tystiodd Fisher ei hun:

> The stable was first to be gutted – in order to make storage space for materials. Then a wall extending to the ridge was pushed over under the direction of a common member of the Society, deputy architect of the County, and the rubble was used for filling in under the present stage. A loft fell down and a proscenium raised itself up: the stage lay down down quietly on handsome honeycomb foundations and a doorway climbed two feet to provide direct access to the stage for scenery. But access to the stage from the green, or harness, room had to be made

> through the two-foot stone walls at the expense of much toil and anxiety.[19]

Yr oedd y fath addasiad yn gofyn am gryn ymroddiad ar ran aelodau'r cwmni, ac er bod amserlen benodol wedi'i llunio rhwng chwech a deg o'r gloch yn nosweithiol gogyfer â'r pump ar hugain o wirfoddolwyr, bu raid cyfaddawdu ryw gymaint er mwyn rhoi cyfle i ambell un dorri'i syched. Cwblhawyd y gwaith yn dra effeithiol, gyda'r cyfan yn ei le ar gyfer yr agoriad swyddogol ar 3 Mai 1955.

Yr hyn a roddai'r pleser mwyaf i Fisher oedd y ffaith mai gwaith gwirfoddol oedd y cyfan, ac na chododd neb yr un geiniog am ei gymorth ymarferol – llafur cariad a drawsnewidiodd yr ysgubor yn theatr. Mae'n amlwg bod y fenter wedi llwyddo i ddal dychymyg y cyhoedd yn ogystal, oherwydd gwelwyd cynnydd syfrdanol yn nifer aelodaeth y cwmni. Oddeutu deugain oedd y ffigur yn 1949, ond erbyn agor y Theatr yn 1955 roedd 420 o aelodau, a'u cyfraniadau hwy, ynghyd â chyrff cyhoeddus, a gyllidodd y fenter. Prynwyd 64 o seddi'n rhad o Neuadd y Dref, Pwllheli, ac er mai lle i ddeugain a dau a fwriadwyd yn yr awditoriwm yn wreiddiol, nid oedd y Gymdeithas am golli'r cyfle i ennill cynulleidfaoedd, ac felly sicrhawyd bod yr holl seddi yn cael eu gosod yn eu lle, gyda'r canlyniad fod penliniau'r rhai a eisteddai yn y seddi blaen yn cyffwrdd y llwyfan! Agorwyd y Theatr gan Myra Owen, yn rhinwedd ei swydd fel Cyfarwyddwraig Pwyllgor Cymreig Cyngor y Celfyddydau, a pherfformiwyd *Rwsalca*, Cynan, ac *It's Autumn Now*, Philip Johnson. Yr oedd hi'n addas mai gwaith Cynan a lwyfannwyd ar y noson gyntaf, oherwydd, wedi'r holl obeithio a phregethu, gwireddwyd ei ddyhead ef am 'adeilad y gellid hyd yn oed yn ostyngedig ei alw yn theatr' ar yr ynys. Bellach, diolch i chwys llafur a chariad unigolion ymroddedig y dref, meddai Llangefni ar 'lwyfan teilwng', a mawr oedd y disgwyliadau. Llwyddodd y Gymdeithas i fodloni'r disgwyliadau hyn gydag afiaith, ac wrth gloriannu ei llwyddiant yn y dyddiau cynnar awgrymodd Emrys Hughes na chafwyd unrhyw ymgyrch hysbysebu sylweddol i ddenu cefnogwyr; yn hytrach, aeth si ar led fod llewyrch a safon yn perthyn i waith y Gymdeithas, ac o ganlyniad tyfodd y diddordeb ynddi. Dyna oedd y dull mwyaf effeithiol o farchnata cwmni drama, yn nhyb Hughes, sef ennill enw da iddo'i hun ar lafar gwlad, drwy gynhyrchu deunydd o werth.[20]

Fel rhan o weithgareddau cyhoeddi'r Eisteddfod Genedlaethol ym Môn aed ati yn 1956 i gynnig perfformiad awyr-agored o ddrama Ifan Gruffydd, *Ednyfed Fychan*, gyda'r awdur a Fisher yn cyd-gynhyrchu. Yn ôl Emrys Hughes, unwaith yn unig y ceisiwyd perfformio drama yn yr awyr agored yn y gorffennol yng Nghymru, a hynny yn Eisteddfod Genedlaethol Dinbych, 1939.[21] Bryd hynny perfformiwyd *Everyman* ond, yn ôl un o gyfoedion Hughes, 'chicken-feed' o gynhyrchiad oedd hwnnw mewn cymhariaeth ag *Ednyfed Fychan*. Er y cafwyd perfformiadau caboledig gan Edwin Jones, Jennie Lloyd Jones, Lyn Pierce Jones ac Eluned Rowlands, gyda Gwilym Lloyd Roberts yn meddu ar 'lais a lleferydd disgybledig' wrth chwarae rhan Ednyfed Fychan, neilltuwyd y clod pennaf i Cyril Bradley am ei bortread o Iago, y ffŵl. Yr oedd y cyfan wedi asio gyda'i gilydd yn berffaith, gyda 'hyd yn oed dail y coed o gwmpas yn berffaith dawel', ac o ganlyniad cyfareddwyd y gynulleidfa fel y nododd Emrys Hughes:

> . . . yr oedd y cyfan ar raddfa gryn dipyn yn uwch na dim a welwyd hyd yma ar lwyfannau amatur yng Nghymru . . . llwyddasant hefyd i fwrw hud dros y dyrfa o naw cant a pheri iddynt brofi naws hen oesau a pheth o rin bywyd 'teulu' yn y ddeuddegfed ganrif.[22]

Bu *Ednyfed Fychan* yn gynhyrchiad hynod o lwyddiannus ac, yn gwbl haeddiannol felly, rhoddwyd cryn glod i Gruffydd a Fisher am eu gwaith. Derbyniodd Fisher ganmoliaeth bellach yn ddiweddarach y flwyddyn honno, 1956, a hynny ar lwyfan y brifwyl a gynhaliwyd yn Aberdâr. Yn yr eisteddfod honno y rhannodd Huw Lloyd Edwards y wobr gyntaf ag Aeres Evans am ei ddrama *Ar Ddu a Gwyn* yng nghystadleuaeth y ddrama wreiddiol un act, ond mentrodd Fisher gyflwyno gwaith yn un o brif gystadlaethau'r eisteddfod. Yr oedd yn un o'r wyth ymgeisydd am goron yr eisteddfod, a gynigid y flwyddyn honno am ddrama fydryddol. Tri beirniad a benodwyd i gloriannu'r gystadleuaeth – Syr Thomas Parry, D. Tecwyn Lloyd a J. Ellis Williams – ac yr oeddynt ill tri'n unfryd gytûn bod ymgais Fisher, a gystadlodd dan y ffugenw TLD, ben ac ysgwyddau'n uwch na'r saith ymgeisydd arall. Gwraidd y ddrama *Merch yw Medwsa* oedd dehongliad Syr George W. Cox o'r chwedl Roegaidd, ac fe'i plethodd gyda theorïau Jung a Kereny Jacobi yn ymwneud â'r isymwybod. Fodd bynnag, er iddynt weld rhinweddau pendant yn y gwaith, nid oedd y beirniaid yn gwbl hapus â'i chynnwys, gan nodi fod 'tri gwendid sylfaenol' yn perthyn iddi, a hynny o safbwynt iaith, cymeriadaeth a thechneg y ddrama. Yr oeddynt yn gwbl grediniol bod:

> deunydd drama fydryddol dda ym *Merch yw Medusa* ond dylid ei hail-bobi a'i hailysgrifennu cyn ei chynhyrchu ar lwyfan. Rhinwedd fwyaf y gwaith yw'r addewid sydd ynddo am bethau gwell i ddod . . . Nid yw'r ddrama hon, fel y mae'n awr, yn cyrraedd y safon o ran iaith nac o ran techneg, y gellir yn rhesymol ei disgwyl mewn cystadleuaeth am Goron yr Eisteddfod, ac oherwydd hynny y mae'n rhaid inni atal y wobr.[23]

Ar y naill law, camp nid bychan ydoedd i ddysgwr yr iaith ddod mor agos at gipio un o brif anrhydeddau ei ddiwylliant fabwysiedig, ond ar y llaw arall gallasai'r fath siom fod wedi torri calon sawl unigolyn. Serch hynny, gyda'i ddycnwch cymeriad nodweddiadol, penderfynodd Fisher fwrw ati yn ystod misoedd y gaeaf i baratoi llwyfaniad o'r ddrama ar gyfer ymweliad yr Eisteddfod Genedlaethol â Môn y flwyddyn ganlynol. Yn ogystal ag addasu rhywfaint ar y ddrama, gwelwyd addasiadau hefyd o ran adeiladwaith y Theatr. Cafwyd ymgyrch arall i godi arian, ynghyd â nawdd pellach o gyfeiriad Pwyllgor Deddfau Eglwysig Cymru, a llwyddwyd i brynu'r ysgubor yn ei chyfanrwydd. Pan agorwyd y Theatr yn wreiddiol, lle i 64 oedd yn yr awditoriwm, ond prynwyd carpedi a seddi o sinema yn Hen Golwyn, a chafwyd lampau olew o gapel cyfagos i oleuo'r awditoriwm, gyda'r canlyniad fod yno le i 110 fynychu gweithgareddau'r Theatr erbyn 1957.[24] Nodwyd nad oedd gan y cwmni ganiatâd i werthu alcohol ar y safle, ond ychwanegodd Fisher mai dyna oedd dymuniad aelodau'r Gymdeithas, a oedd bellach yn 650 o ran nifer. Nododd Fisher gyda balchder y byddai'r Theatr a darpariaeth y cwmni yn destun edmygedd ac eiddigedd yng ngolwg mynychwyr yr eisteddfod a thrigolion yr ardal.

Yn 1957, felly, ymwelodd yr Eisteddfod Genedlaethol â'r ynys, ac yn dilyn derbyn grant o ddeg punt gan y brifwyl sicrhawyd bod y Theatr ar ei newydd wedd yn cynnig cynhyrchiad o *Merch yw Medwsa* am bedair noson yn ystod wythnos gyntaf mis Awst. Yr oedd y cynhyrchiad hwn yn garreg filltir sylweddol i'r cwmni, nid yn unig am mai dyma'r cynhyrchiad cyntaf ers ehangu'r adeilad, ond yn bwysicach, efallai, caniatawyd i aelodau'r cyhoedd fynychu'r nosweithiau a ddarperid gan y cwmni. Cyn hyn, aelodau'n unig a gâi fynediad i weld gwaith y cwmni, ond agorwyd drysau'r hen ysgubor i'r byd a'r betws gael gweld ffrwyth eu llafur. Mewn erthygl yn trafod y cynhyrchiad, nododd Fisher, 'it was quite well received', ond bu ymateb eraill yn fwy ffafriol o dipyn. Cyfeiriodd Bedwyr Lewis Jones at y ffaith fod y perfformiad o *Merch yw Medwsa* yn un caboledig iawn, gyda Ceinwen Jones yn portreadu'r cymeriad Sara gydag arddeliad, a Fisher yn goruchwylio'r cyfan yn ei ddull meistrolgar arferol.[25] Ychwanegodd fod adnoddau'r Theatr yn ddi-ail, ond yr hyn a'i plesiodd fwyaf oedd awyrgylch Cymreig y Theatr, a'r dyledus barch a ddangoswyd tuag at y ddrama fel cyfrwng:

> Yr oedd dyn yn syth yn y cywair iawn i fwynhau drama, cywair amhosibl ei gael mewn neuadd dref neu festri capel. Yn ei hallanolion yr oedd y Theatr Fach yn rhoi i'r ddrama y parch a haedda . . . Y parch hwn tuag at ddrama a eglura hefyd lwyddiant y perfformiad a gyflwynwyd – y perfformiad gorau a welais i yn y Gymraeg . . . Canolfan i Gymdeithas Ddrama yw'r Theatr. Er mwyn y Gymdeithas y mae'n bod; er mwyn y cynhyrchwyr, yr actorion a'r crefftwyr sy'n aelodau ohoni. Meithrin a pherffeithio eu doniau hwy yw y nod yn hytrach na diddanu cynulleidfa.

Oherwydd bod blaenoriaeth wedi'i rhoi i'r ddrama fel cyfrwng celfyddydol cain, sicrhawyd safon uchel yng nghynyrchiadau'r cwmni, fel a dystiwyd yn Eisteddfod Genedlaethol 1957. Yn ôl y sôn, gwahoddwyd J. Ellis Williams i fynychu perfformiad o *Merch yw Medwsa*, a hynny am y rheswm mai ef yn anad yr un o'r tri beirniad oedd yn benderfynol na ddylid gwobrwyo ymgais Fisher â choron Aberdâr, ond ni dderbyniodd y gwahoddiad.

Un o brif amcanion y cwmni oedd cynnig cyfle a hyfforddiant i rai profiadol a dibrofiad fel ei gilydd oedd â diddordeb ym myd y ddrama. Yn gysylltiedig â'r amcan hwn, ysgogwyd y Gymdeithas i estyn gwahoddiad i awduron anfuddugol yr Eisteddfodau Cenedlaethol ynghyd â'r rhai buddugol, i anfon eu cynnyrch i'r Gymdeithas. Efallai mai'r prif symbyliad y tu ôl i gais o'r fath oedd profiad Fisher yn Eisteddfod Aberdâr, oherwydd yn y llythyr at awduron yn y wasg nodwyd:

wedi'r cwbl yr ydym yn *chwilio* am ddramau (*sic*). Ni chredwn ein bod yn haerllug yn gwneud yr apêl, eithr symbylir ni gan yr argyhoeddiad mai *Theatr* a *Llwyfan* biau'r dyfarniad terfynol ar unrhyw ddrama'.[26]

Derbyniodd y cwmni bymtheg o sgriptau, ac o'r rheiny ystyrid bod pump yn addas ar gyfer eu llwyfannu. Ymhlith y rhain yr oedd drama Gwilym T. Hughes, *Y Ddrama Fawr*, a ddaeth yn fuddugol yn Eisteddfod Pwllheli 1955, a *Heledd* o eiddo Ken Etheridge – darn aflwyddiannus yng nghystadleuaeth y goron yn Eisteddfod Llangefni yn 1957. Yr oedd y cynnig hwn i awduron o'r fath yn amhrisiadwy, gan roi cyfle iddynt weld eu gwaith ar lwyfan ac, yn bwysicach, gael gweld ffaeleddau a rhinweddau eu gwaith. Yn ogystal â chynnig llwyfan i awduron newydd a lleol, cynigiwyd cynyrchiadau yn Gymraeg a Saesneg o weithiau cewri ym myd y ddrama – rhai megis Ibsen, Brecht, Ugo Beti, Saunders Lewis a John Gwilym Jones – gan danlinellu un o brif nodweddion y Gymdeithas, sef cynnig darpariaeth amrywiol o gynnyrch theatrig. Un o rinweddau'r cwmni yn ystod ei gyfnod euraid oedd iddo gynnig arlwy nad oedd bob amser yn plesio na chwaith yn boblogaidd. Drama a gâi'r flaenoriaeth, a golygai hynny fod y Gymdeithas yn cynnig mwy na diddanwch yn unig. O ganlyniad i weithgarwch theatrig o'r fath, o ran yr Ŵyl Genedlaethol a'r Theatr Fach, datganodd R. Wallis Evans yn 1961 fod 'Llangefni i bob pwrpas yn *ville de théâtre*, y gyntaf o'i bath yng Nghymru', ac aeth yn ei flaen i awgrymu y dylai trefi eraill Cymru ymgyrraedd at yr un safonau.[27] Yn yr un modd, cydnabu Goronwy Powell yn y *Western Mail* fod gweithgareddau'r Gymdeithas bellach yn enwog drwy Gymru benbaladr fel 'a striking example of this cultural communal enthusiasm at its best'.[28]

Yr hyn sy'n bwysig i'w werthfawrogi wrth gloriannu degawdau cynnar y Gymdeithas yw'r ffaith fod pawb yn cael addysg a hyfforddiant ym mhob agwedd o'r theatr. Ni chyfyngid unigolion i fod yn actorion yn unig, ac eraill yn gyfarwyddwyr, ac eraill yn gweithio y tu cefn i'r llwyfan. Gyda phob cynhyrchiad rhoed cyfrifoldebau gwahanol i bawb: mewn un ddrama rhoed y brif ran i unigolyn a fyddai, efallai, yn y cynhyrchiad dilynol yn gyfrifol am y gwisgoedd. Er nad yw hwn yn bwynt arbennig o arwyddocaol ar yr olwg gyntaf, bu'n hollbwysig wrth feithrin disgyblaeth a phrofiad ymhlith yr aelodau. Yn hytrach nag arbenigo ar ryw agwedd benodol ar theatr – fel a wneir mewn theatr broffesiynol – roedd y statws amatur a berthynai i'r Gymdeithas yn caniatáu i unigolion fwrw prentisiaeth gynhwysfawr yn y maes. Yr oedd nodwedd o'r fath yn gwbl ganolog yn athroniaeth Fisher, oherwydd nid cynnig arlwy i'r cyhoedd oedd unig swyddogaeth y cwmni ond, yn ogystal, addysgu. Er enghraifft, yn 1956 cyfarwyddodd Leslie Hodgkins ddrama Philip Johnson, *Heaven on Earth*, ac yn ddiweddarach y flwyddyn honno bu'n actio cymeriad Count de Moret yng nghyfieithiad W. Somerset Maugham o gomedi Grenet-Dancourt, *The Noble Spaniard*; flwyddyn yn ddiweddarach chwaraeodd ran y Porthor yn y cynhyrchiad o *Amlyn ac Amig*. May Morris oedd yn gyfrifol am y gwisgoedd yn y cynhyrchiad o *Ednyfed Fychan* gan Saunders Lewis, ond hi hefyd oedd cynhyrchydd *The Noble Spaniard*. Gan i'r dyletswyddau hynny gael eu dosrannu'n gyson ymhlith aelodau'r Gymdeithas, elwai pawb o'r profiadau amrywiol.

Er gwaethaf y llwyddiant, yr oedd ystyriaethau ariannol yn parhau i fod yn feichus, ac ar ddechrau'r 1960au, cafwyd ymgyrch i godi mwy o gyfalaf er mwyn galluogi'r Gymdeithas i ymestyn adnoddau'r Theatr. Cyhoeddwyd taflen ar Ddydd Gŵyl Dewi 1961 yn annog aelodau a charedigion y cwmni i gyfrannu, ac ar y ddalen honno ceir un o gymalau'r Gymdeithas a fu'n gwbl hanfodol i sicrhau ei llwyddiant yn ystod y dyddiau cynnar:

> Y mae'r Gymdeithas i'w gweithredu'n unig er lles cymdeithas trwy hybu diddordeb mewn drama wrth ddarllen, astudio a llwyfannu dramâu. Cynhelir y gweithgareddau yn y fath fodd fel y bydd diddordebau'r rhai Cymraeg eu hiaith a'r Saeson uniaith yn cael sylw cyfartal.[29]

Gwnaed ymholiadau am nawdd o sawl ffynhonnell, gan gynnwys Ymddiriedolaeth Gulbenkian. Derbyniodd Fisher lythyr gan bennaeth yr ymddiriedolaeth honno'n gofyn am fanylion ynglŷn â sut y byddai'r Gymdeithas ar ei hennill o dderbyn nawdd yn gyfwerth â mil o bunnoedd. Fel ymateb i'r cais, yr hyn a wnaeth Fisher oedd llunio dogfen gynhwysfawr yn amlinellu manylion pendant ynglŷn â sut y byddai'r cwmni'n elwa o ddwy fil o bunnoedd o gymhorthdal, a dyna mewn gwirionedd y swm a dderbyniwyd. Hanfod gweledigaeth a dycnwch Fisher oedd na fodlonai ar ddim, a mynnai bob amser fynd un cam ymhellach. Derbyniwyd nawdd pellach o £1,754 gan Bwyllgor Deddfau Eglwysig Cymru, a chyda chyfraniadau a rhoddion gan unigolion a chan sefydliadau cyffelyb, aed ati i adeiladu tŵr uwchben y llwyfan – er mwyn hwyluso'r gwaith o symud setiau – ychwanegu stordy gwisgoedd, ail-doi a gosod system wresogi. Bu'r Theatr ar gau am chwe mis tra bu'r gwaith hwn yn mynd rhagddo; ym mis Tachwedd 1961 agorwyd drysau'r Theatr ar ei newydd wedd gyda pherfformiad o ddrama Arthur Miller, *All My Sons*, gyda Margaret Fisher, gwraig George, yn gynhyrchydd. Perthynai hyder a llewyrch i'r Gymdeithas ar ddechrau'r chwedegau, ac adeiladwyd ar y llwyddiant hwnnw yn ystod y degawd dilynol.

Fel adlewyrchiad o'r hyder hwn, daeth y Gymdeithas yn aelod o Gymdeithas Theatrau Bychain Prydain (Guild of Little Theatres) yn 1962, a chanddi hi roedd yr anrhydedd unigryw o fod yr unig aelod o'r Gymdeithas honno a ddarperai arlwy yn y ddwy iaith. Yr oedd dod yn gyflawn aelod o fudiad o'r fath yn gydnabyddiaeth o'r safon a geid yng nghynyrchiadau'r cwmni, ond yn fwy na dim, efallai, rhoddai gyfle i aelodau'r cwmni rannu'u profiadau a'u harbenigedd, a dysgu gan eraill yn ogystal. Yn ystod yr un flwyddyn, gwelwyd Cymdeithas Ddrama Llangefni yn ennill pluen arall yn ei het, pan ddarlledwyd ei chynhyrchiad o *Gan Hen Gyfaill*, Tom Richards, ar y BBC ar 17 Ionawr. Dyma'r tro cyntaf i berfformiad o ddrama Gymraeg gan gwmni theatr amatur gael ei ddarlledu ar y teledu, ac i ddathlu'r achlysur cyflwynodd y Gymdeithas dystysgrif o werthfawrogiad i bawb a fu'n gysylltiedig â'r cynhyrchiad, wedi'i lofnodi'n bersonol gan Llewelyn Jones a Fisher, sef cadeirydd ac ysgrifennydd y Gymdeithas. Yn ystod y blynyddoedd dilynol, gweithiodd nifer o aelodau'r Gymdeithas ar sawl cynhyrchiad i'r BBC, gan bontio'n raddol ond yn llwyddiannus rhwng y byd amatur a'r byd proffesiynol. Erbyn hyn, roedd y Gymdeithas mewn safle gref iawn, gyda 965 o aelodau.

Yn 1970, fodd bynnag, bu raid i'r Gymdeithas wynebu ergyd a'i hysgydwodd i'r byw: bu farw George Fisher. Yn eironig ddigon, bu ef a Cynan farw o fewn amser byr i'w gilydd, ac yr oedd eu marwolaeth yn golled sylweddol i'r ynys ac i fyd y ddrama drwy Gymru gyfan. Nodwyd yn erthygl olygyddol *Llwyfan* fel y bu i'r ddau ymgartrefu ym Môn, 'a gwneud yr ynys yn fam Cymru unwaith eto ym maes y theatr'.[30] Bu'r ddau yn gyfeillion pennaf ac, yn sicr, bu i'r naill a'r llall elwa'n sylweddol ar allu ei gilydd. Yng nghyd-destun y galar cyhoeddus a fynegwyd wedi eu marwolaethau, fodd bynnag, mae'n arwyddocaol iawn i'r mwyafrif helaeth ohono gael ei neilltuo i ganu clodydd Cynan yn hytrach na Fisher. Yn amlwg, yr oedd y cyn-archdderwydd yn gymeriad a oedd yn fwy adnabyddus ar raddfa genedlaethol ac, yng nghanol yr holl deyrngedau a dalwyd iddo ef, ni thalwyd y sylw haeddiannol i gyfraniad a gweledigaeth Fisher. Ni ddylid ei bortreadu fel gŵr perffaith; yn wir, fel y tystia nifer i'w ddull plaen o wneud penderfyniadau, rheitiach ganddo oedd rhoi gorchmynion yn hytrach nag eistedd mewn pwyllgorau'n gwamalu. Dyn ydoedd a weithredai yn hytrach na thrafod, ac un a oedd yn bendant yn cymryd yr awenau i'w ddwylo'i hun. Fodd bynnag, meddai ar weledigaeth a gallu theatrig penigamp a bu'n graig o gadernid i'r Theatr Fach yn ystod blynyddoedd ei ffurfio, ac nid gormodedd yw honni fel y gwnaeth Enid Morgan:

> onibai amdano ef, ni fyddai Theatr Fach Llangefni yn bod o gwbl. Cawr mewn corffolaeth a chawr mewn personoliaeth: mae ei egni ffrwydrol ef yn tanio ac yn dychryn, yn ennyn dig ac edmygedd ac yn ei sgil ef y crëwyd theatr sy'n ennill ac yn cadw ymlyniad lliaws helaeth o weithwyr.[31]

Yr oedd y gallu i ysbrydoli ganddo, ac i gael pawb i gydweithio â'i gilydd, a'i gamp fawr oedd pontio'r ddwy gymdeithas a fodolai yn y dalgylch. Llwyddasai i ennill parch – ac yn bwysicach, efallai, gefnogaeth y Cymry Cymraeg – oherwydd ei ymroddiad i ddysgu'r iaith ac ymdoddi i'r diwylliant; enynnodd yn ogystal gefnogaeth y rhai hynny oedd ar ymylon ei ddiwylliant mabwysiedig. Mae llawer wedi cyfeirio at ei arddull ddi-flewyn-ar-dafod, ond meddai ar hiwmor yn ogystal. Wrth iddo wneud ei ddyletswyddau fel ysgrifennydd y Gymdeithas, gwelwyd ambell ymgais ar ei ran i dorri ar ffurfioldeb ei ddyletswyddau, a chynnig gogwydd tipyn ysgafnach. Mewn llythyr yn gwahodd aelodau i fynychu cyfarfod yng nghanol mis Ebrill 1953 cafwyd y geiriau canlynol, a oedd efallai'n gyfaddefiad nad oedd yn unigolyn hawdd i gydweithio ag ef:

> There will be a very nice cup of tea and chocolate biscuits to relieve the tedium of a talk by the secretary of the Society on 'Aims and difficulties in amateur production, with special reference to common faults in acting, their cause and cure'. The lecturer is well known for his cool, philosophical attitude towards actors during rehearsal and for his enormous patience. On this occasion it is hoped that he will take the

opportunity of explaining why he thinks it worth while. Please make an effort to come and answer back.[32]

Yn ddiamau yr oedd George Fisher yn gymeriad carismataidd a dylanwadol iawn, a bu'r Gymdeithas ar ei cholled am nad oedd ef bellach yno i gynnig arweiniad ac atebion i'r aelodau. Ym mis Tachwedd 1970, sefydlwyd cronfa i godi ystafell ymarfer yn y Theatr er cof amdano, ac ymhen dwy flynedd fe'i hagorwyd gan Dr Ben Bowen Thomas. Roedd George Fisher wedi gosod sylfaen gadarn i'r Gymdeithas, ond bellach yr oedd y cyfrifoldeb o adeiladu ar y llwyddiant hwnnw wedi'i osod ar ysgwyddau ei gyd-weithwyr.

Yn 1973 estynnwyd gwahoddiad i Gymdeithas y Theatrau Bychain gynnal eu cynhadledd yn Llangefni am yr eildro, gyda 'Y Ddrama yng Nghymru' yn thema i'r gweithgareddau. Perfformiwyd cyfieithiad Saesneg Emyr Humphreys o *Siwan*, Saunders Lewis, ac aeth trefniadau'r Ŵyl rhagddynt yn esmwyth. Fodd bynnag, taflwyd cysgod tywyll dros y llwyddiant gan mai yn y gynhadledd honno y gwelwyd Frank Taylor yn gweithio yn y Theatr am y tro olaf; bu farw'n fuan wedyn. Er i Fisher feddu ar ddawn ryfeddol ym myd y ddrama, roedd yn ddyledus iawn i Frank Taylor am sicrhau fod y ddarpariaeth dechnegol i waith y Gymdeithas yn gwbl broffesiynol a graenus. Yr oedd Fisher yn lliw-ddall, ac o ganlyniad roedd yn dibynnu'n llythrennol ac yn ffigurol ar Taylor i sicrhau bod lliw yn perthyn i'r cynyrchiadau. Ef oedd yn gyfrifol am dynnu lluniau ar noson agoriadol y Theatr yn 1955, a thros y blynyddoedd bu'n gyfrifol am yr ochr dechnegol yn y mwyafrif helaeth o'r cynyrchiadau. Yn ystod y mis bach, 1971, llwyfannwyd drama *The Planets* a ysgrifennwyd ac a gynhyrchwyd ganddo.

Golygodd aelodaeth y Gymdeithas â Chymdeithas y Theatrau Bychain fod modd i aelodau'r Theatr Fach feithrin cysylltiadau ag unigolion eraill oedd yn rhannu'r un diddordeb theatrig â hwy; o ganlyniad i'r fath rwydweithio rhoddwyd cyfle i'r Gymdeithas brofi llwyddiant ar lwyfan rhyngwladol. Yn 1974 derbyniodd y Gymdeithas wahoddiad i berfformio *Un Briodas*, John Gwilym Jones, yng Ngŵyl Theatr Ryngwladol Carrolls yn Dundalk. Dychwelwyd yno flwyddyn yn ddiweddarach, y tro hwn i lwyfannu *Pros Kairon*, Huw Lloyd Edwards. Nid y Theatr Fach oedd yr unig gynrychiolydd o Gymru yno bryd hynny – aeth y Rhondda Unity Players â'u cynhyrchiad hwy o *The Noble Spaniard* yno'n ogystal. Serch hynny, cynhyrchiad y Theatr

Fach a enillodd y dydd, gyda'r beirniad o Brifysgol Gorllewin Virginia, yr Athro William McGraw, yn cael ei blesio gan bob agwedd o'r cynhyrchiad, a chyfeiriodd yn arbennig at allu Glyn Williams i odro'r elfen gomedi o'r ddrama.[33] Gwobrwywyd J. O. Roberts fel cynhyrchydd gorau'r Ŵyl, a derbyniodd dlws Ardoyne Chalice am ei gamp. Y mis canlynol aed â'r cynhyrchiad i'r International Theatre Olympiad yn Detroit yn yr Unol Daleithau fel rhan o arlwy'r Ŵyl Theatr Amatur, a chael ymateb cadarnhaol yno.

O fewn ychydig fisoedd i'r ymweliad â Detroit bu farw Huw Lloyd Edwards, ac amddifadwyd y Gymdeithas unwaith yn rhagor o gyfaill cymwynasgar y bu ei gynnyrch yn fodd i ychwanegu at lwyddiant cynnar y Gymdeithas, gan agor drysau a gynigiai gyfleon a sylw cenedlaethol a rhyngwladol iddi. Er gwaetha'r ffaith i'r Gymdeithas golli dramodydd cenedlaethol, yr oedd yn arwyddocaol mai un o feibion yr ynys a enillodd Dlws y Ddrama Hir yn Eisteddfod Genedlaethol Cricieth y flwyddyn honno (1975), gan gynnig talentau dramodydd crefftus arall i'r Gymdeithas. William R. Lewis oedd yn fuddugol gyda'i ddrama *Gerallt Llywelyn*, a rhoddodd y Theatr Fach y cyfle iddo saernïo ei grefft ym myd y ddrama.[34]

Bu'r cyfleon i deithio y tu hwnt i ddalgylch Llangefni yn gyfrwng i roi'r Theatr Fach a'r theatr Gymraeg ar y map, ond nid pawb oedd yn cytuno â'r fath sylw, nac ychwaith – yn fwy tyngedfennol efallai – â'r holl wariant oedd ynghlwm â theithiau o'r fath. Cyfeiriwyd at y ffaith nad oedd hi'n arferiad gan y Gymdeithas fynd â drama y tu allan i'r Theatr Fach, ond er y pasiwyd yng nghanol mis Tachwedd 1951 nad 'yw'r gymdeithas yn barod i dderbyn gwahoddiadau yn gyffredinol i fynd i lwyfanau (*sic*) eraill',[35] cafwyd, serch hynny, ambell eithriad. Yn 1966 aethpwyd â chynhyrchiad o *Siwan* i Theatr Garthewin fel rhan o Ŵyl Saunders Lewis, gyda J. O. Roberts yn chwarae rhan Llywelyn; er nad oedd adolygydd *Y Faner* yn or-ganmoliaethus o'r cynhyrchiad hwnnw, nodwyd yn *Y Cymro* mai dyna oedd 'pegwn disgleiriaf yr Ŵyl'.[36] Beth bynnag, argyhoeddwyd y mwyafrif bod gwerth sylweddol i ehangu gorwelion y Gymdeithas drwy fynychu gwyliau o'r fath. Profwyd llwyddiant pellach yn 1977 pan ddychwelwyd i Dundalk, y tro hwn i berfformio cyfieithiad Rhydderch Jones o *Tŷ ar y Tywod*, Gwenlyn Parry, a gwobrwywyd J. O. Roberts unwaith yn rhagor am ei bortread o'r cymeriad The Occupier. Y flwyddyn honno bu raid i J. O. Roberts ildio'i le fel Cyfarwyddwr y Theatr, a hynny ar sail iechyd. Bu ei gyfraniad ef, ynghyd ag un Hazel Slade, yn allweddol i'r Gymdeithas yn ystod y saithdegau, gan gynnig arweiniad a sefydlogrwydd iddi yn dilyn marwolaeth Fisher. Maged hwy dan adain theatrig Fisher, ac yn hyn o beth fe'u trwythwyd yn ei werthoedd a'i ddaliadau.

Gydag ymweliad yr Eisteddfod Genedlaethol â Llangefni yn 1983, yr oedd yn gyfle arall i'r Gymdeithas wneud enw iddi'i hun ar raddfa genedlaethol, a bu canmoliaeth mawr i'r perfformiad o *Evan Thomas – Meddyg Esgyrn*, sef cyfieithiad o ddrama Dr Hywel Jones, *Bonesetter of Crosshall Street*. Yn yr eisteddfod honno gwelwyd Theatr Fach y Maes am y tro cyntaf ar faes y brifwyl, ac yn yr agoriad swyddogol cyfeiriodd Elen Roger Jones at y ffaith y byddai'r theatr newydd yn cynnig 'hwyth' i fyd y ddrama yng nghyd-destun gweithgareddau'r Eisteddfod Genedlaethol a Chymru'n gyffredinol. Yn ystod y seremoni agoriadol bu Charles Williams yn hel atgofion am fyd y ddrama ar yr ynys, gan dalu teyrnged i J. O. Jones am lywio'r cyfan mor feistrolgar yn ystod y dyddiau cynnar. Yr oedd pawb i'w weld yn ymhyfrydu yn natblygiadau'r maes, yn arbennig yng nghyd-destun Ynys Môn, a phethau'n ymddangos yn esmwyth ar yr wyneb. Fodd bynnag, clywid hefyd leisiau o anniddigrwydd a thyndra yn cyniwair. Wrth olrhain nodweddion a rhinweddau'r gymdogaeth i'r eisteddfodwyr pybyr, cyfeiriodd Nia Thomas mewn erthygl yn *Herald Môn* at y Theatr Fach fel 'un o ganolfannau diwylliannol bywiocaf y dref', ond ymddengys mai oddi ar y llwyfan y gwelwyd y cyffro mwyaf, a hynny yng nghyfarfodydd y Gymdeithas.

Y flwyddyn honno, penodwyd Gwyn Jones yn gadeirydd, ond yr oedd cryn rincian dannedd yn sgil y penodiad. Yn yr adroddiad blynyddol, cafwyd sylwadau digon pigog gan y golygydd, Stephen J. Morris, am y modd yr etholwyd Gwyn Jones, ac er iddo gloi'i gyfraniad trwy ddatgan mai â'i dafod yn ei foch y gwnaeth y fath ddatganiadau, doedd dim amheuaeth bod miniogrwydd yn perthyn i'w eiriau. Rhygnodd y sefyllfa yn ei blaen, ac yn wir gwelwyd y Theatr Fach yn destun sgwrs o ganlyniad i'r hyn a ddigwyddai oddi ar y llwyfan yn hytrach na'r arlwy theatrig a gynigid arno. Daeth y cyfan i benllanw yn 1989 pan basiwyd cynnig o ddiffyg hyder yn Gwyn Jones, a bu newid yn y gadeiryddiaeth gyda Tony Jones – a oedd eisoes yn gyfarwyddwr artistig y Theatr – yn cymryd ei le.[37] Cynddeiriogwyd rhai â'r modd y defnyddiwyd sefyllfa ieithyddol y gymdogaeth fel sylfaen i'r holl fater. Honnwyd bod Gwyn Jones yn arddel syniadau gwrth-Seisnig, tra bod ei gefnogwyr yn gweld dadl yr iaith yn cael ei defnyddio'n rhy gyfleus er mwyn ceisio bwrw cysgodion o amheuaeth ar ei arweinyddiaeth. Bu Tony Jones yn hynod o weithgar ymhob agwedd o waith y Gymdeithas; bu ei ymroddiad yn allweddol i oroesiad y cwmni yn ystod y blynyddoedd diwethaf, ond creodd y bennod hon elfen gref o ddrwgdeimlad. Er bod rhai wedi honni i'r sefyllfa gael ei datrys a bod cyfaddawd wedi'i ennill, mae'r chwerwder yn parhau i fudferwi hyd heddiw. Bu'r berthynas rhwng y ddarpariaeth Gymraeg a'r un Saesneg yn allweddol i lwyddiant y Gymdeithas yn y dyddiau cynnar, ond yn wyneb y fath newid yn yr hinsawdd ieithyddol o fewn y gymdeithas ehangach yn ystod yr wythdegau, bu'n gyfrifol am greu rhwyg o fewn y Theatr Fach. Ni all unrhyw iaith ynddi'i hun fod yn niweidiol ond, yn hytrach, arf ydyw gan unigolion, a chroeswyd cleddyfau yn gyson rhwng y carfanau hyn.

Er mai'r anghydfod ieithyddol a gafodd y prif sylw, nid dyna'r unig gancr i gnoi'r Theatr Fach yn y cyfnod hwn. Bu brwydrau personol ymhlith rhengoedd y bwrdd rheoli, ac yng nghanol 1993 cynhaliwyd pwyllgor arbennig ar gais y trysorydd, Kevin Jones, yn dilyn ei anfodlonrwydd fod y cadeirydd yn lledaenu straeon am ei aneffeithiolrwydd honedig. Mynegodd bryder ynghylch y 'trafodaethau cudd' a gynhaliwyd ymhlith aelodau'r pwyllgor rheoli.[38] Treiddiodd y problemau i'r llwyfan yn ogystal, gyda'r cadeirydd yn ymddiheuro yn rhifyn Gwanwyn 1994 o *Newyddion Theatr Fach* am orfod gohirio perfformiad yr hydref blaenorol, gan egluro mai dyna oedd yr unig ddewis yn dilyn penderfyniad y cynhyrchydd i dynnu'n ôl ar y funud olaf. Hyd yn oed pan lwyfannwyd cynyrchiadau, siomedig oedd y gefnogaeth. Pan lwyfannwyd *Congrinero'r Gorllewin*, sef cyfieithiad o ddrama J. M. Synge, *Playboy of the Western World*, doedd yr awditoriwm yn ddim ond chwarter llawn.[39] Wrth drafod y cynhyrchiad hwn, a oedd dan ofal Dilwyn Griffiths, nododd y cadeirydd fod safon yn perthyn i'r gwaith gorffenedig, ond mynegodd ei siom o weld rhai o'r actorion yn ymddwyn yn ddrygionus ar y llwyfan ac oddi arno yn ystod y noson olaf. Ychwanegodd fod tuedd ymhlith rhai ohonynt i fynychu'r bar yn ystod ymarferion a chynyrchiadau. Pasiwyd mai da o beth fyddai sgwrsio â'r unigolion hynny ynglŷn â rhinweddau disgyblaeth mewn perfformiad. Dyna wahaniaeth sylweddol, ond cwbl sylfaenol, rhwng y cyfnod euraid a'r cyfnod diweddar yn hanes y Theatr. Er mai statws amatur oedd i'r cwmni o'r dechrau, gwelwyd elfen gref o broffesiynoldeb a llwyr ymroddiad yn perthyn iddo yn ystod y degawdau cynnar, fel y tystiodd Llewelyn Jones:

> I Fisher, unig werth ymhél â'r ddrama oedd ymdrechu'n gyson i berffeithio'r grefft o actio a llwyfannu. Nid llawforwyn i unrhyw achos da oedd y ddrama, ond celfyddyd i'w hymarfer a'i chaboli er ei mwyn ei hunan.[40]

Gyda threigl amser, y duedd yw bod yr elfen honno wedi'i cholli.

Yng nghyfarfod blynyddol y Theatr ym mis Mehefin 1993, datgelwyd bod un o ymddiriedolwyr gwreiddiol y Gymdeithas, Llewelyn Jones o Fenllech, wedi penderfynu ymddeol o'i ddyletswyddau, a chyfeiriwyd yn ogystal at farwolaeth Margaret, gwraig George Fisher. Yn llythrennol ac yn ffigurol yr oedd y cysylltiad rhwng y Gymdeithas a'i hoes euraid yn graddol ddiflannu. Cafwyd ambell fflach o lwyddiant ac ysbrydoliaeth sydd wedi bod yn gynhaliaeth i'r bwrdd rheoli, ac i'r rhai sydd wedi bod yn ceisio cael dau ben llinyn ynghyd. Bu'r perfformiad o ddrama Barry Williams, *Royal Charter*, dan gyfarwyddyd Tony Jones, yn llwyddiant ysgubol yn 1994, a bu'r pantomeim *Arch Noa* y tymor hwnnw yn hwb sylweddol i'r coffrau ac i ysbryd y bwrdd rheoli. Drwyddi draw, fodd bynnag, gemau gwerthfawr ond prin mewn cyfnod digon hesb ydynt wedi bod. Yn 1995, dathlwyd deugain mlynedd o fodolaeth y Theatr Fach, ac yn eironig ddigon yng ngholofnau'r *Daily Post* cyfeiriwyd at ei pholisi dwyieithog fel nodwedd a roddai statws unigryw i'r cwmni.[41] Cynhaliwyd gweithgareddau ar hyd yr wythnos i ddathlu'r garreg filltir nodedig hon, yn cynnwys arddangosfeydd gwisgoedd a gweithdai ymarferol, gyda'r ddrama *While We Both Shall Live* o waith Barry Williams yn gychwyn ar y cyfan. Cyhoeddwyd llyfryn gan J. R. Williams i ddynodi'r achlysur, a mawr fu'r dathlu a'r llwyddiant.[42] Efallai bod hynny'n rhannol oherwydd sentimental-eiddiwch yn hytrach na gwir ymroddiad tuag at y Theatr, oherwydd ar ôl i weithgareddau'r wythnos fynd heibio, buan y diflannodd y gefnogaeth a'r brwdfrydedd.

Ofer fyddai ceisio chwilota o fewn muriau'r Theatr yn unig am atebion i'r diffyg hwn. Er ei bod yn ystrydeb ar lawer ystyr, y gwahaniaeth mwyaf yw'r ffaith fod oes a chymdeithas wedi newid cymaint. Nid oes modd dal wrth ddelfrydau ac egwyddorion mewn byd sydd bellach yn dra gwahanol. Yn ei hadroddiad blynyddol gogyfer â'r flwyddyn 1993–94 cyfaddefodd y cadeirydd presennol fod y dewis o ddramâu yn allweddol i lwyddiant unrhyw gynhyrchiad.[43] Ymddengys nad oes modd ysgogi'r trigolion lleol i fynychu'r Theatr oni bai bod elfen gref o hanes lleol neu bantomeim hwyliog yn rhan o'r arlwy. Mae elfen o blwyfoldeb a materoliaeth wedi cydio yn sylfeini'r Theatr Fach, o safbwynt gwleidyddiaeth a dewis artistig, ac o ganlyniad ni all yr un o amcanion gwreiddiol y Gymdeithas – sef cynnig addysg a theatr fyw ac amrywiol i'r bobl leol – oroesi a chynnal y Theatr yn yr oes sydd ohoni. Mor gynnar ag 1969, wrth ddathlu ugain mlynedd o fodolaeth y cwmni, rhagwelodd Enid Morgan mai un o'r meini tramgwydd posib fyddai'r dewis o ddramâu anfentrus.[44] Er hynny, pe llwyfennid gweithiau cewri megis Brecht a Huw Lloyd Edwards y dyddiau hyn, mae lle cryf i amau mai cysgodion seddi gwag yn unig fyddai'n llenwi'r awditoriwm. Yn gyffredinol, yr hyn a geir bellach yw dramâu ysgafn a phlwyfol, gyda'r pantomeim yn cael ei ystyried yn binacl y calendr theatrig o ran poblogrwydd a llwyddiant ariannol. Gwahanol iawn oedd yr arlwy y bwriadai Fisher a'i gyfoedion ei gael yn y dyddiau cynnar. Cyfyd hyn gwestiwn a dilema sylfaenol i'r bwrdd rheoli presennol ynglŷn â beth ddylai polisi'r Theatr fod: ai cynnig cynyrchiadau a fydd yn apelio at y mwyafrif, ynteu cynnig arlwy sy'n fethiant ariannol?

Bu'r frwydr i sicrhau bodolaeth Theatr Fach yn gyfrifol am ddod â phobl at ei gilydd, ond unwaith yr enillwyd y frwydr honno, ac i'r cyfnod o falchder a chydweithrediad a brofwyd yn dilyn y fath ymdrech fynd heibio, aeth y gymdogaeth yn esgeulus o'i hadnoddau a'i chymryd yn ganiataol am gyfnod rhy hir. Nid yw rhai o drigolion Llangefni'n gwybod am fodolaeth y Theatr, heb sôn am ystyried cyfrannu tuag at ei gweithgareddau. Efallai mai asgwrn y gynnen yw'r ffaith bod y Theatr wedi cael ei gwthio i'r cysgodion, a'i bod bellach yn eilradd i'r brwydrau a'r ymgecru sy'n rhygnu ymlaen rhwng unigolion, personoliaethau a charfanau o fewn y gymdeithas yn gyffredinol.

Pan ymwelodd yr Eisteddfod Genedlaethol â'r sir yn 1999, yr oedd dwy nodwedd arwyddocaol ynghlwm â'r gweithgareddau. Cynhaliwyd rhai o weithgareddau a chystadlaethau'r Ŵyl yn y Theatr Fach, ond digon prin oedd y gefnogaeth leol; yn wir, awgrymwyd yn y rhifyn eisteddfodol o *Barn* nad oedd nemor ddim diddordeb bellach yn hanes a thraddodiad y Theatr.[45] Yn ail, ac yn gysylltiedig â'r pwynt blaenorol, cynhaliwyd rhaglen deyrnged i un o hoelion wyth y

Gymdeithas, sef Elen Roger Jones, yn Theatr Fach y Maes. Bu hi'n deyrngar iawn i'r Gymdeithas, gan gynnig ei gwasanaeth a'i phrofiad helaeth ym myd y ddrama dros y blynyddoedd. Bu ei phresenoldeb ar lwyfan y Theatr Fach yn un i ryfeddu ato, ac yn ysbrydoliaeth i nifer o'r aelodau. Er ei chefnogaeth ddiflino i'r Gymdeithas, cyfeiriwyd yn y rhaglen deyrnged at ei gwrthwynebiad i'r egwyddor o gael bar yn y Theatr. Iddi hi, cam gwag oedd darpariaeth o'r fath, a olygai na fyddai rhywrai'n canolbwyntio gant y cant ar fyd y ddrama. Ymddengys fod ofnau Elen Roger yn cael eu rhannu gan eraill ond, yn eironig ddigon, erbyn heddiw mae'r bar yn ffynhonnell ariannol amhrisiadwy i'r Gymdeithas, a go brin y byddai modd iddi barhau heb incwm y ddiod gadarn.[46] Mae oes a gwerthoedd y genhedlaeth y perthynai Elen Roger Jones iddi yn prysur ddiflannu.

Mewn rhifyn arbennig o *Llwyfan* i goffáu cyfraniad Cynan, ceir erthygl sy'n trafod rhai o'r llawysgrifau a luniodd ef yng nghanol y tridegau. Ymhlith y rheiny cyfeirir at ddiffyg traddodiad a hanes y ddrama yng Nghymru, o leiaf ar y lefel broffesiynol. Er hynny, ni addefodd bod hynny ynddo'i hun yn arwydd o wendid :

> Ystyr lythrennol y gair *amatyr* ydyw un yn dilyn celfyddyd neu grefft arbennig o wir gariad ati – o'r Lladin, *amator*, carwr. Bywyd ac nid bywoliaeth a ofyn ganddi, ac mewn llawer celfyddyd ceir rhai o'r artistiaid cywiraf ym mhlith y dosbarth hwn . . . Nid yw'r gair *amatyr* ynddo'i hun yn unrhyw gondemniad ar fudiad drama Cymru – dim ond i'n cariad at y gelfyddyd hon hefyd fod yn ddigon cywir ac angerddol i hawlio'r un safon aruchel ganddi – yr un dillynder a'r un cynhildeb, ag a hawliwn gan ein barddoniaeth – sydd â chanrifoedd lawer o draddodiad aeddfed y tu ôl iddi.[47]

Daeth sawl tro ar fyd yn hanes y ddrama yng Nghymru ers i Cynan ysgrifennu'r geiriau hynny, ac un ohonynt oedd yr ymgais i broffesiynoli'r maes. Yn arwyddocaol, er i erthygl olygyddol *Llwyfan* yng ngwanwyn 1969 gredu ei bod hi'n hen bryd i Gymru gael 'theatr amser-llawn', ac y gallai'r ddarpariaeth amatur a'r un broffesiynol gyd-fyw'n hapus, nid oes yr un ohonynt mewn sefyllfa iach iawn ar ddechrau'r unfed ganrif ar hugain. Mae llawer o'r cyfrifoldeb am hynny'n syrthio ar ysgwyddau gwybodusion honedig yn y maes, ond y mae hefyd yn ganlyniad i'r newidiadau sydd wedi chwyldroi natur a hinsawdd y gymdeithas.

Rhaid sicrhau na ramanteiddir yn ormodol am yr oes a fu, ond does dim amheuaeth i Gymdeithas Ddrama Llangefni brofi llwyddiant aruthrol yn ei bore oes. Y gwir amdani yw i'r Gymdeithas dderbyn ergyd ysgytwol pan fu Fisher farw, ac yn hyn o beth mae elfen o ddeuoliaeth yn perthyn i'r cysyniad o theatr gymunedol. Os am sicrhau unrhyw fath o lwyddiant, mae'n gwbl hanfodol fod y gymuned yn ei chrynswth yn cefnogi ac yn uniaethu â'r theatr. Fodd bynnag, gan fod cymaint o raniadau'n perthyn i gymdeithas, rhaid wrth berson carismataidd ac unigryw i gadw'r llong i hwylio. Tra oedd ar ymweliad â Theatr Fach Llangefni yn 1959, cyfarfu Glyndwr Thomas â Llewelyn Jones, a oedd ar y pryd yn Llywydd ar y Gymdeithas, a tharodd yr hoelen ar ei phen wrth ddatgan:

> . . . rhywbeth a ddylai godi o brofiad lleol yw theatr. Yr unig beth y gall Theatr Llangefni ei wneud yw dangos fod y fath beth yn bosibl. Rhaid cael dyn fel Fisher, dyn a all fyw a chwilota dirgelion drama, ei chynhyrchu, ei hactio a'i hysgrifennu. Dyn a'i sêl a'i frwdfrydedd yn drydan drwyddo. Y mae'n rhaid fod ganddo 'earthing' go dda wrth gwrs . . . er mwyn dal sioc sawl ffrae a ffrwgwd.[48]

Yr oedd rhai agweddau o'r tyndra a ddaeth i amlygrwydd yn yr wythdegau a'r nawdegau – megis yr ymgecru oddi ar y llwyfan, a'r anghytundeb ynglŷn â pholisi iaith – yn bodoli yng nghyfnod Fisher; serch hynny, y prif wahaniaeth rhwng y ddau gyfnod oedd gallu Fisher i ysbrydoli ac i ysgogi pobl i gydweithio. Pan oedd ef wrth y llyw, roedd ei oruchwyliaeth yn ddigon cadarn i gadw'r ddysgl yn wastad. Hyd yn oed ar ôl ei farwolaeth, parhaodd ei ddylanwad yn drwm ar y Theatr am gyfnod, ym mhersonau ei 'ddisgyblion' megis J. O. Roberts a Hazel Slade. Fel y dywed J. R. Williams, galluogodd yr atgof am Fisher i'r Theatr barhau i ffynnu am gyfnod; bellach mae deng mlynedd ar hugain wedi mynd heibio ers marw Fisher, ac o ganlyniad mae cenhedlaeth newydd wedi codi nad oes ganddi unrhyw gysylltiad â'r gŵr hwn.[49]

Ar hyn o bryd mae gan y Theatr Fach 277 o aelodau ond, yn arwyddocaol iawn, nid aelodau gweithredol mo'r mwyafrif ohonynt. Criw bychan sy'n wirioneddol weithgar, sef yr un sefyllfa'n union â'r un y cwynodd Beryl Mitchell amdani ar ddiwedd blwyddyn gyntaf bodolaeth y Gymdeithas. Mae cynlluniau ar droed i lwyfannu drama gomisiwn Eisteddfod Genedlaethol 1999 – *Ffrwd Ceinwen* gan William R. Lewis – yn y Theatr Fach yn ystod tymor 2000–01, ond cyfaddefir mai cynlluniau tymor-byr a wneir y dyddiau hyn, oherwydd ansefydlogrwydd y dyfodol. Yn eironig ddigon, mae'n fwriad gan y bwrdd rheoli cyfredol wneud cais am arian o gronfa'r loteri er mwyn sicrhau gwelliannau pellach i'r Theatr. Mae perygl gwirioneddol i'r Theatr fod yn gyfoeth o adnoddau, ond yn brin o gefnogaeth a chynulleidfa. Nid problem unigryw i Gymdeithas Theatr Fach Llangefni mo hon – mae hi'n sefyllfa y mae'n rhaid i theatrau amatur a phroffesiynol Cymru ei hwynebu'n onest a realistig.

Dywed Dafydd Arthur Jones mai un o'r rhesymau dros lwyddiant y Theatr Fach yn Llangefni yw'r gred sylfaenol ei bod yno i wasanaethu'r gymuned.[50] Serch hynny, mae lle i gredu bellach fod y gymuned a osododd sylfeini'r Gymdeithas wedi hen ddiflannu, a'r hyn a geir erbyn hyn yw cymuned ranedig, ac un lle nad yw consensws ac unfrydedd barn yn rhan o'i deialog. Bu'r Gymdeithas yn ysgol brofiad amheuthun i genedlaethau o bobl. Gwelwyd unigolion megis Leslie Hodgkins, J. O. Roberts, Charles Williams a Glyn Williams yn rhan o rialtwch y Gymdeithas, cyn i'w hetifeddion fwrw prentisiaeth ar lwyfan y Theatr Fach, gan fynd yn eu blaenau i ennill eu plwyf yn genedlaethol. Erys y cwestiwn – a fydd yr un cyfleon ar gael i'w hetifeddion hwythau, ynteu ai dim ond cysgodion y gorffennol fydd yn llenwi hen ysgubor Pencraig?

CYFEIRIADAU

[1] Ceir crynodeb o'i fywyd a'i gyfraniad sylweddol i fywyd a gwaith Ynys Môn yn narlith Llewelyn Jones, *Francis George Fisher – Bardd a Dramodwr* (Llangefni, 1983).

[2] O. Llew Owain, *Hanes y Ddrama yng Nghymru 1850–1943* (Lerpwl, 1948), 175–180.

[3] Awen Mona, 'Rhamant yr Hen Gwmni Drama', *Môn*, Cyfrol 11, Rhif 6, Haf 1962, 11–13.

[4] Cynan, 'Hynt y Ddrama ym Môn', *Môn*, Cyfrol 1, Rhif 1, d.d., 9–10.

[5] Gweler Harri Parri, *Elen Roger, Portread* (Caernarfon, 2000).

[6] Charles Williams, *Wel dyma fo . . . Charles Williams* (gol. Guto Roberts), (Penygroes, 1983, 3ydd arg.), 100–108.

[7] Emrys Hughes, 'Cip ar y Ddrama yng Nghanolbarth Môn', Casgliad Astudiaethau Lleol, Llyfrgell Llangefni.

[8] Cynan, *op. cit*, 10.

[9] Gwelwyd cwmni drama mewn bodolaeth yn Llangefni cyn 1949, ond dyma'r dyddiad pryd y cychwynnodd y cwmni presennol.

[10] Cofnodion Cymdeithas Ddrama Llangefni, Archifdy Llangefni, WDAU/90, 4 Mai 1950.

[11] Cofnodion Cymdeithas Ddrama Llangefni, Archifdy Llangefni, WDAU/90, Cyfarfod Blynyddol, 13 Medi 1951.

[12] Cofnodion Cymdeithas Ddrama Llangefni, Archifdy Llangefni, WDAU/90, 9 Rhagfyr 1954.

[13] Cofnodion Cymdeithas Ddrama Llangefni, Archifdy Llangefni, WDAU/90, 14 Mehefin 1951.

[14] Cofnodion Cymdeithas Ddrama Llangefni, Archifdy Llangefni, WDAU/90, 3 Gorffennaf 1952.

[15] Cofnodion Cymdeithas Ddrama Llangefni, Archifdy Llangefni, WDAU/90, 2 Rhagfyr 1952.

[16] Cofnodion Cymdeithas Ddrama Llangefni, Archifdy Llangefni, WDAU/90, 8 Medi 1952.

[17] Cofnodion Cymdeithas Ddrama Llangefni, Archifdy Llangefni, WDAU/90, 22 Medi 1953. Enw'r saith oedd D. C. Davies, Warren Morris, Isaac Thomas, John Parry, W. A. H. Garland, R. H. Hughes ac F. G. Fisher.

[18] Cofnodion Cymdeithas Ddrama Llangefni, Archifdy Llangefni, WDAU/90, 17 Tachwedd 1953.

[19] F. G. Fisher, 'Theatr Fach Llangefni', *Dock Leaves*, Cyfrol VI, Rhif 18, 1955, 15–16.

[20] Emrys Hughes, 'The Llangefni Dramatic Society', *Dock Leaves*, Cyfrol VI, Rhif 18, 1955, 18.

[21] Emrys Hughes, 'Theatr Fach', Casgliad Astudiaethau Lleol, Llyfrgell Llangefni.

[22] *Ibid.*

[23] *Cyfansoddiadau a Beirniadaethau Eisteddfod Genedlaethol Cymru Aberdâr,* 1956 (gol. E. D. Jones), (Lerpwl, 1956), 62.

[24] F. G. Fisher, 'Theatr Fach Llangefni', Casgliad Astudiaethau Lleol, Llyfrgell Llangefni.

[25] Bedwyr Lewis Jones, 'Llangefni a'r Ddrama', *Yr Arloeswr*, Calan 1958, 45–47.

[26] Dyfynnwyd o erthygl Bedwyr Lewis Jones, *ibid*, 46.

[27] R. Wallis Evans, 'Arwyddocâd Gwyl Ddrama Genedlaethol Llangefni', *Môn*, Cyfrol II, Rhif 5, Haf 1961, 6.

[28] *Western Mail*, 20 Awst 1960.

[29] Taflen 'Apêl i Gymru a'i chyfeillion am gyfalaf i helaethu'r adnoddau yn Theatr Fach Llangefni', 1 Mawrth 1961.

[30] *Llwyfan*, 4 (Haf 1970), 1.

[31] Enid R. Morgan, 'Theatr Fach Llangefni yn dyfod i oed', *Llwyfan*, 3 (Haf 1969), 8–9.

[32] Cofnodion Cymdeithas Ddrama Llangefni, Archifdy Llangefni, WDAU/90, 22 Ebrill 1953.

[33] *Dundalk Round Table – Festival Flash*, 24 Mai 1975.

[34] *Herald Môn*, 26 Gorffennaf 1983.

[35] Cofnodion Cymdeithas Ddrama Llangefni, Archifdy Llangefni, WDAU/90, 15 Tachwedd 1951.

[36] Hazel Walford Davies, *Saunders Lewis a Theatr Garthewin* (Llandysul, 1995), 240–45.

[37] *Liverpool Daily Post*, 28 Chwefror 1989.

[38] Cofnodion Cymdeithas Ddrama Llangefni, Archifdy Llangefni, WDAU/154, 22 Mehefin 1993.

[39] Cofnodion Cymdeithas Ddrama Llangefni, Archifdy Llangefni, WDAU/154, 10 Mai 1994.

[40] Llywelyn Jones, *op. cit*, 15.

[41] *Liverpool Daily Post*, 1 Mai 1995.

[42] J. R. Williams, *Deugain Mlynedd o Droedio'r Byrddau* (Llangefni, 1995).

[43] Cofnodion Cymdeithas Ddrama Llangefni, Archifdy Llangefni, WDAU/154, 23 Mehefin 1994.

[44] Enid R. Morgan, *op. cit*, 9.

[45] Dafydd Arthur Jones, 'Chwilio am gynulleidfa "fyw": cip ar Theatr Fach, Llangefni', *Barn*, Rhif 438–439, Gorffennaf/Awst 1999, 90–91.

[46] Nodwyd ym *Mlwyddlyfr Theatr Fach Llangefni, 1983–84*, '. . . ni fuasai'r theatr yn hunangynhaliol oni bai am y bar yn y cyntedd.' Ac wrth groesawu Glyn Owen fel y trwyddedai newydd, nodir yn *Newyddion Theatr Fach*, Gwanwyn 1994, bod y Theatr yn '. . . dibynnu'n fawr yn ariannol ar y Bar . . .'

[47] *Llwyfan*, 5 (1971), 25.

[48] Glyndwr Thomas, 'Theatr a'i Chynulleidfa', *Yr Arloeswr Newydd*, Rhif 1, Hydref 1959, 10–11.

[49] J. R. Williams, *op. cit*, 9.

[50] Dafydd Arthur Jones, 'A Vision Undimmed: Theatr Fach Llangefni', *Staging Wales Welsh Theatre 1979–1997* (gol. Anna-Marie Taylor), (Cardiff, 1997), 70.

Theatr Fach Llangefni.

Adeiladu estyniad Theatr Fach Llangefni, 1961.

Cartŵn o F. G. Fisher.

George Fisher a Myfanwy Howell yn Theatr Fach Llangefni, 1961. Daeth Myfanwy Howell i'r theatr i wneud adroddiad ar deilyngdod y Theatr Fach i ymaelodi ag Urdd Cenedlaethol y Theatrau Bychain.

Actorion cynhyrchiad Theatr Fach Llangefni o *Y Gŵr Llonydd*, John Gwilym Jones, yng nghwmni'r awdur a'r cynhyrchydd Roger Jones.

Perfformiad o *Castell Martin*, D. T. Davies, yn Theatr Fach Llangefni yn 1961.

Cwmni Theatr Fach Llangefni yn ymarfer *Gwalia Bach*, Wil Sam, yn 1972.

Perfformiad o *Pros Kairon*, Huw Lloyd Edwards, gan Gwmni Theatr Fach Llangefni.

William R. Lewis gyda'r actorion yn trafod rhan o'i ddrama gyntaf, *Dan Flodau'r Gastanwydden*.